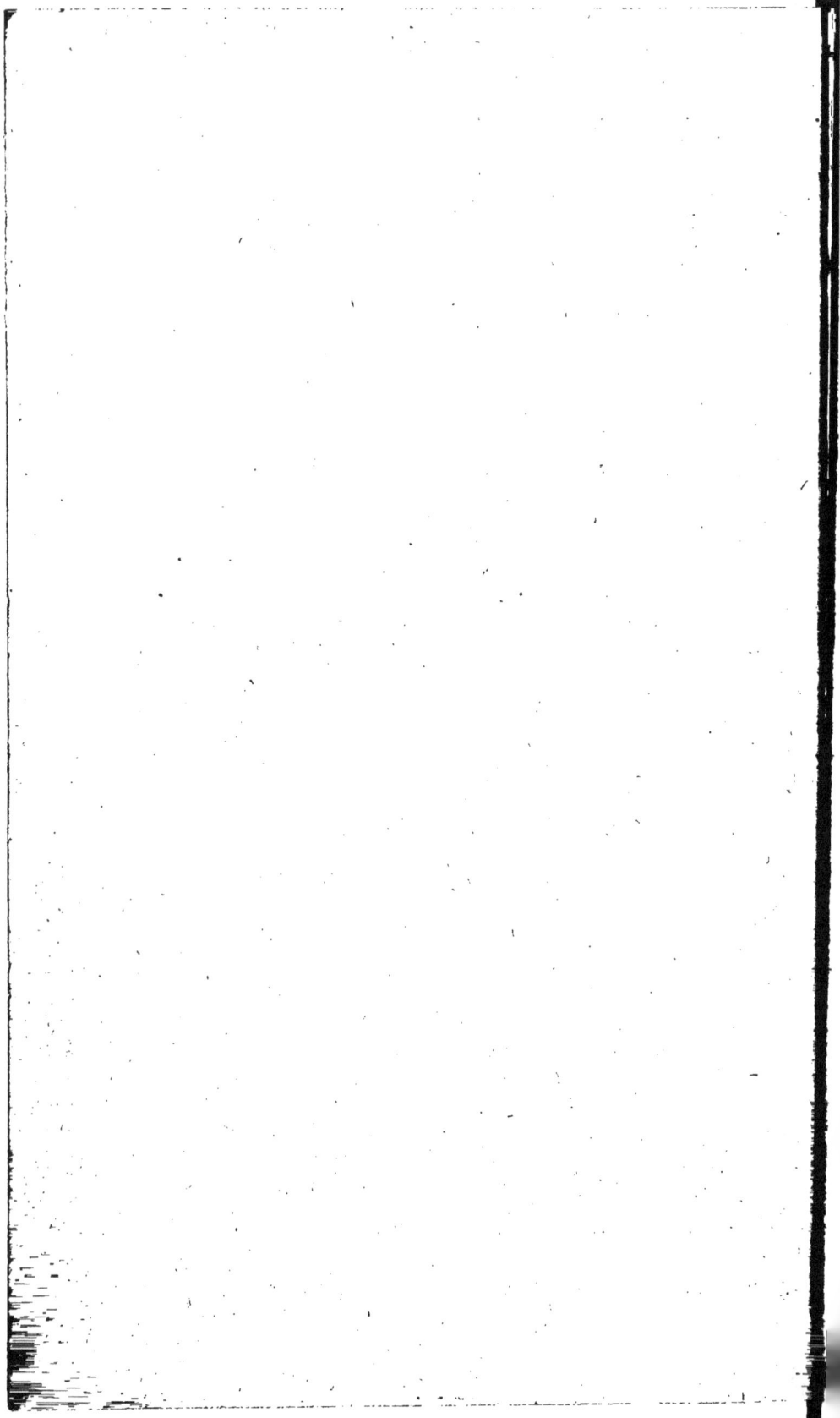

Général VANSON

Crimée
Italie
Mexique

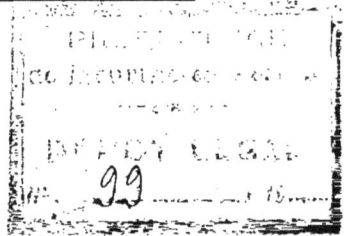

LETTRES DE CAMPAGNES

1854-1867

Précédées d'une Notice biographique

Avec un portrait et deux esquisses militaires en couleurs

BERGER-LEVRAULT & Cie, ÉDITEURS

PARIS | NANCY
5, RUE DES BEAUX-ARTS, 5 | 18, RUE DES GLACIS, 18

1905

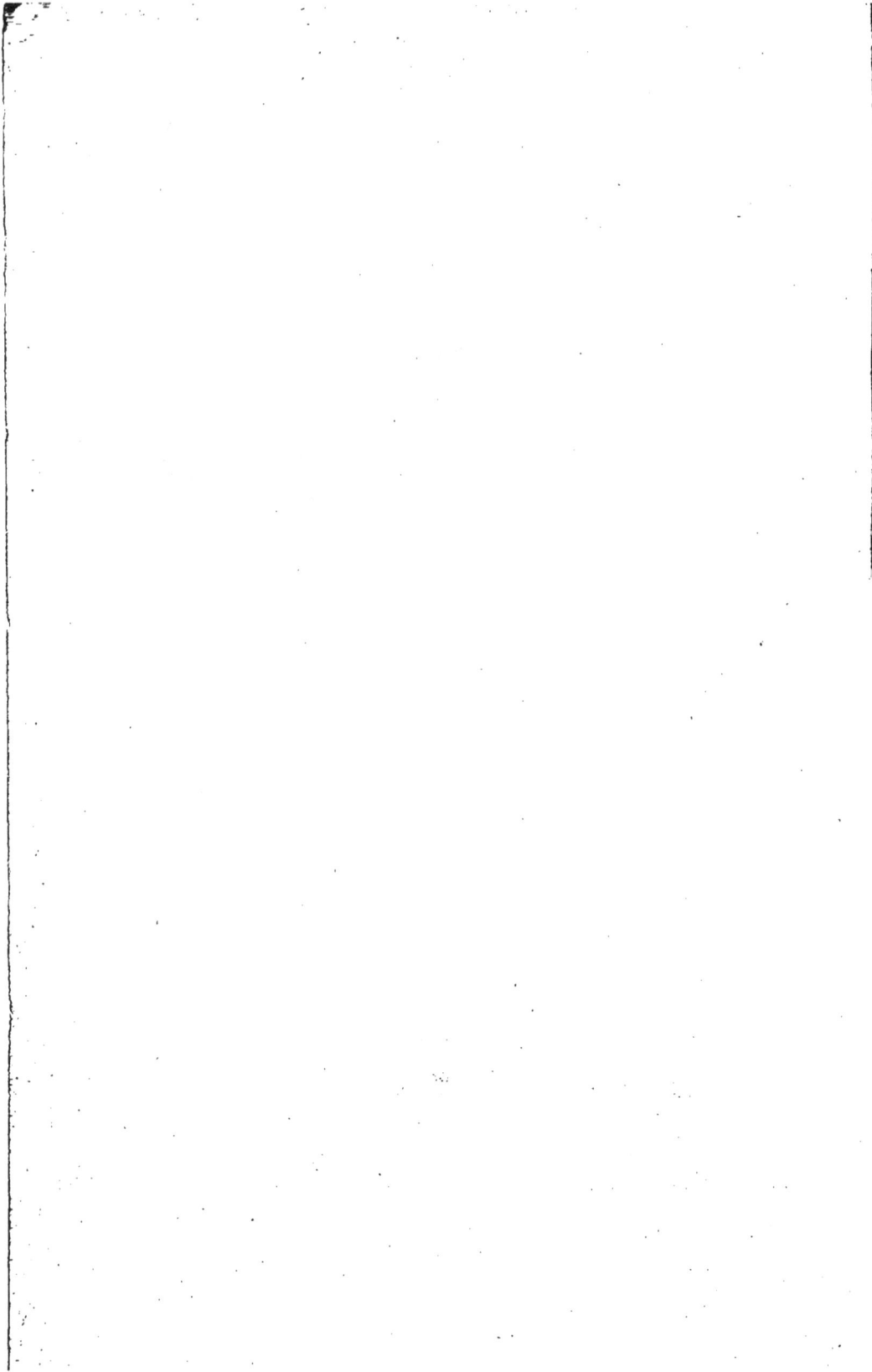

Crimée

Italie

Mexique

—

LETTRES DE CAMPAGNES

1854-1867

ÉMILE VANSON

SOUS-LIEUTENANT ÉLÈVE A L'ÉCOLE D'ÉTAT-MAJOR, EN 1853

(D'après un crayon de Ch. Bour, communiqué par Mme la générale Vanson)

Général VANSON

Crimée
Italie
Mexique

LETTRES DE CAMPAGNES

1854-1867

Précédées d'une Notice biographique

Avec un portrait et deux esquisses militaires en couleurs

BERGER=LEVRAULT & Cⁱᵉ, ÉDITEURS

PARIS	NANCY
5, RUE DES BEAUX-ARTS, 5	18, RUE DES GLACIS, 18

1905

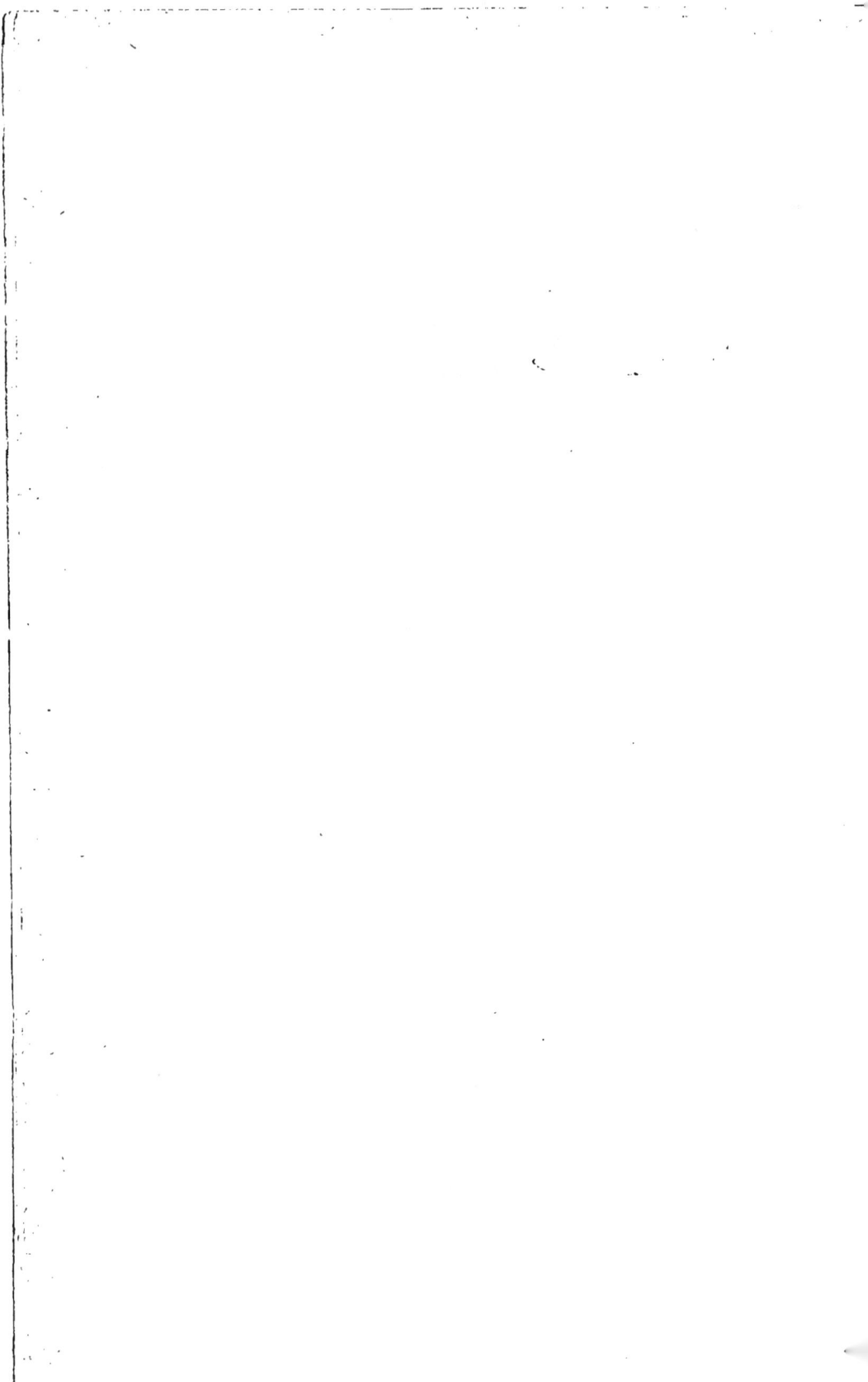

Les lettres que le général Vanson écrivit à ses parents et à son frère avec une touchante régularité, durant le cours de sa longue carrière, ont été conservées par ceux-ci, puis, la mort faisant son œuvre, sont revenues à leur auteur. Le général étant mort à son tour, sa veuve les a réunies et classées avec un soin pieux et, connaissant les sentiments de bienveillante amitié dont le général nous honorait depuis de longues années, nous en a confié le précieux dépôt.

L'intérêt que nous avons pris à la lecture de cette correspondance nous a paru pouvoir être partagé et, avec l'autorisation de Mme la générale Vanson, nous en avons entrepris la publication. Nous croyons fermement ne point avoir été aveuglé par la respectueuse affection, par la vénération que nous gardons au souvenir du regretté général; les lecteurs prononceront, et si parmi eux il en est quelques-uns qui ne l'aient pas personnellement connu, ceux-ci le trouveront tout entier dans ces lettres, toutes pleines de verve et de finesse où, sous le conteur des mille épisodes gais ou tragiques de la vie au bivouac ou des jours et des lendemains de bataille, on sent battre le cœur d'un des plus vaillants officiers de la vieille armée. Tous, nous en avons la confiance, suivront avec un intérêt croissant les étapes de guerre de l'admirable officier du corps d'état-major, observant sans cesse et notant non seulement en soldat, mais en érudit et en philosophe.

Nous bornerons cette publication à la période qui s'étend de 1854 à 1867, pour ne donner que le tableau ensoleillé de la jeunesse d'un officier du second Empire avant que le désastre soit venu en assombrir la maturité. On pourra suivre le cours de cette vie aventureuse pour ainsi dire semaine par semaine, à travers les boueuses tranchées de Sébastopol, les nuits glaciales de Balaklava, les plaines de la Lombardie, les Terres Chaudes du Mexique.

Mais auparavant, nous croyons devoir au lecteur un aperçu de la vie et de la carrière du général ; toutes deux furent bien remplies et notre tâche est complexe car, malgré la puissante unité de son œuvre, il y avait plusieurs hommes en lui.

Ce que fut à la guerre l'officier d'état-major, ses lettres le montreront de reste et tout commentaire ne saurait qu'affaiblir l'intérêt qui se dégage d'un récit vécu. Mais il nous faudra rappeler les services éminents qu'il rendit plus tard à l'armée lorsqu'après la paix, et en un temps particulièrement critique, il fut appelé à l'état-major général; pour faire apparaître l'érudit et l'artiste, nous aurons à essayer de raconter brièvement sa vie laborieuse dont le cou-

ronnement fut une œuvre digne de lui et qui lui sur-
vivra. Quant à son caractère, tout entier fait d'honneur et de droiture, à l'incomparable dignité de sa
vie, chaque ligne de sa correspondance en est un
témoignage qui frappera tous les yeux.

Vanson naquit à Lunéville le 19 août 1825 et fit
ses premières études dans sa ville natale, puis à
Nancy.

Dès sa première jeunesse, sa vocation véritable se
révéla par une aptitude et un goût des plus vifs pour
le dessin et l'histoire militaire. Il voulut néanmoins
aborder l'étude des mathématiques, en vue de l'École
polytechnique. N'ayant pas atteint, à la limite d'âge,
le but qu'il s'était proposé, il pouvait profiter de la
latitude alors laissée aux candidats malheureux de
s'engager dans un corps de troupe pour se présenter
de nouveau aux écoles militaires jusqu'à l'âge de
vingt-cinq ans. C'était une porte ouverte à la persévérance et Vanson n'en manquait pas.

Il s'engagea donc au 39ᵉ de ligne à Nancy, en mai
1846, mais ce régiment ayant été envoyé en garnison
à Péronne où les moyens de continuer ses études
étaient nuls, le jeune fantassin demanda et obtint de
passer sapeur au 3ᵉ régiment du génie à Metz : « Je
m'y trouve très bien jusqu'à présent, écrivait-il en
septembre 1849. Les travaux dont est chargée ma
compagnie (les mines) sont assez intéressants, peu

pénibles et pas du tout dangereux (pour moi du moins); car vous pensez que je suis trop conscrit pour qu'on me confie un poste un peu important..... Mon métier à moi consiste à tourner le treuil, ou à rouler la brouette, ou bien à apporter les outils ou les matériaux aux vrais mineurs. »

Un mois après, Vanson avait la joie d'annoncer à ses parents qu'il était reçu à Saint-Cyr, où il entra le 7 novembre « en carrosse à deux chevaux, ni plus ni moins qu'un général inspecteur ou M. le Président de la République ».

Je suis déjà habillé de pied en cap, ajoutait-il, et je commence à m'installer. Il paraît que les choses se passent très tranquillement cette année. Jusqu'à présent j'en ai été quitte pour dire au moins deux cents fois mon nom. Par contre, j'ai été accueilli par un feu roulant de compliments et d'exclamations sur mon *grand talent de dessinateur,* ce qui m'avait fort dérouté, je vous jure ; je devais cette réputation au bavardage d'un camarade du régiment, mais heureusement un ami m'a tiré de ce mauvais pas.....

J'ai pour sergent-major le fils du général Herbillon, et n'ai qu'à me louer de lui. Il est bien pour tout le monde, mais en particulier pour quelques-uns de nous, avec lesquels il sympathise par position. C'est aussi un candidat malheureux à l'École polytechnique et un *vieux troupier,* puisqu'il a vingt-cinq ans sonnés.

Cette catégorie est encore moins rare ici que je ne le croyais ; tous les jours je découvre de nouveaux compagnons d'infortune, et dans ma seule escouade, qui se compose du caporal et de sept élèves, nous sommes cinq dans ce cas.

Nous avons cru pouvoir céder à la tentation de

reproduire quelques lettres du saint-cyrien, choisies dans la volumineuse liasse de celles qu'il data de l'École. Les anciens qui y ont passé deux années de leur jeunesse, à cette époque déjà lointaine, donneront peut-être à cette brève évocation du passé un souvenir teinté de mélancolie ; ceux qui, moins âgés, l'ont connue vingt ans après s'y retrouveront chez eux, car il semble que rien n'y eût changé, et, si les *instantanés* dont on fait maintenant un si copieux usage avaient été connus dans ces temps reculés, on ne pourrait vraiment, en les comparant, distinguer la cour Wagram, les corridors et les études aux différentes heures du jour en 1849, de ce que nous les avons connus en 1869.

En reproduisant ces quelques extraits, nous avons surtout voulu montrer que le dessinateur et le collectionneur d'estampes militaires, qui devait un jour fonder le Musée historique de l'armée, et en être le premier directeur, commençait une carrière que la mort seule devait interrompre, — la continuait devrions-nous dire, car, déjà à Lunéville, il avait reconnu et compulsé tout ce qu'il pouvait subsister de documents militaires dans les archives et la bibliothèque de cette ancienne garnison de cavalerie ; bien des années après, il devait se souvenir de ses premières trouvailles en publiant le *Manuscrit des Carabiniers.*

Au moment où, comme nous venons de le voir, il

commençait à s'habituer à la vie de l'École, un incendie vint à éclater au château de Lunéville; à cette
nouvelle, son angoisse fut des plus vives et bien telle
qu'on pouvait l'attendre de lui :

J'attends bien ardemment des nouvelles du malheur qui est
arrivé à notre pauvre Lunéville. Cela m'a bien peiné, et je ne
puis me faire à cette idée que toute la partie du château qui
n'est pas caserne est brûlée. Que reste-t-il des murs, de la
charpente de l'édifice ? Qu'a-t-on pu sauver de la salle des
trophées ?

. . . .

..... S'il est permis de s'inquiéter d'un petit malheur dans
un grand, je voudrais bien savoir où étaient placés les trophées de la gendarmerie (¹) et s'ils sont *tous perdus*. Je re-
gretterais bien de ne pas en avoir pris tout ce que j'aurais pu
à mon dernier voyage à Lunéville, car ils renfermaient des
détails curieux qu'on ne peut sûrement trouver que là.
Malheureusement je n'avais ni crayon, ni papier. Si vous
pouvez m'en apprendre quelque chose, vous me ferez grand
plaisir.

Quelques jours après il était rassuré, du moins en
ce qui faisait l'objet de sa plus grande inquiétude.

..... Je n'avais pu encore me figurer que le désastre fût
aussi complet à Lunéville. C'est une perte immense pour la
ville. Y a-t-il eu parmi les travailleurs des blessures graves ?
M. L..... a eu une excellente idée de se dépêcher de copier

---

1. La gendarmerie de France fut envoyée en garnison à Lunéville en
1762. En 1763, les quatre compagnies appartenant au roi ou *grande gendarmerie* furent établies aux environs de Versailles ; les six autres compagnies ou *petite gendarmerie* furent données comme garde d'honneur au
roi Stanislas ; de là naquit l'usage de désigner ces compagnies sous le
nom de *Gendarmerie de Lunéville*. (Général SUSANE, *Histoire de la cavalerie française*.)

les trophées, comme je me le rappelle en effet maintenant, et je serai très content si je puis en profiter.

Malgré la règle que nous nous sommes imposée de mettre impitoyablement de côté toutes les lettres du saint-cyrien relatives au régime intérieur de l'École, les suivantes nous ont paru pouvoir justifier une exception :

Les anciens sont menés très durement. Quant à nous, nous continuons à être (vu notre âge encore tendre) les enfants gâtés de l'autorité.....

Ce qui est peut-être plus étonnant et ce que je vous dis pour vous faire plaisir, c'est que, moi aussi, je passe pour un peu fanatique et que j'ai déjà eu la satisfaction d'être complimenté par mes chefs pour la façon distinguée dont je *fais mon lit,* et Dieu sait si un lit à Saint-Cyr est facile à faire. Il y a trois couvertures de laine blanche, avec une manière de plier différente pour chacune. En outre, il faut rabattre le drap juste de la longueur d'une baguette de fusil et faire avec le traversin, qui est de plumes, un parallélipipède-allongé, avec des angles et des arêtes aussi nets que ceux d'une pierre de taille.....

..... Je crains que vous ne me trouviez un peu fat avec mon lit, c'est que vous ne pouvez vous imaginer quelle importance on attache ici, au moins dans les compagnies (car à l'École la partie militaire et la partie scientifique sont deux choses bien distinctes), à ces détails que je me permets de trouver un peu puérils.

Vous ne vous imagineriez pas non plus quelle misère c'est pour ceux qui ne réussissent pas dans toutes ces petites choses, ceux qu'on appelle ici les cosaques. J'ai fait un camarade, le fils d'un commandant du génie, mon voisin sur les rangs, le meilleur garçon, mais le plus grand cosaque que je connaisse ; et il est réellement très malheureux, au point de

vouloir s'en aller. Je me suis déjà applaudi bien des fois d'a-
voir passé auparavant par un régiment, car j'aurais été infail-
liblement dans cette catégorie.

Les beaux tableaux, dont parle le *Dictionnaire de la conversation,* décorent toujours la chapelle ; quant à la Cour Verte
et aux salles d'Esther et d'Athalie, j'en ai demandé inutilement
des nouvelles. Personne n'a encore pu me renseigner là-dessus. Les cours ont changé de noms et portent maintenant des
noms de victoires, leurs noms de l'Empire. Il y a la cour
d'Austerlitz, la cour de Marengo, la cour de Wagram, la cour
de Rivoli. La nôtre est celle de Wagram.

Saint-Cyr, le 6 janvier 1850.

C'est aujourd'hui jour de fête. Si vous aviez vu l'École, il y
a quelques jours, vous ne la reconnaîtriez plus. Il y a sortie
générale..... Tout le monde rit, tout le monde chante ; on
cire ses bottes avec fanatisme, on astique son sabre avec dé-
lice. La discipline elle-même, dans la personne des terribles
gradés, s'est relâchée de sa sévérité : le caporal daigne condes-
cendre à plaisanter agréablement *ses hommes* sur leur joie ; le
sergent sourit à leurs figures épanouies. Moi-même, probablement à défaut de pouvoir me coiffer sur l'oreille, car mon
képi est à son clou d'ordonnance, j'écris ma lettre encore plus
de travers que d'habitude. Enfin, c'est la première sortie de la
promotion, une sortie galette !

Il y aura juste demain deux mois (dont un de trente et un
jours, ce qui est bien à remarquer) que je suis entré, et j'avoue
que je commence, malgré le stoïcisme dont je me parais de bonne
foi, dans ma dernière lettre, à apprécier grandement une sortie.

Comment Vanson allait-il employer cette journée
de liberté ? Ceux qui l'ont connu le savent d'avance :

J'ai visité ce matin le musée du Luxembourg et je suis retourné au Louvre. Tout en bouquinant aux échoppes qui bor-

dent l'entrée du musée, j'ai fait une rencontre. C'était B....., de Nancy, qui bouquinait de son côté ; il m'a annoncé qu'il avait fait, comme à Metz, une foule de bonnes fortunes en vieux dessins et m'en a promis un ou deux. Ensuite il m'a montré au musée, dans les salles des esquisses, une espèce de petite gouache très curieuse, qui est perdue dans un coin et qui représente le défilé des gardes suisses sous Louis XV : sapeurs, musique, artillerie, tout compris, même les aumôniers, qui sont des capucins et qui emboîtent le pas derrière les grenadiers.

Puisque je suis à vous parler dessin, je vous dirai que notre cours de paysage est déjà terminé à mon grand regret.....

Comme il s'agissait d'enlever une note trimestrielle aussi bonne que possible, je me suis lancé et j'ai montré au professeur des bonshommes que j'avais faits à l'infirmerie, car au bataillon il n'y faut pas songer. Il m'en a fait compliment et a aussitôt été les colporter dans toute l'étude, où se trouvaient un capitaine du génie, professeur de fortification, et un capitaine d'état-major, professeur de topographie. Mais je ne sais pas s'il m'a augmenté ma note. Dimanche il m'a annoncé qu'au bout de trois mois de lavis, nous aurions à copier de petits soldats à la plume ; ce en quoi j'espère mieux réussir...

Cependant une distraction, « une de celles qui font époque dans la vie de l'École », était réservée à quelques élèves des deux promotions ; Vanson était du nombre des élus :

Je ne vous ai encore rien dit du bal du Président, qui était fort beau.

Nous étions accompagnés par un lieutenant. A 9 heures nous avons trouvé le général, qui nous attendait pour présenter sa députation au Président, mais, comme ledit Président présentait lui-même la grande-duchesse de Bade, il nous a donné congé. Vous pensez sans doute que l'École avait en moi un triste représentant comme danseur ; et cette pensée m'aurait peut-être arrêté, si on m'avait offert d'y aller au lieu de mettre tout simplement à l'ordre : « Les élèves Vanson et de Saint-Mars iront ce soir au bal de la Présidence. Ils se trouveront à 3 heures en grande tenue dans la salle n° 1 pour l'inspection du capitaine de service. » Saint-Mars, c'est le nom de mon collègue, et heureusement il était aussi peu danseur que moi, de sorte que nous nous sommes contentés d'observer, ce qui d'ailleurs n'avait aucun inconvénient, vu la cohue dont je vous ai parlé. Il était même très difficile de passer. Nous ne nous sommes pas tout à fait contentés d'observer, surtout au buffet qui était abondant, mais pas très brillant.

Tous les officiers, et Dieu sait s'il y en avait, ne pouvaient pas voir un saint-cyrien sans l'emmener au susdit buffet, car il paraît que l'École s'est fait une réputation colossale dans ce genre aux Tuileries. Du reste, j'ai vu aussi l'École polytechnique donner avec beaucoup d'ardeur ; et il existait une louable émulation entre ces deux corps d'élite, comme on dit dans les rapports. Seulement les salons de l'Élysée sont trop étroits et il y avait, au commencement, encombrement. Je dis au commencement, car nous sommes restés les derniers comme les hôtes de la maison. Le bal a pris fin à 3 heures et demie, après quoi les domestiques du Président, qui ont une tournure tout à fait princière et, à ce qu'on dit, la livrée de l'Empereur, nous ont servi une espèce de souper ou de collation ; puis on nous a menés à nos chambres, qui étaient des chambres contiguës et semblables à celles des officiers du bataillon de garde.

Cependant le temps passait à l'École et, grâce à un travail soutenu et à son goût toujours plus vif pour le dessin, le saint-cyrien ne le trouvait pas trop long, il était d'ailleurs encouragé par des notes brillantes qui le classèrent dès le début dans les premiers de sa promotion.

Saint-Cyr, 9 avril 1850.

On vient enfin de publier le classement, et le rang que j'y occupe est beaucoup meilleur que je ne l'espérais ; je ne puis résister au plaisir de vous l'annoncer tout de suite. Je suis dix-huitième. On peut certainement être encore mieux placé, mais je vous avoue que je voudrais bien pouvoir m'en tenir à ce numéro-là. Enfin, je vais tâcher de ne pas trop dégringoler dorénavant et même d'avancer, si, comme on le dit, il faut toujours viser plus haut que le but.

Quant aux punitions, j'ai été assez heureux pour ne pas en attraper jusqu'à présent, à l'exception de quatre jours de consigne, que m'a donnés le lieutenant, qui faisait la première étude de dessin. Comme on m'avait déjà donné un crayon et un paillasson gris, mais pas de modèle, je m'étais empressé, d'après ma louable habitude, de commencer un petit soldat qui fumait sa pipe, sur le coin dudit paillasson. Je croyais du reste être parfaitement dans mon droit et je fus très désagréablement surpris, quand le lieutenant vint me dire que j'avais quatre jours de consigne, en me faisant comprendre la bonté qu'il avait de ne pas m'envoyer à la salle de police *pour avoir fait des caricatures à l'étude*. Je suis très vexé de la chose et même un peu de la qualification de caricature appliquée à mon œuvre. Mais je me tiens pour averti. C'est jusqu'à présent la première et la dernière de mes punitions.

Je dois mentionner une circonstance atténuante en faveur du lieutenant, que mon voisin me suggéra. C'est qu'il a la vue assez basse et que mon malheureux troupier avait à peu près ses moustaches et une pose qui lui est habituelle. Comme il n'est pas très joli garçon, il a pu se croire daguerréotypé.....

On retrouve toujours l'amateur fanatique de tableaux militaires au récit qu'il fait de ses sorties :

J'ai vu les tableaux du général Lejeune qui m'ont fait un grand plaisir, puisque j'y suis retourné deux fois. Quoique tout le monde s'accorde à dire qu'ils ne sont pas irréprochables comme peinture, ils sont très intéressants comme détails et à cause de celui qui les a faits et qui a joué un rôle personnel dans presque tous les épisodes.

Il y a des scènes de la guerre d'Espagne qui sont d'un effet saisissant, quoique tournant peut-être un peu au mélodrame ; mais enfin c'est la première fois que je crois avoir vu des guérillas réellement et fidèlement représentées. S'il faut en croire le livret, le général Lejeune les a vues d'assez près pour s'en souvenir. Il est très malheureux, suivant moi, que ces tableaux-là ne soient pas à Versailles. Ce serait leur véritable place, tant à cause de leur sujet qu'à cause de leur auteur ; et ils y remplaceraient bien avantageusement une foule de productions insignifiantes (comme histoire et quelquefois comme peinture) qu'on y rencontre.....

J'ai été fort sensible à ce que vous m'apprenez du château de Lunéville et en particulier des fameux trophées. Quant aux Gardes lorraines, je serai diablement content si je les retrouve à Nancy (¹).....

---

1. Rien ne fut perdu : quarante-deux ans, en effet, après avoir exprimé la crainte de ne plus les revoir, le général publiait dans le *Carnet de la Sabretache* un important historique de l'infanterie lorraine sous Louis XV, contenant une étude sur le régiment des Gardes lorraines ; la documentation amassée pendant sa jeunesse pouvait enfin être utilisée grâce aux loisirs de la retraite.

« L'histoire de la Lorraine militaire reste cependant à écrire » constatait avec regret l'auteur de ce travail dans son avant-propos ; le temps lui manqua sans doute pour l'entreprendre et c'est à nous de le regretter, car mieux que personne, par son origine même et son érudition spéciale, il était préparé à une telle étude.

Saint-Cyr, le 8 janvier 1851.

.....Il y a eu mercredi sortie générale pour les deux divisions, je suis sorti avec mon recrue.....

Nous sommes allés à l'exposition, dont les salles de dessin ne sont pas encore ouvertes. Vous savez l'effet que fait une grande réunion de tableaux à la première vue ; j'ai parcouru deux fois toutes les galeries sans être bien vivement impressionné. Il n'y a du reste, ceci dit pour mon goût particulier, pas le moindre tableau de bataille. H. Vernet n'a exposé qu'un portrait du Président que je connaissais pour l'avoir vu chez lui. Je n'ai vu encore, comme je vous le disais, ni les aquarelles, ni les pastels, ni les dessins.

La meilleure partie de ma journée est celle que j'ai passée de l'Élysée aux Invalides en compagnie d'une quarantaine de Vieux de la Vieille. C'était une réunion semblable à celle que j'avais vue, il y a deux ans, mais plus complète. J'y comptais beaucoup et c'est ce qui me faisait tenir autant à ma sortie. Il y avait deux mamelucks, dont un véritable Égyptien, des trompettes de chasseurs de la Garde en grande tenue ou tenue de ville, des officiers d'infanterie, de lanciers, de gardes d'honneur, etc.

J'ai eu beaucoup de plaisir, mêlé de beaucoup de regrets de ne pouvoir me daguerréotyper dans la tête tous ces uniformes à la fois. Il y a pas mal de détails qui s'écartent beaucoup de ceux qu'on trouve ordinairement dans les dessins, d'autres qui m'étaient complètement inconnus ; une variété infinie de schakos, pompons, plumets, cordons et sabres. Je me suis dépêché en rentrant de prendre quelques notes, mais tout cela s'oublie vite ou plutôt se confond aisément.....

Quoique la lettre suivante ne se rapporte pas directement à notre sujet, nous n'hésitons pas à la mettre sous les yeux du lecteur ; notre but en ce moment étant de lui faire connaître l'homme tout entier, nous ne pouvions passer sous silence les sentiments chrétiens qui furent ceux de toute sa vie. Cette lettre est adressée à son frère au moment où celui-ci allait recevoir l'ordination.

Saint-Cyr, 20 janvier 1851.

Mon cher Victor,

Il est 6 heures du matin et du milieu de deux cents plumes qui courent sur le papier, je me transporte de mon mieux au milieu de la famille, pour laquelle va s'écouler un bien grand jour : je visite successivement le séminaire et la maison du faubourg, j'y trouve partout tout le monde éveillé et le cœur ému par l'attente de l'instant solennel de ton ordination.....

Je comprends encore mieux par l'isolement où je me sens aujourd'hui tout ce que vous éprouverez de regret à ne pas voir *tout le monde* dans la petite chapelle du séminaire. Mais comme tu le dis bien, notre mère te suivra des yeux sur la terre comme elle nous suit tous et ses prières sont bien plus puissantes que les nôtres. Quelque peu de valeur qu'aient les miennes, tu peux être sûr qu'elles ne te manqueront pas.....

Les deux années d'École terminées, le moment était venu de choisir son arme ; Vanson hésita longtemps à concourir pour l'état-major : son extrême modestie, jointe à une sorte de timidité ou plutôt de défiance de soi-même, lui faisait craindre de n'y pas réussir.

Mon goût constant pour le dessin a été une des raisons qui m'ont déterminé à me faire militaire, afin d'avoir des loisirs et des spectacles me permettant de satisfaire mes goûts. Vous savez comme moi que comme agrément cela me suffit presque

complètement et que je ne pense pas même à d'autres distractions. Dans l'état-major, j'aurais beaucoup moins de loisir
et serais forcé de remplacer souvent ce dessin-là par un autre
qui m'est antipathique et pour lequel je suis lent et maladroit.

Enfin, vous connaissez aussi mon antipathie pour toutes
les relations en dehors de l'intimité. Je ne me dissimule pas
la gaucherie que j'y apporterai toujours ; je crois donc que
sous ce rapport je ferais un officier d'état-major très peu distingué.

Dans l'infanterie le service est beaucoup plus simple, j'ap-
porterais un commencement d'expérience ou au moins des
idées un peu plus mûres que plusieurs de mes camarades d'É-
cole. Je commanderais comme tout le monde, et j'espère que
je ferais toujours mon service aussi régulièrement que je l'ai
fait jusqu'ici. Je ne crois pas qu'il faille davantage pour avoir
de bonnes notes.

Toutes ces considérations valent-elles une épaulette de capitaine acquise sept ou huit ans plus tôt (les choses étant
renversées pour le grade suivant)?

Pour vous égayer un peu, je vous dirai qu'on m'a proposé
très sérieusement d'aller former les troupes du Maroc. La proposition venait du fils d'un ami du général Walzin Esterhazy,
qui les forme dans ce moment-ci, et qui a, à ce qu'il parait,
besoin d'officiers d'ordonnance. Me voyez-vous un des principaux officiers de l'empereur du Maroc et faisant manœuvrer
à la française des régiments de Marocains? Ce ne serait pas le
côté pittoresque qui manquerait.

Il se décida enfin et entra avec le n° 16 à l'École
d'état-major.

Le général nous a reçus ce matin après l'inspection ; cela a
tout à fait l'air des réceptions de théâtre ; on se range tout
autour du salon, puis il passe avec les officiers, vous fait un
salut auquel vous ripostez par un autre salut et vous dit

quelques mots en souriant d'un air très aimable. La cérémonie faite, il nous a annoncé que madame la générale serait chez elle samedi prochain et qu'il espérait que nous viendrions tous faire les honneurs de ses salons, après quoi nouveau salut et nous sommes partis.

De tout ça il résulte que demain, sans tarder, il faut que je me décide à aborder le maître de danse.....

Mais nous devons à la vérité d'avouer que la chorégraphie n'était point son fait et là il ne devait rester qu'un très médiocre élève. Le dessin toujours, et la constante recherche d'estampes militaires tenaient dans ses préoccupations une bien plus grande place que les plaisirs mondains. A Paris, il pouvait se livrer à sa passion, les tentations étaient fréquentes et les bouquinistes n'avaient pas de clients plus fidèles :

Vous me demandez si j'ai fait des trouvailles chez les étalagistes ; mais les vrais étalagistes ne se voient pas le soir ; je parlais seulement des grands magasins éclairés des boulevards.

En outre, la démolition des échoppes de la place du Carrousel a dispersé tous les étalagistes qui y étaient établis depuis un temps immémorial.

J'ai fait dernièrement une bonne trouvaille, c'est une quarantaine d'uniformes russes, prussiens et autrichiens de 1815, gravés et coloriés à l'époque. C'est un peu commun, mais beaucoup mieux fait que mes dessins de légions départementales que vous connaissez.....

..... J'ai reçu une lettre de mon ami F..., qui est pour le moment détaché à cinq lieues de Constantine avec sa compagnie. Il m'écrit qu'il a un peu de fièvre, mais qu'il est content d'être en campagne et qu'il travaille à une collection d'uniformes africains pour moi. Lui, pour le moment, est en va-

reuse et en sabots, avec des bas de laine par-dessus son pantalon, un gilet et une grande barbe. Si les autres sont à
l'unisson, ce sera curieux.

A l'École les cours ne sont pas très intéressants ; le professeur de dessin en second est tout jeune et très aimable, il a
été dessinateur du duc de Bordeaux. J'ai fait connaissance
avec lui à propos de mes bonshommes, et nous nous sommes
un peu promenés ensemble ; si le général ne s'obstinait pas à
fourrer son nez partout, j'espérerais bien faire un peu d'aqua-
relle au dessin..... Il m'avait demandé deux ou trois croquis
de mes différentes tenues pour un ouvrage auquel il travaille
et qui est la description de l'École. Je lui ai donné deux petits
costumes qu'il désirait ; il s'en est dit content, et j'espère bien
quelque chose en échange.....

J'ai trouvé dernièrement une collection assez nombreuse de
bonshommes de l'Empire, semblables au carabinier que je
vous ai montré ; je ne m'en suis pas encore rassasié, et j'en
mange un peu tous les jours.

A leur sortie de l'École les élèves, promus lieutenants d'état-major, devaient faire successivement
deux années de stage dans l'infanterie, deux ans dans
la cavalerie et un an dans l'artillerie ; il s'agissait pour
Vanson de choisir le régiment d'infanterie dans
lequel il devrait accomplir ce stage et son penchant
l'attirait vers l'Afrique.

Vous me demandez si j'ai quelques renseignements sur l'A-
frique ; je n'en ai pas encore, mais quels qu'ils soient, je ne
crois pas qu'ils changent beaucoup mes idées : mon désir étant
de me donner un peu de mouvement après la vie de marmotte
que je mène ici. Or, vous connaissez assez mon caractère
pour savoir que j'ai trop d'aversion et trop peu de dispositions
pour ce qu'on appelle les plaisirs du monde, pour y trouver

une distraction suffisante, en supposant, ce qui est loin d'être prouvé, que ma garnison me les offre.

Je n'ai pas besoin de vous dire que je suis souvent bien tenté par ce troisième parti, qui consisterait à passer tout simplement mes deux années avec vous à Nancy, c'est-à-dire aussi agréablement que je puis le désirer ; mais je suis aussi persuadé que si je me laissais aller à ce désir bien naturel, je ne deviendrais bon à rien du tout.

Je ne mets ni amour-propre, ni zèle dans mon service à l'École, parce que le régime et les occupations me sont antipathiques ; mais je désire être moins médiocre ailleurs, et, puisque je ne puis rentrer dans la catégorie des gens aimables qui sont à leur place dans un salon, je veux tâcher de me trouver aussi une destination.

Le service d'infanterie en garnison est peu de chose ; il est plus intéressant en Afrique ; et en outre on m'assure que je pourrai, sans trop de frais, continuer à monter à cheval, ce qui m'est presque indispensable. Du reste, l'Afrique n'a plus rien d'effrayant et la rapidité actuelle des communications fait qu'on y est aussi près de Nancy qu'on l'était autrefois à Bordeaux. Voilà plus d'un an que je pense à ce que je vous écris ; je vous en ai déjà parlé, et je ne crois pas me tromper beaucoup.

Mais on commençait à penser à l'éventualité d'une guerre avec la Russie, nous sommes en novembre 1853.

Pour parler de choses plus sérieuses, la possibilité d'un remue-ménage quelconque commence à inquiéter les Africains, qui hésitent un peu. On va former dix nouveaux bataillons de chasseurs à pied et porter les vingt bataillons à dix compagnies au lieu de huit.

Cette nouvelle, qui est positive quoique encore non officielle, fera peut-être croire à des intentions guerroyantes ;

mais la chose était, je crois, projetée depuis longtemps, et elle doit se faire au moyen de la suppression d'une compagnie par régiment d'infanterie. En somme, il est impossible de prévoir maintenant les places vacantes en Afrique et dans le Midi, excepté du moins pour les premiers de ma promotion.

En attendant que tout cela se débrouille et s'arrange pour le mieux (c'est au moins ce à quoi je tends bien sincèrement par mon choix), M. Bour fait dimanche mon portrait ([1]).

Enfin Vanson obtint d'être placé au 20e de ligne en garnison à Sétif; il ne devait pas d'ailleurs aller jusque-là : au moment où il rejoignit son régiment celui-ci était déjà à Bougie, prêt à s'embarquer pour Gallipoli. C'est là que nous conduira lui-même le nouveau lieutenant d'état-major, le capitaine nous entraînera à sa suite en Italie, puis au Mexique.

A son retour de cette dernière campagne, Vanson, placé d'abord à l'état-major de la 1re division d'infanterie de la Garde impériale, passa avec le grade de chef d'escadron, en 1869, au Dépôt de la guerre où sa place était marquée par la vaste érudition qu'on lui connaissait déjà.

Entre temps, il avait plusieurs fois été chargé de missions : en 1868 dans l'Allemagne du Nord et à Berlin, l'année suivante aux manœuvres du XIe corps d'armée, missions auxquelles il était d'ailleurs particulièrement préparé par les fréquents voyages au delà du Rhin qu'il effectua pour son instruction person-

---

1. C'est le portrait reproduit en tête de ce volume.

nelle durant les années qu'il passa à Nancy, à l'état-major du commandement supérieur de l'Est avant et après la campagne d'Italie. « Il en revint avec des rapports qui auraient pu figurer avantageusement à côté de ceux du colonel Stoffel », suivant la haute appréciation d'un ancien ministre de la guerre (¹).

Attaché à l'état-major de l'armée du Rhin dès sa formation, le 16 juillet 1870, le commandant Vanson avait été fait prisonnier de guerre avec le grand quartier général lors de la capitulation de Metz et interné à Bonn. Il rentra en France par Lille le 16 mars 1871, tourna Paris en voiture et fut aussitôt placé à l'état-major de l'armée de Versailles à sa formation le 6 avril.

Cette campagne, qui attrista si profondément son cœur de patriote, devait être la dernière du soldat qui, depuis moins de vingt ans, avait pris part à trois grandes guerres et à une lointaine expédition, mais l'officier d'état-major n'avait pas encore donné toute sa mesure : l'énergique *sursum corda* qui devait si rapidement relever la France trouva dans Vanson un de ses plus ardents et laborieux protagonistes ; les services qu'il rendit à l'œuvre de la réorganisation de l'armée sont en effet de premier ordre et sa haute intelligence, mûrie par l'expérience acquise tant à la guerre que par un incessant travail, fut largement

---

1. Général DU BARAIL, *Mes Souvenirs.*

mise à contribution lors de la reconstitution de nos forces militaires.

Placé dès le 5 juillet 1871 à l'état-major du ministre de la guerre, général de Cissey, à la section de statistique, le commandant Vanson attacha son nom à la création de la *Revue militaire de l'Étranger* ([1]) qu'il devait diriger jusqu'en 1880.

Les officiers, et ils sont nombreux encore, qui ont suivi cette précieuse publication alors sans précédent en France, peuvent témoigner de la somme de science et de travail acharné qu'elle a coûté à son directeur et au petit nombre de collaborateurs d'élite qui l'entouraient; mais aussi quels services n'a-t-elle pas rendus, quels éléments de rénovation puissante et raisonnée n'a-t-elle pas apportés à une époque où une même fièvre de travail animait tous les rangs de l'armée vaincue mais non résignée.

« Toutes les têtes travaillaient, écrivit plus tard le général Vanson de ces premières années qui suivirent la guerre, l'armée renaissante était pleine d'ardeur, et ses chefs n'avaient qu'à calmer les désirs trop impatients des jeunes officiers..... Les plus nobles espérances animaient alors l'armée dont les divers éléments se reconstituaient à vue d'œil([2]). »

---

1. « Publication que le ministère n'avoua que plus tard, mais qui a contribué puissamment au relèvement du niveau intellectuel de l'armée française. » (Général DU BARAIL, *Mes Souvenirs*, t. III, p. 463.)

2. Deux documents concernant la réorganisation de l'armée en 1874. (Général VANSON, *Carnet de la Sabretache*, 4e volume, 1896.)

Il faut lire, dans les *Souvenirs* du général du Barail, le magnifique hommage rendu par l'ancien ministre de la guerre au commandant Vanson :

« Si je suis arrivé, écrivit-il vingt-trois ans après avoir quitté le ministère, à forcer la docilité des bureaux et à changer les habitudes du public, c'est grâce au concours précieux de collaborateurs, parmi lesquels je dois citer en première ligne deux hommes dont les services et le dévouement m'inspirent, aujourd'hui encore, autant de reconnaissance qu'ils m'inspiraient, jadis, d'admiration. Je désire qu'ils en trouvent dans ce livre le témoignage public. Ils s'appellent le général Saget et le général Vanson (¹). »

Il s'agissait alors en effet, en renonçant aux anciens errements présents à toutes les mémoires, de constituer l'armée en temps de paix comme elle devait l'être en temps de guerre ; la loi du 24 juillet 1873 venait de créer les dix-neuf corps d'armée de la France et de l'Algérie.

« ..... Le pouvoir législatif, écrit l'ancien ministre de la guerre(²), avait posé les bases de cette grande réforme. Il appartenait au pouvoir exécutif d'en décréter l'application et les bureaux de la guerre n'arrivaient pas à mettre sur pied ces décrets. Les chefs de service, quand je les poussais, l'épée dans les reins,

1. Général DU BARAIL, *Mes Souvenirs,* t. III, p. 462.
2. *Ibid.,* p. 464.

se contentaient de me répondre que c'était là « une chose énorme qui ne pouvait pas s'improviser ».

« Un matin, perdant patience, je leur télégraphiai de Versailles que je serais au ministère de la guerre à Paris, à 2 heures, pour y délibérer avec eux, et que je n'en sortirais qu'avec les décrets dans ma poche. Ce fut un remue-ménage considérable, car les décrets n'étaient pas prêts. Le colonel Nugues fit appeler le commandant Vanson. Celui-ci lui répondit qu'on pouvait toujours servir au ministre quelques petits projets de décret qui fourniraient un texte à la discussion des grands chefs et qu'on présenterait comme des ébauches à perfectionner. Et il alla les rédiger avant son déjeuner. A 2 heures, j'étais là avec tous mes chefs de service réunis autour de moi. Les décrets, recopiés par un secrétaire d'état-major, nous furent lus par le commandant Vanson. Successivement j'interpellai les chefs de service pour leur demander s'ils avaient quelques remarques à faire, quelques réserves à formuler. Aucun d'eux ne fit la moindre observation. Séance tenante, les décrets furent adoptés et envoyés tels quels au *Journal officiel*.

« Mes bureaux, ajoute le général du Barail, se consolèrent de l'espèce de viol dont ils venaient d'être victimes, en prétendant que les décrets étaient mal rédigés. C'est bien possible ; mais ce qu'il y a de certain, c'est qu'ils ont tenu bon puisqu'ils durent encore. »

Après la publication, en 1896, des *Souvenirs* du général du Barail auxquels nous venons d'emprunter ce récit alerte et si plein d'humour, le général Vanson, alors à la retraite, inséra dans une revue militaire rétrospective (¹) qu'il dirigeait et dont nous parlerons plus loin, *deux documents concernant la réorganisation de l'armée en 1873.*

Sous ce titre, le général, autorisé par le général du Barail qui l'avait dégagé de tout scrupule relatif au secret professionnel, présentait, avec sa grande modestie coutumière, comme pièces justificatives des *Souvenirs* de son ancien chef, deux notes dont la première n'est autre que le texte original du projet de décret que le ministre de la guerre adopta, comme nous venons de le voir, « avec le coup d'œil et la décision d'un véritable cavalier ».

La seconde concerne « la création de l'état-major général dans sa forme et sa mission actuelles, mais sous le nom d'*État-major général du ministre* qu'il conserva jusqu'en 1890 ».

La création d'un état-major général constitué en organe ministériel d'exécution était en effet devenue une conséquence forcée de la nouvelle organisation de l'armée. « Cette note, écrit le général Vanson, ne fut point improvisée dans les mêmes conditions que la première ; elle ne fut pas non plus admise d'emblée par le ministre, mais il prescrivit d'en faire

1. Le *Carnet de la Sabretache*, t. IV, 1896, pp. 148 et 337.

le point de départ de l'examen de cette importante question par les chefs de services intéressés. Toutefois, cet examen fut mené assez promptement, et, finalement, dans une réunion tenue à Versailles, la question fut tranchée par le ministre qui adopta les conclusions de la note présentée ([1]). »

Le général Vanson aimait à se rappeler ces neuf années de travail fécond, « les dernières de l'ancien corps d'état-major », qu'il passa au deuxième bureau de l'état-major général attelé à sa *Revue militaire de l'Étranger*.

---

1. Quelques jours après la mort de son ancien subordonné, le général du Barail fit à celui qui écrit ces lignes et qui dirigeait alors le *Carnet de la Sabretache,* le très grand honneur d'adresser la lettre suivante, que nous nous reprocherions de ne pas reproduire ici :

Château de Sancy, par Crécy (Seine-et-Marne), 5 juillet 1900.

« Mon cher Camarade,

« Je viens de recevoir les exemplaires que vous m'avez envoyés des discours prononcés aux obsèques du général Vanson. Je vous remercie de l'aimable attention que vous avez eue de me faire parvenir ce touchant hommage rendu à la mémoire d'un des plus dignes et des plus vaillants soldats de notre pauvre vieille armée.

« J'avais personnellement pour le général Vanson la plus haute et la plus affectueuse estime et j'ai beaucoup regretté que ma mauvaise santé jointe à mon éloignement de Paris ne m'ait pas permis d'assister à ses obsèques. J'eusse été heureux de saisir cette triste occasion de dire bien haut la très grande et très utile collaboration que j'avais trouvée en lui quand j'étais au ministère de la guerre.

« Il a été positivement le vrai créateur du grand état-major général et un des principaux auteurs de toutes les réformes apportées à nos institutions militaires après la guerre de 1870 et la grande insurrection qui en a été le corollaire.

« Agréez, etc.

Signé : « F. DU BARAIL. »

La mission de cet organe telle que l'a expliquée son créateur, était dans les premières années, toute de divulgation, elle constituait une des tâches les plus importantes de ce bureau où toutes les armes et tous les services étaient représentés et qui semblait dès l'origine devoir être la contre-partie indispensable des premier et troisième bureaux (¹) de l'état-major général.

C'est à la tête de cet important service dont il était le chef depuis sa création en 1874 que le commandant Vanson fut promu lieutenant-colonel puis colonel.

Brusquement et sans que rien eût pu faire prévoir cette disgrâce, en février 1880, le colonel Vanson fut remplacé dans le poste qu'il occupait depuis six ans avec une distinction et une compétence auxquelles tous rendaient hommage. Il demanda aussitôt sa mise en disponibilité et demeura cinq mois dans cette position alors réservée aux officiers du corps d'état-major. Le coup avait été si rude qu'il songea à prendre sa retraite ; il céda heureusement aux instances d'amis qui ne « pouvaient se résoudre à ne pas l'appeler un jour mon général ».

Cependant l'infatigable travailleur ne connaissait pas le repos que tout autre eût trouvé doux après

---

1. Premier bureau : organisation générale et mobilisation de l'armée ; deuxième bureau : organisation et tactique des armées étrangères, études de leurs théâtres d'opérations, missions militaires à l'étranger ; troisième bureau : opérations militaires et instruction générale de l'armée.

l'écrasant labeur des neuf années précédentes. Un ami dévoué, chef de bureau des Archives de la guerre, lui offrit de le recevoir aux Archives comme chez lui et de l'y installer comme un employé. C'était le salut. Mais l'heure n'avait pas encore sonné pour Vanson de se livrer avec suite à ces recherches dont il avait la vocation innée et un goût que son passage au Dépôt de la guerre, en 1869, n'avait fait qu'aiguiser davantage.

Passé avec son grade dans l'arme de l'infanterie et mis provisoirement hors cadre par application de la loi du 20 mars 1880 supprimant le corps d'état-major, le colonel Vanson fut envoyé à Bourges comme sous-chef d'état-major du 8ᵉ corps d'armée le 10 juillet 1880. L'année suivante, appelé à une situation plus en rapport avec celle que l'ancien chef d'un important service du ministère de la guerre avait précédemment occupée, et nommé chef d'état-major du 11ᵉ corps d'armée, il partit pour Nantes.

C'est là qu'il obtint la croix de commandeur de la Légion d'honneur et les étoiles de général de brigade qui devaient couronner sa carrière, l'inexorable limite d'âge l'atteignant moins de trois ans après. Le général fut en effet admis dans la section de réserve le 19 août 1887, et retraité l'année suivante.

Mais un vaste champ restait ouvert à l'activité d'un aussi laborieux esprit ; libéré du souci de la besogne quotidienne, il allait pouvoir se livrer sans contrainte au travail de toute sa vie : l'étude documentaire de l'ancienne armée, et, là encore, il sut rendre au culte de nos belles traditions militaires des services éminents dont la trace, maintenant, ne saurait s'effacer.

Le Musée historique de l'armée est en effet, on peut l'affirmer, l'œuvre du général Vanson, qui consacra à sa création et à son organisation les treize dernières années de sa vie.

Le lecteur qui a bien voulu nous suivre jusqu'ici a pu voir, dans les extraits que nous avons reproduits de ses lettres de jeunesse, que la recherche du document écrit ou figuré avait été, depuis son enfance même pourrait-on dire, sa constante passion. Elle apparaît plus impérieuse encore dans celles qu'écrivait, de Crimée, le lieutenant d'état-major, dans des circonstances qui semblaient les moins propres à en favoriser les manifestations. Tout en restant, par un effort de consciencieuse volonté, subordonnée au devoir professionnel pendant la carrière active de l'officier, elle devait, si nous osons risquer cet apparent paradoxe, prendre une vigoureuse offensive lorsque sonna l'heure de la retraite.

Sous le soldat des guerres de Crimée, d'Italie, du Mexique, de l'armée de Metz, sous l'officier d'état-major complet et d'une expérience consommée dont les services en un moment critique seraient restés inconnus de tous ceux qui n'en avaient pas été les

témoins immédiats si les *Souvenirs* du général du
Barail n'étaient venus les sortir de l'ombre, se déro-
bait un répertoire vivant de notre histoire militaire,
un érudit pour lequel l'inépuisable trésor de nos
Archives de la guerre n'avait plus de secrets; nous
ajouterons : un véritable artiste.

Jamais, depuis son enfance, un uniforme militaire
n'était passé à portée de ses yeux sans qu'il y restât
gravé, sans qu'une note de son écriture fine et serrée
n'en eût fixé les particularités, et bien souvent un
dessin colorié ou seulement, si le temps lui manquait,
un simple croquis venait en éclairer la description (¹).
Aussi que de documents écrits ou figurés dans les
innombrables cartons qui s'accumulaient au point de
remplir le petit appartement qu'il a toujours gardé à
Nancy, puis à Paris, pour abriter ses trésors des
hasards de ses campagnes ou de ses garnisons.

Quelle fête pour ses yeux lorsqu'il pouvait les ras-
sasier du spectacle des survivants de la Grande
Armée, qui bien longtemps tinrent à honneur de
revêtir leurs vieux et glorieux uniformes pour le pèle-
rinage annuel au tombeau de l'Empereur ! Quel
désespoir pour le saint-cyrien à qui le papier vint à
manquer un jour pour noter un détail de tenue
encore inconnu ! Aussi peut-on difficilement ima-

---

1. « Ses carnets d'officiers sont certainement les plus beaux et les plus
intéressants chapitres de l'histoire militaire de notre temps » a dit d'eux
un bon juge, Édouard Detaille.

giner quelle science il avait acquise dans la connaissance de l'aspect pittoresque, de la physionomie
caractéristique du soldat. Les tenues si variées de
l'armée de l'ancienne Monarchie lui étaient aussi
familières que celles qui furent portées dans les
grandes guerres de la République et de l'Empire.

Souvent les plus illustres de nos peintres militaires, soucieux de l'exactitude absolue du détail,
eurent recours à lui, en cas de doute sur la couleur
ou la forme d'un parement ; ils s'en remettaient avec
confiance à son autorité indiscutée.

Pendant plus de cinquante années, en effet, les
documents personnels ou acquis en France et à
l'étranger avec une persévérance et un flair sans
cesse en éveil, avaient été patiemment recueillis par
le passionné chercheur et avaient fini par constituer une admirable collection (¹). Commencée à une
époque où bien peu de personnes attachaient quelque
prix à l'étude de l'aspect extérieur de nos soldats
d'autrefois, elle était devenue une précieuse et alors
bien rare source de documentation.

L'érudit créateur d'une pareille richesse était bien
le directeur-né d'un Musée historique de l'armée
encore à naître, d'une « école d'enseignement par les
yeux », ainsi qu'il comprenait lui-même l'objet d'une
telle institution en l'honneur de nos vieilles gloires.

---

1. Le fonds Vanson au Musée historique de l'armée.

L'éclatant succès obtenu par l'exposition spéciale du ministère de la guerre lors de l'Exposition universelle de 1889, où se trouvèrent pour la première fois groupés en aussi grand nombre les glorieuses reliques et les pittoresques souvenirs de notre passé militaire, fit mûrir cette idée qui était dans l'air sans qu'elle eût, croyons-nous, jamais été formulée publiquement ou du moins officiellement. Peut-être favorisa-t-il aussi l'abondante éclosion de tant de mémoires et de souvenirs militaires dont la publication fit revivre, pour les générations nées depuis la défaite, le souvenir de la grande épopée. Quoi qu'il en soit, nous ne saurions mieux faire que de laisser le général exposer lui-même la genèse de l'idée qui devait bientôt prendre corps. « Dès la clôture de l'Exposition, écrivait-il en 1893 ('), on vit s'organiser une réunion périodique présidée par Meissonnier, dont le but était de préparer et d'obtenir la création d'un musée de l'armée où seraient reconstituées, en permanence et avec tous les développements comportés par un établissement national de ce genre, ces belles salles de l'exposition militaire rétrospective, au seuil desquelles on lisait : « Aux anciennes armées françaises. »

Cette réunion, toute privée, d'artistes, d'amateurs et d'officiers, choisit comme emblème la « Sabre-

---

1. *Carnet de la Sabretache*, t. Ier, p. 1.

tache », et ce petit groupe est devenu une grande
société(¹) composée de plus de mille membres, tous
animés du même esprit de dévouement à l'œuvre
commune, le « Musée historique de l'armée », et
pénétrés du sentiment de la grandeur et de la haute
portée morale de cette fondation.

Comment un aussi brillant et rapide essor put-il
être obtenu ? C'est ici qu'on trouve, plus profonde
encore, l'action ou ce qu'on pourrait appeler la
marque personnelle du général Vanson : à cette société, pour qu'elle pût grandir, il fallait un lien, un
organe; toujours sur la brèche, le général créa le
Carnet de la Sabretache et lui donna la belle devise
de Colonel-Général-Infanterie :

> Præteriti fides exemplumque futuri,

qui eût pu être la sienne propre.

Pendant six années, il lui consacra sans compter
son temps et ses peines, le meilleur de lui-même.
Mais aussi quel encouragement lorsque les plus
hauts patronages vinrent honorer la « Sabretache »;
avec quelle fierté il saluait dans le *Carnet* et inscri-
vait sur les contrôles de la société les noms illustres
du général duc d'Aumale, du maréchal Canrobert,
du général Mellinet « le glorieux balafré », pour ne
citer que les plus grands, et celui du doyen de la

---

1. Présidée, après la mort de Meissonnier, par M. Édouard Detaille.

« Sabretache », le centenaire Soufflot, qui personnifiait parmi nous la brillante figure des incomparables
officiers de cavalerie légère du premier Empire.

Une tâche cruelle était cependant trop souvent
réservée au général Vanson et il s'en acquittait avec
une sobre et véritable éloquence ; il savait trouver
dans son cœur de soldat des paroles d'adieu dignes
de tels hommes, lorsque la mort venait nous les
prendre.

Pendant six années, avons-nous dit, à lui seul, rien
qu'à l'aide de sa documentation puissante, sans
autres auxiliaires que quelques membres dévoués de
la « Sabretache », ouvriers de la première heure, il
rédigea le *Carnet*, en corrigea lui-même les épreuves,
et l'amena du premier coup à un degré de perfection
qui ne sera point surpassé.

Mais le Musée grandissait, chaque jour apportant
sa pierre à l'édifice, et le général était visiblement
heureux d'en constater les progrès dans ses « Notes
du Musée » revenant périodiquement dans le *Carnet*,
notes dont l'objet était autant de faire connaître les
dons faits journellement que d'exciter l'émulation
des donateurs. Grâce à ces incessants et laborieux
efforts il était devenu « la grande salle d'honneur
de l'armée ».

Mais un moment arriva où son directeur ne consentit plus à lui imposer de rival dans sa jalouse
sollicitude. Partisan convaincu de l'unité d'impulsion,

le général avait vu un avantage réel à joindre à la
direction du Musée celle du *Carnet,* qui en était en
quelque sorte l'organe de publicité; mais cette double
tâche était devenue trop lourde « pour ses vieilles
épaules », et il dut, à la fin de 1898, se dégager du
travail absorbant de la publication d'une revue pour
se consacrer exclusivement au Musée dont il avait
la charge officielle, jointe à la présidence de la commission des Archives de la guerre.

Moins de trois ans après devait se terminer cette
carrière qui, du premier au dernier jour, fut un
modèle des plus hautes vertus militaires et un admirable exemple d'unité dans toute une vie de travail
et d'honneur : dans la nuit du 16 au 17 juin 1900,
le général Vanson s'éteignit après avoir encore travaillé tout le jour.

« Quiconque l'a vu à l'œuvre, répéterons-nous
après le *Carnet de la Sabretache*(¹) qu'il avait fondé et
qui, grâce à l'impulsion reçue du général, lui sur-
vivra en gardant pieusement le précieux dépôt de
ses enseignements et de ses traditions ; quiconque
l'a vu à l'œuvre, dans cette besogne de rédaction
que d'autres auraient pu trouver ingrate, mais dont

----

1. Tome VIII, 1900, p. 321. En reproduisant ces lignes, nous sommes
heureux de nous associer, dans cet hommage attendri rendu à la mémoire
de notre vénéré général, au brillant collaborateur qu'il s'était choisi et
qui fut son successeur immédiat dans la direction du *Carnet,* notre ami
le capitaine P. M.

son zèle ardent pour les choses de l'armée, dont son patriotisme intelligent et savant lui faisait désirer la tâche exclusive, pourra témoigner du labeur scrupuleux, de la constante préoccupation du bien, du souci d'intéresser et d'instruire, enfin de la foi inaltérable dans les destinées de notre pays, avec lesquels il poursuivait sans relâche son travail obscur et impersonnel. La vie recluse qu'il a menée treize ans dans son entresol de l'avenue de la Motte-Piquet n'a pas moins appartenu à l'armée que ses longs et éminents services ; et son œuvre de plume ne le cède pas, pour la pureté et la noblesse, à son œuvre d'épée. »

Commandant P. BOPPE.

Lettres de campagnes

CRIMÉE – ITALIE – MEXIQUE

1854-1867

—◦◦◦◦—

CRIMÉE

MARS 1854 — JUIN 1856

———

Marseille, samedi matin, 18 mars 1854.

Mes chers parents,

Je suis arrivé à Marseille un peu plus tard que je ne le pensais, quoique mon voyage se soit très bien passé. Voici le récit de mes étapes, en reprenant les choses depuis le commencement.....

. . . .

..... Le chemin de fer m'a déposé à Chalon de 10 heures à 11 heures du soir, sans que j'aie rien vu de remarquable, si ce n'est un chaos de montagnes et de collines en venant de Dijon. Le lendemain matin (jeudi), je me suis embarqué pour Lyon. En général, j'ai trouvé les rives de la Saône beaucoup plus belles que je ne m'y attendais, surtout en approchant de Lyon.

Je comptais vous écrire de Lyon et je l'aurais fait en effet, sans un de mes « recrues », officier au 6e bataillon de chasseurs, qui a été, pour moi, je ne dirai trop aimable qu'à cause de ma lettre manquée. Il m'a mené au 7e de ligne, qui est aussi de

l'expédition, où j'ai retrouvé des camarades ; puis je suis monté
à Fourvières visiter la chapelle et profiter du reste du jour pour
admirer le panorama de Lyon, qui est très beau.

. . . .

Enfin, hier matin, à 4^{h}30^m, je me suis embarqué pour Avignon, où nous sommes arrivés vers 7 heures.

J'interromps le récit de mon voyage pour vous adresser le
résultat de toutes mes courses de ce jour, et, Dieu merci, elles
n'ont pas manqué ! J'ai vu tous les états-majors possibles, le
général Canrobert, le général Rostolan, le général Martimprey ;
ils m'ont paru tous fort facétieux.

Comme je suis obligé d'attendre jusqu'au 28 pour pouvoir
passer en Afrique, j'étais allé leur demander de partir plus tôt,
soit pour l'Afrique en passant par Alger, soit pour l'Orient directement. Ils ont tous été très aimables et m'ont fait des offres
magnifiques, que je n'aurais pas manqué d'accepter, si j'avais
été quelque peu prince russe quant aux finances. Le général
Martimprey, qui est de l'état-major et par conséquent connait
ma position, m'a demandé *si mes chevaux étaient arrivés,* où
étaient mon mulet, mes provisions de bouche et ma batterie
de cuisine. Je lui ai dit que je n'avais rien du tout ; il ne m'en
a pas moins offert de partir demain avec lui sur le paquebot qui
porte l'état-major général.

Vous conviendrez que c'était tentant ; malheureusement
son aide de camp m'a déterminé à rester, parce qu'avant tout
il faut agir raisonnablement et que je ne pouvais, avec rien, vivre
sur le dos de ces messieurs ; de sorte que j'attends provisoirement une autre destination.

On m'a adressé à plusieurs capitaines qui ont eu la bonté de
me donner la liste de différentes choses qu'ils se sont procu-
rées et qui leur semblent indispensables. Il y en a pour 600 fr.
au moins, sans l'équipage de cheval. Comme cette guerre de
luxe ne peut me convenir, j'ai renoncé à ces offres brillantes et

je tâcherai de rejoindre mon régiment, où j'espère pouvoir m'arranger plus modestement. De tout ceci il résulte deux choses : c'est que l'état-major est un corps extrêmement agréable à cause des bonnes relations qu'on y a, mais en même temps que, pour profiter de tous ces avantages comme lieutenant, il faut faire la guerre à ses frais et dépens.

J'ai un peu regretté le paquebot du général Martimprey, parce que c'était le moyen de se bien poser plus tard ; mais cependant maintenant je suis consolé et veux goûter du métier, plus rude et plus à ma portée, de l'infanterie.....

. . . .

..... Tous les officiers d'Afrique qu'on voit ici sont d'une simplicité de préparatifs qui m'a remis un peu dans mon assiette, et que je crois plus convenable.

Marseille, 19 mars, dimanche soir.

Je vous écris ce soir, quoique je ne sache encore rien de nouveau ; mais je ne fermerai ma lettre que demain, car j'espère avoir une solution dans la matinée.

La fin de ma dernière lettre devait se ressentir un peu de l'agitation que m'avaient causée les différentes combinaisons de départ, entre lesquelles on m'avait laissé incertain. En outre, les préparatifs de tous les gros hères de l'état-major et leurs conseils, que je trouve maintenant peu judicieux à mon endroit, m'avaient un peu bouleversé. Mais je suis remis maintenant. Voici à quoi je me suis arrêté. Demain matin, je toucherai mes 400 fr. d'entrée en campagne, puis je retournerai chez le général Rostolan demander de partir demain lundi pour Alger, vu l'urgence. S'il me refuse, ce que je ne crois pas, puisqu'il n'y voyait pas de difficulté samedi, je retournerai à l'état-major général, et, d'après ce qu'on me dira, je partirai peut-être pour Gallipoli, mardi, avec le second convoi, ou bien j'attendrai le départ du 28 pour la province de Constantine.

Je serai content, je vous l'avoue, de faire d'une pierre deux coups et de voir en passant l'Algérie — ce qui m'empêche de regretter le premier convoi, qui sera nécessairement le mieux reçu.

Je viens de le voir partir cet après-midi. Il se composait de deux frégates à vapeur. Elles emportent l'état-major général, une compagnie du génie, quatre compagnies du 3ᵉ bataillon de chasseurs, plus des troupes et employés d'administration. Le grand nombre de chevaux et de mulets ont empêché d'y placer plus d'hommes.

Il a dû partir déjà d'Afrique un détachement sur le bâtiment qui y avait transporté le 45ᵉ.

Le *Panama* a embarqué aujourd'hui le 75ᵉ pour Oran ; il y prendra aussi un régiment pour la Turquie. Le 2ᵉ bataillon du 6ᵉ de ligne est arrivé aujourd'hui de Paris à Marseille : il a fait la route en chemin de fer et en bateau à vapeur.....

. . . .

... J'aime mieux vous dire que je vous ai regrettés tous, en voyant l'aspect du port de Marseille pendant l'embarquement : un temps magnifique ; les remparts, les jetées, les quais et les maisons garnis d'une foule endimanchée, nombreuse à étonner les Marseillais eux-mêmes ; la Méditerranée avec sa belle couleur bleue et toute chargée d'embarcations ; le château d'If dans le lointain. C'était un très beau coup d'œil.

———

Alger, 22 mars 1854.

Je suis à Alger depuis 5 heures du soir. Notre traversée a été assez bonne, sauf le premier jour, lundi, où nous avons presque tous eu le mal de mer le plus complet qu'on puisse souhaiter. Je ne vous en dirai rien, parce qu'il est impossible d'en dire assez de mal. Nous sommes partis de Marseille lundi à 1 heure, et sommes arrivés ici aujourd'hui mercredi à 5 heures. Le bateau à vapeur portait deux compagnies du 45ᵉ, trois sœurs de Saint-Vincent-de-Paul, une quinzaine d'officiers et une soixantaine d'hommes de toutes armes, plus un certain nombre de passagers civils. On y est très mal logé, mais très bien nourri : la compensation est d'autant moins suffisante qu'on n'y a guère d'appétit. La mer ne m'a pas fait l'impression à laquelle je m'attendais ; mais, en revanche, mon entrée à Alger est la chose qui m'a le plus frappé. Le panorama de la côte est très beau ; la ville, avec son amphithéâtre de maisons d'un blanc vif, a un aspect très original. Tout cela était animé par quatre frégates à vapeur, alignées à l'entrée du port, et sur lesquelles on embarquait les chevaux et le matériel des troupes qui partent demain pour l'armée.

Aussitôt le bateau arrivé, il est assailli par une quantité de barques de toutes formes, montées par des individus de toutes couleurs et ornés de figures et de costumes les plus pittoresques. C'est un véritable abordage. Je me suis donné le plaisir de faire porter ma malle par un superbe Turc, auquel je ne parlai que par signes et avec des interjections : eh ! oh ! Mais, arrivé à l'hôtel, j'ai été un peu désappointé de voir qu'il parlait fort bien français. Dans tous les cas, il justifiait le proverbe « fort comme un Turc », car je n'ai jamais vu enlever et porter des malles avec une pareille légèreté.

J'ai déjà vu tous les beaux quartiers d'Alger : la place du Gouvernement, les rues Bab-Azoum et Bab-el-Oued, etc., et tout cela la nuit. Elles y perdent probablement beaucoup. La ville est encombrée de troupes de l'expédition, qui devaient partir demain à 6 heures du matin ; mais il vient d'y avoir contre-ordre...

Je pars demain à 11 heures pour Bougie. Vous voyez que jusqu'à présent tout me réussit bien, puisque j'ai un jour pour voir Alger.

— — · ·

Bougie, 25 mars 1854.

Je suis enfin arrivé à mon régiment, et j'en suis joliment content. On m'y a reçu d'une manière très aimable. Cela dure depuis deux jours ; j'espère cependant que cela finira aujourd'hui.....

Je crois vous avoir dit que j'avais rencontré à Alger d'anciens camarades qui m'ont fait voir tout ce qu'on pouvait voir dans un jour. Quoique nous ayons été assez contrariés par le mauvais temps, je suis très enchanté de la partie ancienne d'Alger, c'est-à-dire des maisons de la Casbah, qui ont conservé la physionomie arabe presque complètement. Ce sont des rues où on ne peut passer deux de front et qui sont presque complètement à couvert par la saillie des étages supérieurs ; de très rares fenêtres ; des portes basses donnant accès dans de petites cours ou dans de petites chambres carrées pavées en mosaïque commune, avec quelques coussins où trônent des Maures ou des Arabes noirs, jaunes, de toutes couleurs, la plupart très sales, mais très pittoresques dans leurs guenilles. Dans les plus étroites de ces rues, on rencontre à peu près autant d'ânes que de fiacres dans les grandes rues de Paris. Le fiacre y serait, du reste, impossible, car la montée de la côte Sainte-Geneviève (¹) serait douce en comparaison. Tout ceci rentre dans tout ce que j'avais lu d'Alger en particulier et des villes arabes en général. Mais ce qui m'a surpris et ce que j'admirais le plus, c'est l'aspect de la campagne qui environne

---

1. A l'est de Nancy.

Alger. Réellement nos paysages de printemps dans le nord paraissent ternes à côté de ceux-ci. En Afrique, le ciel est plus bleu, la verdure plus verte, le blanc plus éclatant ; joignez à cela la puissance de la végétation, les palmiers qui sont beaucoup plus beaux que les palmiers de fer-blanc du Pont-Neuf, les figuiers de Barbarie, etc., etc. ; le tout parsemé de ruines turques ou de maisons de campagne françaises, et animé par des Bédouins avec leurs chameaux, des zouaves, des spahis ; et puis, de l'autre côté, la mer, qui semble beaucoup plus belle du rivage que du pont du bateau : vous aurez une faible idée de la magnificence du spectacle.

Ici, à Bougie, nous avons quelque chose de mieux encore. C'est la grande chaine des Babors, qui se prolonge à l'ouest en fermant la rade et dont les pics neigeux brillent au soleil de façon à éblouir les yeux.

Mardi. — Le colonel de Failly m'a plu au premier abord ; je souhaite que cela continue. Il a été officier d'ordonnance du duc d'Orléans, puis chef de bataillon au 69e à Nancy. Il m'a dit que je devais m'installer comme un officier isolé, car, une fois là-bas, il me prendrait comme officier d'ordonnance, si toutefois on ne me détachait pas du régiment.

———

Bougie, 2 avril 1854.

Je vous écris au moment de m'embarquer. La majeure partie du régiment part, aujourd'hui, à bord des bateaux à vapeur le *Laplace*, la *Mouette* et l'*Infernal*. Ce dernier porte l'état-major du régiment, dont je fais naturellement une partie fort intéressante. Vous savez ce que c'est qu'un départ quelconque ; je vous laisse à penser ce que doit être le départ de tout un régiment pour une expédition aussi lointaine. Nous comptions rester encore quelques jours de plus, mais les bateaux sont arrivés sans dire gare. Aussi depuis hier je trotte comme un dératé. Mon cheval est arrivé juste à temps, au premier coup de canon qui a annoncé le premier bâtiment en vue. Je le trouve un peu petit et un peu jeune (il a quatre ans à peu près), mais du reste il est gentil ; c'est un cheval gris foncé comme beaucoup de chevaux arabes. Il y a aujourd'hui huit jours, il était encore sous la tente arabe ; aussi il est tout familier et tout apprivoisé. Je me suis monté, comme j'ai pu, de tout ce qu'il me fallait. Vous pouvez être tranquilles sur notre compte, si vous apprenez que nous débarquons dans une île déserte, car on emporte tout, jusqu'à de la bougie. Je viens de courir partout chercher un briquet, etc., mais Bougie est déjà tellement civilisé qu'on n'y trouve plus que des allumettes chimiques. Je n'ai pas non plus de mulet : il n'y en a pas ici ; j'en achèterai un en arrivant, si on en trouve.....

. . . .

Chassignet m'a encore procuré un grand plaisir en me prêtant un de ses chevaux pour aller en promenade avec lui à Talamza, un village kabyle, qui est à trois lieues de Bougie sur la rive droite de la Soumane. C'est un pays magnifique, et j'en suis toujours enchanté comme au premier jour. Il est vrai que c'est maintenant la plus belle saison de toute l'année dans ce pays-ci. Les environs de Bougie ne sont soumis que depuis deux ans. Quand on passe près des femmes kabyles, les enfants se sauvent encore en pleurant comme s'ils voyaient des Cosaques ; mais alors les femmes courent après, les ramènent et font tous leurs salamalecs arabes pour excuser leur frayeur.

Je ferme ma lettre à la hâte ; je vois, en vous écrivant, le régiment descendre la montagne où est la caserne. On va au drapeau ; les soldats sont gais comme des pinsons. Voilà en mer le bateau le *Napoléon,* un vaisseau à vapeur à trois ponts qui arrive en vue. Il doit prendre demain les six dernières compagnies du régiment.....

Je vous écris en rade de Gallipoli, où nous sommes arrivés aujourd'hui à 3 heures, juste sept jours, heure pour heure, après notre départ de Bougie.....

..... Je vous ai souvent regrettés dans les moments intéressants de notre traversée, qui a été aussi heureuse que possible; elle aurait été plus curieuse, si elle l'avait été moins. Ainsi, par exemple, le *Christophe-Colomb,* qui a mis dix-sept jours, a relâché à Malte et à Athènes, ce qui m'aurait assez flatté. Nous, nous n'avons relâché nulle part, ce dont les officiers du bâtiment sont très fiers ; nous avons couché seulement cette nuit à Ténedos, où nous avons mouillé pour ne pas entrer dans les Dardanelles de nuit. Jusque-là, le voyage n'a rien de très intéressant, si ce n'est lorsqu'on longe les côtes méridionales de la Grèce. Nous sommes passés à environ 6 kilomètres du cap Matapan et du cap Saint-Ange, et à une demi-lieue de Cythère, qui est en face. J'ai trouvé les côtes de Grèce comme je m'étais figuré celles d'Afrique, c'est-à-dire arides et très desséchées ; par compensation j'avais trouvé, comme je vous l'ai dit, les environs d'Alger et de Bougie aussi verdoyants et aussi beaux que les rivages de Grèce le sont peu.

Du reste, comme nous avons eu une mer et un temps magnifiques, le spectacle n'en était pas moins très beau. Nous avions à bord la musique du régiment, qui est très bonne, pour une musique d'Afrique. Le colonel nous en faisait la galanterie tous les jours après dîner. Rien n'est agréable comme de glisser doucement sur la surface d'une belle mer comme la Méditerranée, aux sons d'une bonne musique — j'ajouterai, au risque de dépoétiser la chose, après un bon dîner — et le tout, en voyant se dérouler sous ses yeux un panorama très varié d'aspect à chaque instant, et où les souvenirs abondent. Hier, c'est dans ces bonnes conditions que nous sommes arrivés en vue des côtes d'Asie, après avoir dépassé doucement les nombreuses îles de l'archipel, Syra, Négrepont, Mytilène, etc. Je termine ici ma lettre, parce que je retiens le carré des officiers de marine, qui ont fort envie d'aller se coucher et qui n'y vont pas, par politesse : ledit carré étant à peu près leur chambre à coucher. J'achèverai ma lettre à terre, plus tranquillement, car la conversation autour brouille souvent, et s'il faut la faire partir, je pourrai au moins vous l'envoyer tout de suite. Voici le plus important de ce qu'il me reste à vous dire. Je suis dans les meilleures conditions au régiment. Le colonel m'a annoncé à bord que je ferai, immédiatement en débarquant, le service d'officier d'ordonnance près de lui. Ainsi je ne le quitte plus ; je mange avec lui, le lieutenant-colonel et le chirurgien-major. Cela m'arrange bien fort, car je n'aurai besoin de m'occuper de rien sous ce rapport. En outre, je serai bien placé pour voir et apprendre. C'est un homme de façons très simples et très affectueuses, et cela pour tout le monde ; c'est un des colonels les plus jeunes et les plus distingués de l'armée. Je suis descendu à terre ce soir avec des officiers du bord. Gallipoli est la ville la plus turque et la plus fantastique qu'on puisse s'imaginer. Alger m'avait enchanté, mais ce n'est qu'une mascarade française à côté de ceci.

Il n'y a encore d'arrivé ici que les premières colonnes de deux régiments de zouaves, des compagnies des 1er et 3e bataillons de chasseurs et une compagnie du génie. Nous sommes le premier régiment de ligne arrivé. Il y a aussi mille

Anglais arrivés. Rien de curieux et de pittoresque comme ce mélange de Turcs, de Français et d'Anglais, marins et soldats. Tout cela fraternise et trinque déjà très bien ensemble. Je suis enchanté des Anglais que j'ai vus jusqu'à présent. Ce sont de très beaux hommes, avec des figures ouvertes et une politesse cérémonieuse qui contraste avec le sans-façon de nos soldats d'Afrique.....

..... Nous avons débarqué ce matin. Gallipoli est de moindres ressources qu'un village de France. C'était le plus curieux coup d'œil du monde, le 20ᵉ et le 2ᵉ régiment de zouaves et le 44ᵉ et le 50ᵉ anglais débarquant à la fois sur d s barques les plus originales qu'on puisse voir.....

Au camp de la Grande-Rivière, 15 avril 1854.

Nous sommes campés à environ 7 ou 8 kilomètres au sud de Gallipoli, à 3 kilomètres du littoral, sur la rive gauche d'un gros ruisseau qu'on appelle la Grande-Rivière. Le dernier détachement du régiment est arrivé hier au soir et nous sommes maintenant au complet.

Je vous ai donné, dans ma dernière lettre, ma première impression sur Gallipoli ; j'y persiste jusqu'à nouvel ordre. Nous avons débarqué le lundi vers 10 heures du matin ; je suis descendu à terre dans le canot du colonel, avec l'aigle et la caisse du régiment ; vous voyez que ce n'est pas de la petite bière. A peine à terre, je suis entré en fonctions en trottant à droite et à gauche pendant toute la journée ; j'ai même débuté dans un service plus spécial, en cherchant à déjeuner pour le colonel, qui était parti pour le camp avec la première compagnie débarquée. Je lui ai envoyé un petit pain d'un sou et deux oranges. Ce brillant début l'a dégoûté de m'employer désormais à pareille besogne. Ce qui fait bien mieux mon affaire, c'est que c'est le lieutenant-colonel qui se charge de toute notre pension, où nous sommes traités avec un luxe relatif très remarquable. La popote de l'état-major se compose de quatre personnages fort importants : le colonel, le lieutenant-colonel, le chirurgien-major et moi. C'est un sapeur qui fait la cuisine ; il se permet de temps en temps les plats sucrés. Il a un soldat pour marmiton, et le domestique du colonel sert à table avec un costume de fantaisie, moitié zouave, moitié fantassin, qui fait très bien.

Nous avons jusqu'à présent de la porcelaine et des couverts en ruolz. On prend une tasse de café noir à la diane ; on déjeune à 10 heures et on dîne à 5 heures, avec une tasse de café après chaque repas : total trois tasses. Le café à l'eau est ici le principal mets pour les troupiers. Je suppose qu'à ces détails de cuisine vous allez trouver que je suis toujours aussi gourmand qu'en France ; mais je vous les donne parce que je suppose que ce qui me regarde personnellement vous intéresse plus que les nouvelles générales, que nous ne savons guère du reste que par les journaux de France, quand nous en avons, six semaines après leur publication. J'ai reçu pour moi seul une tente turque en toile de coton, blanche : c'est un grand cône soutenu par un piquet au milieu ; là-dessous est placé mon lit, qui se compose d'un fort tissu tendu au moyen de deux coffres qu'on nomme cantines et qui se placent de chaque côté du mulet. Par-dessus le tissu est un sac en peau de mouton, la laine en dedans. Voilà le fond. On y ajoute ce qu'on peut.

Nous resterons probablement ici encore une quinzaine de jours, ou au moins une dizaine. Puis la division marchera, dit-on, sur Rodosto ou Andrinople. Le camp anglais est à une lieue et les deux autres corps français plus loin. Du reste l'avancement va bien, par suite du retard de l'arrivée du maréchal : le général Canrobert, notre général de division, est commandant en chef ; le général Lespinasse, général de division ; le colonel de Failly, général de brigade ; et votre serviteur, aide de camp du général de brigade. Vous voyez que je marche bien. Nous avons vu arriver les Écossais avec leurs jupons courts ; aujourd'hui les bataillons indigènes vont arriver.

— —

Camp de Boula-hir, 25 avril 1854.

. . . .

Pour les nouvelles de l'armée d'Orient et de ses opérations, ne comptez pas sur nous pour en avoir, car nous attendons au contraire les journaux de France (les *Moniteurs* de la fin de mars sont arrivés hier) pour avoir des nouvelles des progrès des Russes et de nos intentions à nous. Il est du reste extraordinaire combien l'on devient vite indifférent à tout cela. La vie intérieure d'un camp, les relations avec les camps voisins, la pluie et le beau temps qui, ici, ne sont pas des banalités, mais des questions fort intéressantes à cause de notre position champêtre, l'arrivée du vaguemestre apportant un courrier de France : voilà qui absorbe toutes nos journées et toutes nos pensées.

Voici cependant tout ce que je sais en fait de grandes nouvelles. Commençons par notre division qui est la première. Je vous ai dit que nous avions déjà occupé deux camps ; mais ils n'étaient distants l'un de l'autre que d'une demi-lieue. Depuis mercredi dernier, nous sommes établis dans un troisième qui est celui de Boula-hir, à 10 ou 12 kilomètres en avant de Gallipoli et à 4 kilomètres en arrière du gros village du même nom.

Nous sommes campés la droite touchant à la mer ; les Anglais sont de l'autre côté de l'isthme, à peu près sur la même ligne, et nous sommes là, les uns et les autres, pour commencer les travaux de la grande ligne fortifiée qui va couper l'isthme dans toute sa largeur, afin de nous faire de toute la partie en arrière un pied-à-terre, où nous serons toujours chez nous et où nous commanderons par nous-mêmes la navigation des Dardanelles. La ligne est tracée tout entière, et on y travaille avec activité à droite et à gauche, c'est-à-dire près des deux camps anglais et français. Elle comprendra plusieurs ouvrages en maçonnerie.

Les autres divisions sont encore en arrière, à notre ancien camp. Dès que la nôtre sera complète, c'est-à-dire probablement à la fin de la semaine, nous nous porterons en avant à Rodosto, à quatre ou cinq étapes d'ici, afin de dégager Gallipoli qui commence à succomber ; les autres divisions viendront successivement occuper notre camp actuel et continuer les travaux. De là, l'on se portera, soit sur Constantinople, soit sur Andrinople, mais très probablement sur Andrinople. (J'ai fait mon deuil de Constantinople !)

Cependant le commandant du camp anglais, chez qui j'ai accompagné hier le colonel, nous a dit qu'on dirigerait maintenant les transports de troupes anglaises directement sur Constantinople, ce qui ne m'étonne pas de leur part, car ils savent choisir les bons endroits. Nous avons eu avant-hier au camp, dans l'état-major du général Canrobert, un aide de camp d'Omer-Pacha, qui arrivait de Choumla apporter la situation et l'emplacement de l'armée turque, mais les nouvelles n'ont pas transpiré. Nous ne pourrons guère nous mêler de rien encore d'ici à quelque temps, car nous n'avons ni un canon, ni une voiture du train, ni un soldat de cavalerie. On attend lord Raglan, le général en chef anglais, tous les jours, et le maréchal de Saint-Arnaud seulement dans le milieu du mois prochain.

Passons maintenant aux nouvelles particulières, c'est-à-dire à celles de votre serviteur. *Primo,* je me porte très bien ; j'ai payé mon petit tribut en arrivant, en me reposant deux jours après le débarquement complet du régiment, qui m'avait fait beaucoup trotter avec une écorchure au pied qui est complètement guérie. Ce n'était du reste qu'une légère courbature, que j'attribue à mes trois traversées consécutives et aux changements de régime un peu fréquents qui s'en étaient suivis. De plus, nous avions trouvé, en débarquant, un ou deux jours de froid étonnant pour la saison, puisqu'il était tombé un peu de neige, mais si peu que rien. La température maintenant est très agréable : c'est celle d'un beau mois d'août à Nancy. Nous sommes très bien campés sous des tentes de France ; j'en ai une pour moi seul, à cause de ma position spéciale. Je vous écris, assis à la porte de ladite tente, sur le tapis de mon cheval (de selle, car j'en ai deux), ayant mes bêtes au piquet à dix pas de moi ; la tente du colonel avec l'aigle et la garde de l'autre côté ; en avant le camp du 9ᵉ chasseurs ; plus loin la mer, où on voit passer les vaisseaux qui vont à Constantinople, et de l'autre côté les côtes d'Asie, que l'on distingue très bien avec leurs villages et leurs différentes cultures. En remontant le camp, à 500 ou 600 mètres, on se trouve sur la crête de l'isthme et l'on aperçoit la mer des deux côtés.

J'ai commencé décidément mon métier d'officier d'ordonnance, qui est, avec un homme comme le colonel de Failly, très agréable et peu fatigant. Il dit que je suis entré dans les fricoteurs ; du reste il a le droit d'en dire tout le mal possible, puisqu'il a été lui-même longtemps celui du duc d'Orléans. Je crois vous avoir dit déjà que nous sommes tous montés en grade, par suite du retard de l'arrivée du maréchal, de sorte que je fais maintenant les fonctions d'aide de camp d'un général de brigade. Dimanche dernier, nous avons eu revue et manœuvres, et j'ai voltigé agréablement sur mon petit cheval pour porter les ordres de tous les côtés. Au défilé, je me suis encore élevé plus haut et j'ai fait défiler devant moi toute la division, attendu que le colonel était le plus ancien des deux chefs de brigade. Mes autres fonctions consistent à faire la correspondance du colonel (qui heureusement est restreinte ; il n'écrit rien lui-même, parce que, dit-il, il écrit très mal : jugez s'il est bien remplacé) ; à recevoir les ordres et à en donner connaissance aux corps de la brigade ; à tracer un peu le camp ; les jours de manœuvres, à partir le dernier et à arriver le premier, pour m'assurer que tout est en route et pour connaitre le camp. Je règle de plus le service des ordonnances et des plantons. Tout cela m'occupe bien environ une heure et demie par jour (l'installation dans le camp une fois faite). Je fais après déjeuner une petite promenade à cheval, moitié pour moi, moitié pour mon cheval. Je dessine des Anglais, et puis, voilà tout mon service ! Vous voyez que ce n'est pas trop rude.

Ceci vous explique comment je sers, comme vous le dites, dans une position exceptionnelle. Les lieutenants et sous-lieutenants d'infanterie n'ont qu'un tiers de mulet par officier. Quant à moi, j'ai réglementairement un cheval de remonte, qui est mon cheval de selle et ne me coûte rien, plus un cheval de bât, qui résulte de la position isolée que le colonel m'a faite. Je l'ai acheté ici, il me coûte 180 fr. et a un physique très cocasse ; je ne reçois que la moitié de sa nourriture : c'est à moi de pourvoir à l'autre. Du reste, les officiers d'Afrique sont tellement peu habitués à cette pénurie de chevaux et de moyens de transport qu'ils commencent tous par en acheter, malgré les ordres. Tout le camp en est rempli. Le colonel a sept chevaux de selle.....

. . . .

Camp de Boula-hir, 4 mai 1854.

. . . .

..... Seulement j'aurais désiré qu'on m'envoyât au moins des dragées ; elles sont tout à fait inconnues dans ce pays-ci, tout aussi bien que les fiacres, qu'on dédaigne fort à ce qu'il parait maintenant, quoique je n'y songe ici qu'avec admiration, lorsque j'examine la carrosserie turque. Imaginez-vous des roues qui ne sont même pas évidées et le reste à l'avenant, le tout accompagné de grincements épouvantables et animé d'une vitesse de 2 kilomètres à l'heure, quand la machine fonctionne à vide. Par exemple, les buffles sont maigres, mais ils ont des cornes magnifiques, et les conducteurs bulgares les plus déguenillés ont au moins une paire de pistolets et un grand poignard à la ceinture.

. . . .

Nous sommes maintenant à trois lieues de Gallipoli et à cinq des deux autres divisions, et nous devons partir au premier jour pour Rodosto.....

Je n'ai rien de nouveau à ajouter à ce que je vous ai dit de notre camp dans ma dernière lettre, si ce n'est que notre division se complète peu à peu. Il ne reste plus que 600 hommes du 7e de ligne et nos deux batteries. On prétend même qu'elles sont débarquées. Nous avons eu, dimanche, une grande revue de toute l'armée par le prince Napoléon, qui était arrivé la veille ; mais les deux dernières divisions étaient en bataille si loin de la nôtre qu'on ne distinguait que les masses, et je n'ai pu y voir les camarades que j'y ai.

Je crois vous avoir dit que le colonel de Failly écrivait comme un chat ; il a aussi, heureusement pour moi, des principes fort larges et tout à fait africains en tout ce qui concerne l'étiquette épistolaire, les enveloppes, les cachets, etc. Aussi il est très mal monté, et j'ai la recommandation de conserver toutes les belles enveloppes que nous adressent les autres pour tâcher de les retourner, lorsque nous écrivons aux gros bonnets.

Il y avait dimanche, à la revue, un bataillon d'infanterie turque que je n'ai pas vu, parce qu'il était trop éloigné ; mais j'ai vu passer, hier matin, un escadron de lanciers, venu pour escorter le général Bosquet, qui arrive du camp d'Omer-Pacha. Les lanciers m'ont un peu rappelé ceux du cirque Napoléon, mais, somme toute, ils ont encore meilleure tournure que je ne le supposais. Le général Bosquet est revenu enchanté et prétend qu'il n'y a plus qu'à partir tout de suite pour mettre les Russes à la porte. Que le ciel l'exauce ! En attendant, je vous avoue que nous n'y pensons guère.....

Camp de Boula-hir, 14 mai 1854.

. . . .

Nous sommes toujours à Boula-hir, et les bruits de départ deviennent même plus rares qu'au commencement. Il est cependant probable que nous allons quitter notre camp cette semaine, les sources commençant à s'épuiser ; mais ce serait simplement pour nous établir à cinq quarts d'heure plus loin, de l'autre côté du village de Boula-hir. Le général Vinoy, qui doit dégommer mon colonel de son commandement provisoire, et son aide de camp, qui doit me dégommer de mes hautes fonctions, sont arrivés avant-hier et venus hier au camp ; mais ils ne s'installent ici que demain. La cavalerie commence aussi à débarquer. Il y a actuellement à terre quatre ou cinq escadrons de chasseurs d'Afrique, un escadron de spahis et des dragons en grande partie démontés, plus une

soixantaine de gendarmes d'Afrique. Vous voyez que c'est
encore bien peu de chose ; mais c'est surtout le défaut d'artillerie et de train qui nous retient ici, l'arrivage et le débarquement de ses chevaux et de son matériel étant très lents. Nous
avons reçu hier des journaux de France du 1er mai, entre autres
le *Moniteur de l'armée* qui annonçait la marche de la division
Bosquet sur Andrinople. C'est absolument faux, d'abord
parce que la moitié seulement de cette division est arrivée,
en outre parce que c'est la nôtre qui par son numéro et son
complet marchera la première, si toutefois elles ne marchent
pas toutes les deux ensemble. Il est encore moins vrai que nous
ayons des troupes à Constantinople. Les Anglais seuls en ont
à Constantinople et à Scutari. — Le prince Napoléon, le maréchal de Saint-Arnaud, lord Raglan et le duc de Cambridge
sont passés successivement à Gallipoli, mais ils ne s'y sont
arrêtés qu'un instant et ont continué leur route sur Constantinople. On attend le retour du maréchal de jour en jour. J'ai
assisté, le 6, à une grande revue de l'infanterie anglaise, dont
une partie s'embarquait le lendemain pour Scutari ; quand je
dis grande revue, je ne veux pas dire nombreuse, car ils
n'avaient ici que six bataillons, et ils n'en ont plus que quatre,
à ce que je crois, sans un canon et sans un homme de cavalerie. Leurs officiers ont organisé déjà des courses au clocher,
car presque tous leurs officiers d'infanterie possèdent des chevaux qu'ils montent hors du service. Seulement ceux qui ne
les ont pas amenés d'Angleterre se sont joliment enrossés ici.
— Le général Espinasse nous a fait faire pour aller à leur
revue une véritable course au clocher de trois lieues, au galop,
dont mon cheval avait assez, ainsi que plusieurs colonels d'infanterie. Le général prétendait qu'il était en retard, mais le
colonel de Failly prétend, lui, que c'est une mauvaise plaisanterie qu'il a voulu jouer aux gros bonnets, qui se sont tous
du reste fort bien comportés.

J'ai eu le plaisir que vous pensez, à voir cette revue, car c'était la première fois que je voyais les Anglais sous les armes ; leurs uniformes éclatants font en ligne un très bel effet. C'est décidément une race d'hommes magnifiques, surtout les Écossais. Toutes leurs musiques, sans exception, nous ont régalés de l'air de la reine Hortense ; ils ont été plus polis que nous, qui ne leur avons donné du *God save* qu'en second lieu. Les Écossais défilent au son de leurs cornemuses seulement ; c'est très original. Cela fait à peu près l'effet des vielles des Savoyards ; seulement les airs sont peut-être encore plus lents et plus monotones. Les gens qui ne s'y connaissent pas, comme moi par exemple, trouvent que c'est toujours le même air ; et je ne suis pas encore sûr du contraire.

Le courrier d'hier nous a appris la formation de la garde impériale. Elle a produit ici peu d'effet, parce que les officiers croyaient à la formation d'un 4ᵉ bataillon par régiment, ce qui eût produit un avancement beaucoup plus grand (100 bataillons au lieu de 12) ; en outre, comme composition elle n'intéresse personne ici, parce qu'il est peu probable qu'on enlève la crème d'une armée en campagne pour la composer. J'ai été celui qui en ait été le plus agité, quoique seulement à cause des uniformes que je cherche à deviner. Du reste on s'y attendait, à cause des deux ou trois derniers articles du *Moniteur de l'armée*. On nous a désigné hier l'aumônier de notre division, qui est M. l'abbé Costaing, ex-aumônier de l'hôpital du Val-de-Grâce à Paris, mais nous ne l'avons pas encore vu. On a mis aussi à l'ordre leurs insignes, qui consistent pour l'aumônier en chef en une croix en émail blanc suspendue au cou par un cordon vert et argent, et, pour les autres, en une croix en argent suspendue par un cordonnet ; les glands du chapeau et de la ceinture sont de même. Ils doivent du reste porter le costume ecclésiastique complet : la soutane ou la soutanelle, et en grande tenue le petit collet et les souliers à boucles. Du reste vous connaissez probablement ces détails par les journaux. L'aumônier en chef a rang de chef de bataillon et les autres de capitaine, et on leur doit les mêmes honneurs. On a demandé hier, dans la division, un ordonnance pour l'abbé Costaing. On dit que M. Parabère est jésuite et qu'on a tenu à employer des jésuites en vue de l'avantage d'avoir pour tous une direction unique et une surveillance ecclésiastique plus facile qu'avec des prêtres isolés. Vous savez probablement cela mieux en France qu'ici.

Me voilà à bout de nouvelles. Je serais cependant ingrat, si je ne disais pas que la pension est toujours aussi bonne et, par une conséquence naturelle, que je me porte toujours bien. Mon cheval turc engraisse et tourne au cheval de carrosse, depuis quinze jours qu'il ne fait rien. Quant à l'autre, je le promène aussi souvent que je peux, car mes fonctions d'aide de camp me forcent à rester la plus grande partie de la journée au camp, pour attendre si par hasard il n'y aurait pas quelque chose à faire ; de sorte que je suis très content de l'arrivée du général Vinoy, qui sera cause que positivement il n'y aura rien du tout à faire pour moi. C'est le bel idéal de la position. Je passe une grande partie de mes journées ainsi avec l'ami Fain, qui n'a pas non plus grand'chose à faire, parce qu'il est aussi investi de hautes fonctions : il est adjoint au génie pour la direction des travaux de campagne. On les presse le plus possible, et tout l'isthme est actuellement coupé par un fossé avec un commencement de parapet. Les redoutes s'élèveront en même temps. Nos camarades de promotion arrivent tous les jours. On a fini par accorder toutes les demandes de permutation pour l'armée d'Orient, de sorte que chaque régiment nous amène un lieutenant d'état-major qui est forcément de ma promotion ou de celle de mes anciens.....

. . . .

Nous sommes toujours à Boula-hir, employés aux mêmes
travaux de fortification. Il y a huit jours déjà qu'on parle du
départ pour Varna ; on croyait que le retour du maréchal, qui
est arrivé de Constantinople vendredi, serait le signal des
mouvements, mais il n'en a pas été ainsi, du moins pour tout
le monde. Il nous a passés en revue samedi matin, 27 mai. Il
y avait environ 30 000 hommes ; c'est tout ce qu'il y a de débarqué actuellement. Les trois premières divisions d'infanterie
sont complètes en infanterie ; il y a trois bataillons de la 4e d'arrivés, environ six à huit escadrons de cavalerie. Quant à l'artillerie, elle était si loin que je n'y ai rien distingué.

Les 2e et 3e divisions sont venues rejoindre la nôtre au camp
de Boula-hir ; elles sont chacune à une demi-lieue de nous, de
deux côtés différents. Celle du prince (3e) part ce matin pour
Constantinople par terre ; la première brigade de la nôtre s'embarque demain matin pour Varna, où une compagnie du génie
et une de zouaves l'ont précédée ; la 2e brigade, dont je fais
partie, et la 2e division ne savent encore ni où, ni quand, ni
comment elles iront. Le bruit général est qu'on veut se porter
sur la ligne des places fortes pour laisser toutes les forces turques libres de se porter en avant. C'est à peu près tout ce
que nous pouvons faire maintenant, puisque nous ne sommes
pas organisés. La majorité croit qu'on ne se battra pas cette
année.

Je viens de déjeuner avec le colonel comme à l'ordinaire, et
nous avions, comme extraordinaire, deux officiers de chasseurs
d'Afrique et un officier d'artillerie. Voici les canards qui en
sont résultés, canards qui présentent cependant un caractère
quasi officiel : La 1re brigade de la 1re division va à Varna,

c'est sûr ; nous, la 2ᵉ brigade, nous allons très probablement à Bourgas ; la 2ᵉ division va à Andrinople et la 3ᵉ toujours à Constantinople. La cavalerie et la réserve d'artillerie vont à Andrinople.

J'ai vu passer ce matin l'escadron turc qui rejoignait le camp du prince Napoléon, dont il doit, je crois, accompagner la division jusqu'à Constantinople. Les spahis en ont fait autant hier, car on tient à les montrer à Constantinople. Le fait est que je ne conçois rien de plus beau comme escorte que ces quatre-vingts cavaliers de choix, avec leurs burnous écarlate et blanc, et tout ce qu'on a trouvé de mieux en chevaux, en équipement et en vêtements. — Nous recevons à l'instant l'ordre de prendre les armes dans une heure d'ici — il est midi — pour une revue du général Canrobert, où l'on doit essayer des manœuvres anglaises. Il faut vous dire que les petits bataillons anglais, que nous avons ici, manœuvrent parfaitement, et surtout avec un silence, une régularité dans les positions, qui font contraste avec nos troupes d'Afrique, et émerveillent d'autant plus. Le maréchal passe en revue demain matin la petite division anglaise et la fera manœuvrer ; j'irai avec le colonel.

Camp de Boula-hir, 10 juin.

Voilà probablement la dernière lettre que je date d'ici, nous nous attendons depuis cinq jours à nous embarquer d'heure en heure. La première brigade de la division est partie depuis dix ou douze jours, et les chasseurs de la nôtre se sont embarqués ce matin... Du reste, rien de nouveau que notre départ. Je crois vous avoir dit que nous devions être dirigés sur Bourgas, mais cette destination est abandonnée, et c'est décidément à Varna que nous allons, pour y retrouver la 1re brigade de la division. J'en suis content parce que Varna est une ville plus intéressante que Bourgas et que, cette fois, nous serons, à ce qu'il parait, campés près de la ville.

Ainsi, en attendant mieux, nous verrons au moins Constantinople en passant devant. — Les 2e et 3e divisions sont en route par terre, ainsi que la première brigade de cavalerie, et nous ne sommes plus ici que deux régiments de la 1re : le 20e et le 27e. Il y a de plus trois régiments de la 4e division déjà arrivés, plus le 6e dragons et le 6e cuirassiers. J'ai retrouvé, dans la 4e division, le 39e, où j'ai vu encore quelques figures de connaissance. Depuis que je ne suis plus aide de camp, je n'ai absolument rien à faire et je passe mon temps dans le camp anglais, qui est à une lieue du nôtre. Je commence à être d'une assez jolie force sur le militaire anglais. On s'accorde généralement à reconnaitre qu'ils manœuvrent mieux que nous ; seulement leurs manœuvres sont moins simples et demandent des troupes plus exercées, en sorte qu'il doit leur être plus difficile de réparer leurs pertes. Leur exemple a fait décidément adopter la formation sur deux rangs, qui était en question depuis longtemps. On leur a pris aussi les carrés sur quatre rangs : les deux premiers rangs genou en terre et croisant la baïonnette en appuyant la crosse contre le genou, les deux derniers rangs faisant le feu de deux rangs. On y exerce maintenant notre infanterie le plus souvent possible, eu égard aux travaux de fortification, qu'on pousse toujours le plus qu'on peut. Le maréchal, après avoir passé en revue les trois divisions, est reparti, en laissant comme bienvenue l'ordre de quitter les schakos, les cols, les chapeaux et toutes les grandes tenues possibles. C'est un ordre qui a été parfaitement accueilli ; seulement il est malheureux qu'on nous ait obligé d'apporter tout cela ici, puisque cela ne pourra que s'abimer dans les dépôts qui ne sont abrités que par des tentes.

Nous avions du reste conservé, au régiment, la tenue d'Afrique, mais nous craignions de la quitter. Ainsi ma tenue actuelle consiste dans un képi, une tunique galonnée et par conséquent sans épaulettes, excepté pour les revues où j'ai une tunique avec épaulettes, et un petit sabre ; au camp, un gilet en drap bleu, un caban très court et très léger en flanelle blanche. Joignez à cela la tête à peu près rasée et toute la barbe, et, si vous ne vous figurez pas un ensemble charmant, vous manquerez tout à fait d'imagination. Les officiers anglais ont de petites vestes rondes écarlates, très légères, et des casquettes recouvertes d'une toile blanche qui retombe comme une coiffe de paysanne, de manière à garantir du soleil ; mais nous n'avons, en général, pas tant de raisons de tenir à notre teint qu'eux.

J'ai vu dimanche dernier l'église grecque à Boula-hir, que j'ai été obligé de faire ouvrir. Elle n'a rien du tout de remarquable, si ce n'est sa propreté, eu égard à la saleté de ceux qui la fréquentent ; elle est moderne et ne contient que des peintures à fresque neuves et qui rappellent le genre des petites médailles russes que vous avez. Tout le personnel est très avide d'argent, et il est du reste impossible de s'en faire comprendre. Il y a, à la porte de l'église, une tombe d'un seigneur français tué au siège de Chypre, ainsi que le dit l'inscription qui est en latin. On m'a montré une espèce d'individu barbu, qui buvait un grand verre d'alcool et qu'on m'a assuré être le pope ; mais je n'en sais rien. Du reste, on ne voit dans le village que quelques vieux Turcs qui fument leur pipe : les Grecs vont trafiquer au dehors ; et quant aux dames de l'endroit, toutes celles qu'on voit ont au moins quatre-vingt-dix ans. En revanche, j'ai rarement vu autant et d'aussi jolis enfants.

Au camp sous Varna, 16 juin.

Nous sommes arrivés à Varna hier soir, 15 juin ; nous avons débarqué immédiatement et nous sommes campés provisoirement sous les glacis, en attendant que nous rejoignions le camp de notre division, qui est à 5 kilomètres d'ici sur la crête des hauteurs qui entourent Varna d'un amphithéâtre boisé d'un assez joli effet. Notre traversée a été aussi bonne que possible. Le mouvement était si peu sensible qu'on se serait cru à terre. Le panorama du Bosphore vaut ce qu'on en dit : c'est tout dire. En le quittant, on est aussi fatigué que lorsqu'on a visité d'un trait le musée de Versailles ; quoique ce soit là une singulière manière d'exprimer le plaisir qu'on éprouve à en profiter, je crois la comparaison très exacte. Varna est beaucoup mieux que Gallipoli, la rade est très belle ; elle est pleine de vaisseaux des trois nations : les trois escadres sont pour le moment à cinq lieues en avant. Grâce à cette réunion, toutes les opérations se font avec beaucoup d'entrain. Lorsque notre frégate à vapeur, remorquant les cinq petits bricks, est arrivée circulant rapidement au milieu de la flotte, nous avons entendu battre le rappel à bord de tous les bâtiments de haut bord ; les musiques des bâtiments anglais nous ont salués avec leur courtoisie ordinaire de l'air de la reine Hortense, auquel nous avons riposté immédiatement par le *God save the Queen*. Puis aussitôt, on a vu toutes les embarcations se détacher des flancs des navires, se remplir de matelots et nous accoster, pavillons déployés. Aussi le débarquement du bataillon a été effectué en un clin d'œil. Celui du matériel et des chevaux est plus lent. Je n'ai eu le mien que ce soir à 4 heures et je l'attendais sur le port depuis 6 heures du matin. Cela tient à ce qu'il faut des embarcations particulières et que l'artillerie les employait pour le moment. — Varna est à Gallipoli ce qu'est

Metz à Pont-à-Mousson. On reconnaît la ville de garnison ;
les enfants suivent le tambour-major et la musique en grande
bande, les habitants et même les habitantes se mettent sur
les portes. Cela était d'autant plus martial que nous sommes
arrivés avec un assez joli orage, que nous avons reçu pendant
cinq heures, avant de pouvoir dresser nos tentes. Il paraît
qu'il a continué la nuit, mais je ne m'en suis pas aperçu.....
Nous avons une garnison anglaise magnifique : trois régiments
des gardes, trois régiments écossais, trois régiments de cavalerie, de l'artillerie, plus deux autres divisions d'infanterie
anglaise aux environs. Les deux armées vont être réunies
ici.....

————

Camp de Franka, 26 juin 1854.

..... Depuis ma dernière lettre, nous avons changé de camp
et quitté les glacis de Varna pour venir nous établir sur le
grand plateau qui domine la ville et le port. La 1re division y
est maintenant au grand complet. La 3e est arrivée aussi de
Constantinople tout entière. Elle a son camp à une lieue en
avant du nôtre, près d'un petit village turc. La division des
gardes anglais et une autre division d'infanterie sont sous les
murs de Varna. Leur division d'avant-garde est à six lieues
en avant. Leur 4e division, venant de Gallipoli, commence à
débarquer. Ils ont à peu près huit escadrons de cavalerie
débarqués. Nous n'avons ici pour notre compte que quatre
escadrons du 1er hussards, qui nous sont arrivés avec une mine
fort ennuyée, des guêtres et des fusils de dragons. On doit les
remonter avec des chevaux du pays, qui ont heureusement plus
de fond que d'apparence ; mais il faudra quelque temps avant
qu'ils puissent marcher.

Notre 1re division de cavalerie est, je crois, en marche d'Andrinople sur Choumla, avec la division Bosquet.

Enfin, nous attendons de jour en jour la 5e division et la 4e, que les six bataillons de la légion doivent relever à Gallipoli.

Ces cinq divisions feront avec la cavalerie environ 55 000 hommes, qui, avec les 15 000 Anglais, porteront les forces alliées à 70 000 hommes, mais avec une proportion de cavalerie bien faible !

La garnison turque de Varna se compose de sept bataillons d'infanterie, dont trois égyptiens, d'un escadron de lanciers et d'un détachement d'artillerie. Les hommes ont l'air robuste, ont des fusils du dernier modèle, mais sont misérablement vêtus et équipés ; ils manœuvrent régulièrement, mais leur marche est d'une lenteur insupportable, dont leurs batteries de caisse monotones augmentent encore l'effet impatientant. En tout cas, s'ils valent la garnison de Silistrie, on peut dire que leur lenteur ne les empêche pas d'être de fameuses troupes. On a logé dans les fossés 200 ou 300 bachi-bouzouks ou irréguliers asiatiques, kurdes et autres, qui sont ce qu'on peut imaginer de plus déguenillé : ils ont de grandes robes recouvertes de dalmatiques rayées et un armement à faire la fortune d'un marchand de bric-à-brac. C'est le commencement du corps de 4 000 cavaliers que nous prenons à notre service et pour lequel on recrute actuellement des officiers. Ce corps se composera de deux brigades formant une division commandée par le général Iusuf : la première brigade a pour chef un capitaine de cuirassiers, M. du Preuil, qui a été l'un des organisateurs de la cavalerie turque ; l'autre est commandée par le commandant Magnan, de l'état-major. Les Anglais en prennent aussi un certain nombre à leur service. Malgré le pittoresque de la chose, je ne me sens aucun goût pour ce genre de service, et je doute que les officiers aient à s'en louer.

Mais ce n'est pas tout. Voici qu'au moment où tout le

monde est arrivé, le bruit court qu'après leur dernier échec à
Silistrie les Russes sont en pleine retraite. On donne aujour-
d'hui comme officiel que l'état-major général russe est déjà à
Jassy. L'Autriche est probablement cause de ce mouvement
rétrograde, du moins s'il est vrai. On a reçu hier au quartier général deux déserteurs polonais qui disent que les troupes
russes sont dans un état moral et physique assez misérable, et
qu'une fois les Français en présence, des escadrons entiers vien-
draient à nous. Je vous donne ces rapports pour ce qu'ils valent. Il serait assez drôle que nous ne voyions pas les Russes ;
pour ma part, je ne puis y croire et je n'y crois pas.....

. . . .

Malgré la grande distance où nous sommes, nous avons, je
crois, sous les yeux deux pays qui ont plus de ressemblance
que vous ne le croyez peut-être, car les montagnes entourant
Varna m'ont rappelé d'une manière frappante ce que je connais des Vosges. C'est en faire, je pense, un assez bel éloge.
Seulement j'ai de plus pour horizon la mer Noire, et, au pied
des montagnes, Varna avec ses ouvrages en gazon, ses maisons
de bois peintes, surmontées de minarets pointus ; du côté de la
mer, trente à quarante navires de tout rang et de toutes nations,
et, du côté opposé, les camps turc et anglais qui entourent les
remparts des lignes nombreuses de leurs tentes coniques. Et je
vois tout cela de ma fenêtre ; il faudrait être bien difficile pour
se plaindre..... — Mon album se garnit d'Anglais, mais je
regrette de n'être pas paysagiste.....

. . . .

Quant aux habitants, ils ne sont pas vosgiens du tout, mais
vous concevez du reste que nous sommes dans de mauvaises
conditions pour les voir. Au milieu de 60 000 Français et Anglais qui sont ici, les Turcs sont une exception. Leurs soldats,
que nous voyons un peu plus souvent, n'ont pas l'air turc du
tout, du moins quant aux costumes. Quand, dans nos recon-

naissances ou nos manœuvres autour du camp, nous arrivons
dans un village, ils s'enferment chez eux de manière à le faire
paraître inhabité. Ce n'est qu'à force d'industrie et de persécu-
tions, fort innocentes du reste, que les étrangers finissent par
dénicher un ou deux sauvages qui consentent enfin à montrer
le nez et à entrer en négociations. Ce n'est pas le moment le
moins curieux. Il s'agit généralement d'acheter du vin ou du
lait, un poulet, des œufs, enfin tout ce avec quoi on peut fri-
coter. Pour s'entendre on a la pantomime, plus un mot très
utile, qui est actuellement commun aux Français, aux Anglais,
aux Turcs, aux Égyptiens, aux Grecs, aux Bulgares, aux Ar-
méniens, etc. C'est *bono* qui veut dire bon, ainsi que le devi-
nent facilement ceux qui savent le latin. — Voici la manière
de s'en servir : un Français éprouve un violent désir d'être
aimable avec un Anglais qui lui offre à boire, il crie : *English
bono*. C'est tout ce qu'il y a de plus gracieux. L'Anglais répond
naturellement : *Francis bono ;* s'il survient un soldat turc, ils
lui crieront tous deux : *Turco bono,* et les voilà tous les trois
très bons amis. Seulement, il faut rendre cette justice aux Turcs
que, bien qu'on leur répète de la manière la plus engageante :
vino bono, ils n'en boivent généralement pas, bien qu'on en
ait ici en assez grande quantité. Eh bien, ce même mot *bono,*
fait, avec des signes de tête et les dix doigts, les frais de toutes
les discussions commerciales. Seulement il y avait, au commencement, de fréquentes méprises, parce que les Turcs, au
lieu de dire non comme nous en remuant la tête de droite à
gauche, expriment la négation en la renversant lentement en
arrière, les yeux à moitié fermés, avec une grimace des lèvres
intraduisible et un mouvement analogue de la main droite.
Lorsque nous sommes arrivés, malgré la grimace, les soldats
ont deviné tout de suite, avec la sagacité française, que cela
voulait dire oui, d'autant plus qu'il s'agissait généralement
d'une réponse à une proposition assez avantageuse à l'acheteur.

De sorte qu'un malheureux Turc, à qui on proposait cinq sous de son poulet et qui commençait en conséquence sa petite pantomime, recevait, avant de l'avoir achevée, les cinq sous sur les genoux et voyait disparaître sa volaille. Alors il commençait par crier, parce qu'ils se dérangent difficilement ; puis enfin il fallait bien se lever et courir, et alors le marchandage recommençait.....

. . . .

On prétend que le maréchal et son état-major sont actuellement assez embarrassés, parce qu'ils avaient fait leur plan pour débloquer Silistrie et que, maintenant que les Russes s'en sont allés tout seuls, ils ne savent plus que faire. La grande difficulté, et ce qui nous a empêchés jusqu'à présent de nous écarter de la mer, c'est le manque de ressources dans le pays et la difficulté de faire suivre, faute de voitures et de chevaux, le matériel immense d'une armée, qui est obligée d'emporter jusqu'à son fourrage. Du reste, ce matériel lui-même est à peine arrivé, et les ambulances en particulier n'ont pas encore leurs voitures.

Les Anglais sont encore plus mal montés que nous sous ce rapport, mais ils sont moins nombreux. Du reste, on croit assez généralement, d'après le premier point de débarquement à Gallipoli, que les deux gouvernements croyaient n'avoir besoin que de cette démonstration. Et maintenant encore, chose extraordinaire, la lutte est une question. Le mieux est de laisser la Providence arranger tout cela.....

. . . .

Nous sommes aussi bien que possible, surtout ma division, qui a pour le moment le camp le plus agréable de tous ceux qui entourent Varna. Nous sommes au sommet d'un plateau très étendu, mais boisé en partie, et dont nous occupons, par la droite de notre camp, la crête qui regarde la mer. Là se trouve un petit village nommé Franka, composé d'une trentaine de maisons construites en torchis et couvertes de chaume ; elles sont assez disséminées et entourées chacune de barrières en bois et de haies pour parquer les bestiaux, qui paraissent ne pas connaître le confort de l'écurie. Comme auxiliaires de ce genre de clôture souvent assez faible, on rencontre une foule de chiens, qui sont invariablement jaunes avec le nez noir et qui nous sonnent la diane deux bonnes heures avant nos clairons, c'est-à-dire à 2 heures du matin. Je n'ai pas encore pu m'y habituer. De plus, ces aimables quadrupèdes vous obligent à marcher avec beaucoup de prudence, lorsqu'on veut étudier le clair de lune dans le village. Dernièrement, ils m'ont fait porter une grosse pierre pendant un grand quart d'heure ; mais cet armement imposant et ma démarche régulière les ont tenus à distance.

Entre le village et le camp commence un ravin, où coulent deux ou trois fontaines et qui descend et s'élargit très rapidement, de manière à former une petite vallée qui s'épanouit à un quart d'heure de Varna. Elle permet d'apercevoir, dans un cadre formé par les deux berges boisées du ravin, la ville de Varna, dont nous sommes à peu près à une lieue, environnée des tentes vertes et blanches des Turcs qui bordent les fortifications. A droite est le camp anglais, qui a contenu un moment 15 000 hommes. A gauche, on rassemble environ 4 000 cavaliers irréguliers, la plupart asiatiques, que nous prenons à notre solde et qui sont destinés à faire à peu près le service de cosaques, c'est-à-dire à éclairer les divisions d'infanterie, toute notre cavalerie étant conservée, à cause de son petit nombre, pour agir avec nous.

Enfin, derrière la ville et les camps, s'étend le port qui est très animé maintenant, puis la pleine mer, et à environ deux heures un promontoire d'un très bel effet, qui avance de manière à former la rade de Varna.

Bien qu'on finisse par ne plus regarder autant le paysage, les journées passent très vite. D'abord, nous manœuvrons deux fois par jour, ce qui absorbe une bonne partie de la journée.

Une fois par semaine, on lève le camp et on s'en va avec tout le matériel de la division, y compris le trésor, à trois ou quatre lieues, en se battant tout le long du chemin contre des Russes imaginaires. Là, on s'arrête, on campe ; les soldats font le café ; puis on rentre au camp pour la soupe du soir. Ces jours-là, la journée est complète. La prochaine fois, elle sera plus complète encore pour moi, car c'est à mon tour de faire la reconnaissance et le rapport pour la division.

Hier, nous avons eu une grande revue d'Omer-Pacha, de lord Raglan et du maréchal. Omer-Pacha, qui est ici depuis avant-hier, a eu naturellement les honneurs de la journée. Il est petit, la figure très intelligente ; la barbe, qu'il porte entière, grisonne fortement. Son état-major est moins bien. — J'ai failli dîner, après la revue, avec l'aumônier en chef, M. l'abbé Parabère, que le colonel de Failly avait invité ; mais il n'a pu rester. Jusqu'à présent, nous n'avons eu qu'une fois la messe au camp, c'est-à-dire à Boula-hir. Les Anglais ont, tous les dimanches, l'office anglican. Ils forment le carré par brigade : au centre, on place une grosse caisse à plat, par-dessus un tambour. Le ministre met son livre sur le tambour, on chante un psaume ou deux, puis le ministre parle vingt à vingt-cinq minutes, et c'est fini.....

Camp de Varna, 19 juillet 1854.

..... Nous venons de recevoir l'ordre de nous porter demain en avant. Cet ordre est arrivé assez à propos, car tout le monde commençait à s'ennuyer un peu. Nous marchons, à ce qu'il paraît, dans la direction de Kustendji, mais par très petites journées, parce qu'on n'est pas pressé : nos étapes ne dépasseront pas quatre lieues. Le temps, qui était pluvieux depuis quelques jours, s'est remis au beau et tout fait présumer que nos six ou sept jours de marche se feront dans de bonnes conditions. Nous allons, dit-on, nous mettre en ligne : l'armée française à la droite, l'armée anglaise ensuite, puis celle d'Omer-Pacha et enfin les Autrichiens à gauche. Leur avant-garde est déjà à Giurgevo. Il est probable que ce mouvement offensif n'arrêtera pas la retraite des Russes, au contraire.

Ma division part seule demain, la 2ᵉ la suit dans deux jours, puis la 3ᵉ ensuite. Jusqu'à présent, la 4ᵉ ne doit pas partir, car on y a mis les hommes malingres en subsistance. Vous avez vu le décret qui a changé assez fortement notre position, en raccourcissant notre stage de moitié ; pour ma part, j'en suis très content. D'abord, quoique je sois très content du 20ᵉ, on est toujours plus confortablement dans la cavalerie en campagne.

..... Nous avons eu, dimanche, la messe au camp. On avait construit un très bel autel tout couvert en feuillage ; mais c'est ici comme à Gallipoli : l'autel n'a pas été plutôt construit qu'on a reçu l'ordre de marcher. Nous sommes précédés, dans notre marche, par les six régiments de spahis turcs qu'on vient de former. Je les ai vus défiler hier, et c'est tout ce qu'on peut voir de plus curieux. C'est un assemblage de volontaires asiatiques, kurdes, égyptiens, persans, indous, etc., auxquels on a donné des officiers français. Les costumes sont en loques parce qu'ils viennent de faire une campagne d'un an, mais ils sont encore très originaux. — Les Anglais en font de leur côté et nous ont enlevé les plus curieux, ceux qui avoisinent leurs possessions des Indes.

Cette formation a tenté pas mal d'officiers, parce qu'on y entre avec les fonctions d'un grade supérieur : ainsi, les capitaines y servent avec la solde et les attributions d'un chef d'escadrons. Mais, malgré la curiosité du fait, j'avoue que ça ne m'a pas séduit, car je n'ai pas grande confiance en eux. Ils sont destinés à nous servir de cosaques. Il y a six régiments à quatre

escadrons : le premier escadron avec des lances, les trois autres
armés de fusils d'infanterie, mais tous à cheval.....

..... Le duc d'Elchingen, le deuxième fils du maréchal Ney,
qui commandait ici une brigade de cavalerie, est mort, dit-on,
à Gallipoli, de la dysenterie ; ici on n'en souffre pas du tout...

Bivouac de Mangali, mercredi 25 ou 26 juillet.

..... Nous sommes, depuis hier soir, à Mangali ou Mangalia, ou un autre nom semblable. C'est un petit port turc, à
deux étapes de Kustendji. Notre voyage s'est jusqu'à présent
bien passé. Nous avons fait jusqu'à Baldchik deux petites journées, de deux ou trois lieues chacune, dans un pays boisé, acci-
denté et me rappelant les Vosges, comme les environs de Varna,
moins cependant les jolis ruisseaux des Vosges qui seraient
bien appréciés ici. (De) Baldchik nous sommes allés coucher à
Kavarna : le pays devient plat, les arbres rares ; puis, le jour
suivant, à Keui, sur le bord de la mer. On commence à trouver les plaines couvertes de grandes herbes et quelques rares
champs de blé. Enfin, la marche suivante nous a conduits à
Mangali, où nous sommes aujourd'hui. Nous avons trouvé la
route à peu près déserte. Nous devions nous y arrêter quelques jours, mais il n'y a pas assez d'eau : il n'y a aux environs
que des lacs salés, dont on ne peut boire l'eau, quoique le soldat ne soit pas difficile. Il est probable que nous nous arrête-
rons à Kustendji. La division des spahis d'Orient, qui marchait parallèlement à nous, nous a dépassés ce matin pour aller
dans la Dobrudscha. Les zouaves de la division ne sont pas
partis avec nous : on les a laissés à Varna pour être embarqués,
avec une destination qui n'a pas encore été publiée.....

Bivouac de Kustendji, lundi 1ᵉʳ août.

. . . .

Nous sommes si persuadés de la nécessité de mettre fin à
cette fameuse question d'Orient, qui a déjà produit tant de
gâchis, que, quoique division d'infanterie, nous avons couru
comme des dératés après trois régiments de cosaques, qu'on
avait signalés à trois lieues d'ici ; mais les spahis d'Orient, qui
avaient sur nous vingt heures d'avance, les ont seuls atteints.
Ils ne se sont pas fait grand mal les uns les autres, se reconnaissant sans doute pour des confrères. Nous sommes arrivés, nous,
samedi à minuit, et nous n'avons plus trouvé que la place.
D'où il suit que nous sommes revenus ici hier, un peu fatigués
seulement de nos deux promenades folles ; mais la bonne nuit
d'aujourd'hui a fait disparaître tout cela. La colonne va bien,
eu égard aux fatigues des soldats qui sont très chargés. On
expédie, par mer, les malades à Varna. On dit que nous allons
nous remettre en marche demain pour Baldchik, ce petit port
où nous avons campé le deuxième jour de notre départ de
Varna ; mais ce bruit mérite confirmation. L'habitude du quartier général est ici de ne rien dire du tout ; ce qui, en commençant, est agaçant, parce qu'on se met en marche sans savoir si
on a encore une lieue à faire, ou cinq ; mais on finit par s'y
habituer. — Toute la popote du colonel va bien. — Nos soldats se sont régalés hier de toutes sortes de ragoûts de mouton,
produit d'un très gros troupeau de moutons qui, dit-on, était
la propriété des cosaques. Enfin, pour résumé, en fait de cosaques, je n'en ai pas vu. On m'en a montré soi-disant un,
qu'on faisait marcher devant ; mais je n'y ai pas trop cru.....

Bivouac de Mangalia, 4 août 1854.

Nous sommes revenus au petit port de Mangalia, d'où je vous ai envoyé un petit mot avant notre pointe dans la Dobrudscha. Nous y sommes arrivés hier et nous y faisons séjour aujourd'hui, en partie pour nous reposer, mais avant tout pour achever de recevoir le ravitaillement en vivres que la marine nous apporte. — Je continue à me porter parfaitement, ainsi que tout le gros état-major ; mais la division est fatiguée et nous avons eu des malades ; je vous en parle parce que je crains qu'on n'exagère encore ce fait, si on en parle dans les journaux. Du reste, maintenant l'état sanitaire est redevenu bon. Nous allons regagner à petites journées Baldchik, où nous serons dans huit jours au plus tard et où la situation est très bonne.

J'ai pu apprécier, depuis que nous sommes en marche, quel avantage énorme il y a à être monté. Tous les officiers montés, même ceux qui sont toute la journée en course, comme ceux de l'état-major général, se portent bien, tandis qu'une seule marche suffit pour abattre un officier à pied, qui a une légère indisposition ; à plus forte raison le soldat. — Le général Canrobert nous a rejoints à Kustendji et est à la tête de la division depuis ce moment ; ce que chacun voit avec plaisir.

Je ne vous dirai pas grand'chose du pays, qui est très plat et très monotone et presque complètement inhabité. Les rares villages qu'on y trouve sont, les uns brûlés, les autres désertés par les habitants. Ceux qu'on qualifie de villes ne sont que des villages un peu plus grands que les autres, mais tout à fait du même genre. Il n'y a peut-être pas à Mangalia en tout trente habitants, et il est difficile de deviner avec quoi ils vivent. C'est ce qui fait enrager le soldat, qui, avec plus d'argent dans la poche qu'il n'en a d'ordinaire, ne peut parvenir à trouver ni un verre de vin, ni une pipe de tabac.....

Bivouac de Baldchik, 13 août 1854.

. . . .

Nous avons eu, comme je vous l'ai écrit, des malades et, en outre, nous nous étions cassé le nez. Il parait du reste que cette fameuse pointe dans la Dobrudscha était une simple démonstration, qui, dans le plan du maréchal à ce moment, était destinée à déplacer une partie de l'armée russe, à la ramener en arrière, pendant que la flotte, nous embarquant à Kustendji, nous aurait transportés avec rapidité, soit aux environs d'O-dessa, soit en Crimée. Malheureusement, ce plan est tombé dans l'eau, parce que nous sommes revenus ici dans un état de fatigue qu'on a réellement de la peine à expliquer, puisque nous n'avons fait qu'environ quinze ou dix-huit jours de marche, variant de cinq à sept heures, et dont un seul a atteint huit lieues de nuit, le tout avec une température dépassant rarement celle du mois de septembre en France. Mais la privation de vivres, d'eau-de-vie et de tabac, la mauvaise qualité de l'eau et, à ce qu'il parait, certaines influences particulières à la Do-brudscha ont fait que nous n'avons plus que le tiers des hommes de la division en état de faire un service de campagne. Il ne faut pas que cette proportion énorme vous étonne, car je suis convaincu que la plupart reprendront bientôt, avec le repos que nous avons maintenant et les bonnes conditions d'hygiène et d'alimentation où on les a placés. Quant à moi, je vous assure que je ne vous le dis pas pour vous rassurer, mais je me suis constamment porté parfaitement bien.....

J'étais le seul des trois pensionnaires de la popote du colonel ayant continué à manger, le lieutenant-colonel ayant été détaché à Varna.

. . . .

Nous avons du camp le spectacle imposant des cinquante navires des deux escadres qui évoluaient ce matin. Nous sommes seulement à sept lieues de Varna, et les diarrhées se sont complètement arrêtées, grâce au repos et à la bonne qualité de l'eau. Les malades et les malingres, c'est-à-dire les deux tiers de la division, ont été expédiés à Varna. C'est eux que le lieutenant-colonel est allé commander, et nous ne sommes ici que les bien portants.....

———

Baldchik, 17 août.

. . . .

La santé de la division est rétablie et tout va bien. Il n'y a plus guère que des convalescents. Seulement, notre division passe probablement division de réserve, au lieu de rester division d'avant-garde, dans le cas au moins de descente en Crimée, dont on parle toujours.....

On dit que nos magasins d'habillement n'ont pas été brûlés dans l'incendie de Varna ; nous verrons ça bientôt.....

———

Près Varna, 23 août 1854.

Nous sommes de retour à notre camp de Franka depuis le 20. Ce n'est pas tout à fait notre ancien emplacement et nous ne voyons ni la ville ni le port, mais ce n'est pas loin de là. Nous avons retrouvé avec bien du plaisir 700 hommes du régiment sur pied. On ne comptait pas voir rétablir un aussi grand nombre d'hommes, et surtout si rapidement. Depuis notre arrivée sur les plateaux à Baldchik et notre sortie des plaines marécageuses, la santé de la division est excellente.....

Les choses paraissent enfin se dessiner un peu et l'embar-

quement pour Sébastopol a été officiellement annoncé hier,
22, aux généraux de division, par le maréchal. Il les avait convoqués pour prendre leur avis, car il y a chez les gros bonnets
du pour et du contre, vu la saison et la mer Noire ; mais, par
malheur pour les discours et réflexions qu'ils avaient pu préparer, il s'est borné à leur annoncer qu'ils n'avaient qu'à faire
leurs paquets. On croit que l'empereur a parlé, à moins que
ce ne soient les journaux qui aient positivement déterminé
la chose. Nous nous embarquons à la fin du mois. Il est curieux
que nous apprenions par les journaux de France ou d'Angleterre ce que nous allons faire, avec le détail précis des points
de débarquement projetés. On ne comprend guère ici comment les deux gouvernements le permettent, et j'entendais
dire, l'autre jour, que l'empereur de Russie devait aux rédacteurs du *Times* une tabatière d'honneur, pour les bons renseignements qu'ils lui fournissaient constamment. L'avis peu
libéral de la gent militaire serait que le *Moniteur* publiât le
récit exact de ce qui s'est passé à l'armée et que les autres journaux ne puissent que reproduire ces articles officiels. Mais que
deviendraient les *canards* et les indiscrétions des gens bien
informés ? Ce qu'il y a de sûr, c'est que nous ne ferons jamais
de campagne de Marengo avec le système actuel.

Puisque j'en suis aux journaux, je vous dirai encore ce qu'on
répond aux reproches d'inaction et de lenteur qu'ils nous adressent, non sans quelque apparence de raison. On ne paraît pas
tenir le moindre compte, là-bas, de ce qui est ici la difficulté
énorme : les approvisionnements, difficulté si grande sous le
rapport des transports (car le pays ne fournit absolument rien
et, quand la division arrivait dans un village et que l'interprète
du général trouvait une demi-douzaine d'œufs pour son illustre
chef, et les soldats quatre ou cinq méchants poulets, on le citait
comme un village riche), difficulté si grande, dis-je, que dans
notre marche en avant, où nous ne nous sommes pas éloignés

à plus de quarante lieues, et où nous n'étions que 10 000 hommes, sans la marine, nous manquions absolument de tout. On n'a comme voitures que des chariots informes attelés de bœufs qui mettent trois heures à faire une lieue ; en outre, le poids seul du chariot suffit aux deux bœufs : ledit chariot se casse très facilement dans les chemins difficiles et arrête toute la colonne. Les Turcs qui les conduisent y mettent tant de bonne volonté que, malgré leurs 3 fr. par jour, chacun d'eux a une sentinelle qui ne le perd pas de vue, etc. Ce qui nous manque surtout, c'est le train, qui est très difficile et très coûteux à transporter, à embarquer, à débarquer, à cause de ses chevaux et de ses voitures. En outre, on sacrifie naturellement tout aux malades, et figurez-vous ce que c'est que 400 ou 500 malades à transporter, avec tout le matériel de l'ambulance, qui cependant n'est pas compliqué. Tout ça encore n'est rien ; mais on oublie que, lorsque nous sommes arrivés ici, on était convenu généralement que c'était pour mettre Constantinople à couvert. Nous croyions toujours n'avoir pas le temps de prévenir les Russes au défilé des Balkans. C'est pour cela que pendant les deux mois qu'on a mis à se réunir à Gallipoli, on s'est amusé à fortifier l'isthme. On s'est porté ensuite en avant pour défendre la ligne du Danube, puisque les Russes en étaient encore là. A peine était-on en ligne à Varna et au complet, ce qui n'a pas été peu de chose, on apprend la levée du siège de Silistrie, puis les premiers mouvements des Autrichiens. Il n'y a donc d'attaquables que les deux à trois semaines qui se sont écoulées depuis ce moment jusqu'au commencement des préparatifs de l'entreprise actuelle, et encore on peut facilement comprendre ce délai, en songeant que *toute l'armée* ne pouvait s'en aller débarquer en Crimée avec une partie de l'armée turque, pendant qu'on n'était pas sûr qu'il n'y aurait pas un puissant retour offensif des Russes. Or, les nouvelles du théâtre de la guerre ne sont pas, à ce qu'il paraît, plus claires

ici qu'en France, et la conduite de l'Autriche paraissait, si elle
ne le paraît pas encore, très ambiguë. Ainsi donc les impatients
devraient comprendre que les généraux ont été obligés de passer
successivement par le premier projet défensif des deux gouvernements, puis par un second, également défensif, et qu'ils sont
arrivés, à peu près aussitôt qu'ils ont pu, au plan offensif actuel, duquel on dit maintenant : « Pourquoi n'a-t-on pas fait
ça tout de suite ? ça sautait aux yeux de tout le monde ! » —
Puis sont venues les maladies, qui ont duré près d'un mois.
Quant à la promenade particulière de ma division, elle a été
une feinte malheureuse et très inutile, en présence des articles
du *Moniteur* et des autres. — Nous emportons tout confec-
tionnés les gabions et fascines, et Dieu sait ce qu'il en faut ; mais
qu'on songe à ce qu'il faut à 80 000 hommes débarqués en
rase campagne et pouvant rester là un mois ou six semaines.

Je m'aperçois, un peu tard, que je me laisse entraîner à vous
envoyer une des discussions que chaque courrier produit naturellement chez des gens que leur inaction conduit à lire les
rares journaux qu'ils reçoivent deux ou trois fois, quatrième
page comprise. Cependant, vous pouvez vous rassurer ; je ne
suis pas du nombre, mes bonshommes me sauvent.....

Varna, 28 août 1854.

. . . .

Un ordre d'aujourd'hui détermine les bâtiments qui doivent
embarquer la division. Le 1er bataillon et l'état-major du 20e
seront sur le *Montebello* (vaisseau mixte). J'espère que nous
ne serons pas trop mal logés. Le 2e bataillon sera sur le
Charlemagne. Nous quittons notre camp le 1er septembre pour
nous embarquer le même jour à Varna. Mes deux chevaux

attendront un deuxième convoi, ce dont je ne suis pas fâché, car ils auraient été pour moi plus gênants qu'utiles, puisque nous ne bougerons guère de place. Je crois vous avoir dit qu'on débarquerait entre deux rivières qui couvrent nos deux flancs, qu'on partirait de là pour attaquer des redoutes en terre qui, une fois prises, font tomber le fort Constantin, lequel fort, une fois pris, fait tomber le port, etc. Il n'y a absolument qu'à commencer. Tout le monde est très content d'en finir. Le temps s'est remis au beau et avec lui toute la division, au physique et au moral. Le fait est que qui l'aurait vue, il y a quinze jours, et la verrait aujourd'hui, la reconnaîtrait à peine. On ne prend d'ailleurs que 600 hommes des plus valides par bataillon. Notre brigade vient d'être renforcée par un magnifique bataillon, formé de huit compagnies d'élite de la légion étrangère ; de sorte que ce bataillon complète parfaitement la collection de toutes les nations européennes que nous avons dans nos trois armées réunies. Il est campé derrière ma tente et, tous les soirs, les Allemands, qui sont en grande majorité dans les compagnies de grenadiers, nous donnent des concerts autour de leurs feux ; les voltigeurs sont presque tous espagnols ou italiens ; il y en a un certain nombre provenant des insurgés romains, auxquels on a offert du service en Afrique. — Les spahis d'Orient viennent d'être licenciés, à mon grand regret, soit dit au point de vue pittoresque seulement. Mais enfin j'en ai dessiné quelques-uns. — Varna et les alentours se remplissent de troupes : la division turque y est arrivée et l'armée anglaise y revient tous les jours. Je pense y descendre cet après-midi.

Vous trouverez peut-être que je ne vous ai pas donné beaucoup de détails sur notre marche vers la Dobrudscha, mais c'est qu'en réalité il y a très peu de chose à en dire. Quant au pays jusqu'à Baldchik, il est très beau et ressemble aux Vosges. Au delà, on descend vers des plaines, où la vue n'est interceptée que par des mouvements de terrain peu sensibles, avec des lacs et des marais qui, dans ce moment-ci, sont à sec. Par intervalles, des herbes serrées et très hautes, qui sont comme un avant-goût des steppes, puis, par-ci par-là, des champs de blé magnifiques qui paraissent se cultiver tout seuls, car c'est à peine si on trouve des villages de loin en loin, et dans ces villages il n'y a personne. Quant aux arbres, peu ou point et, si nous n'avions eu les herbes séchées, les voitures cassées et les clôtures de jardins, nous n'aurions guère pu faire de soupe. Quand je dis soupe, il ne faut pas croire que, dans une popote aussi bien montée que la nôtre, on s'en tienne là. Nous avons toujours eu nos trois ou quatre plats et le dessert, mais j'avoue que c'est un tour de force du cuisinier. Malheureusement, ledit cuisinier n'était pas encore assez fort pour changer son eau en vin, de sorte que nous avons été, pendant une dizaine de jours, réduits à une bouteille pour quatre ; ce qui est peu, quand on n'ose pas boire d'eau et qu'on a marché, ou censé marché, la moitié de la journée. Ceci amenait des contestations sans fin, le colonel prétendant toujours que le docteur *carottait* les trois autres, et surtout moi, qui, vu l'exiguïté de mon grade, avais tous les avantages du rôle de victime ordinaire, c'est-à-dire que j'attrapais tous les bonis extraordinaires, toujours comme compensation. Maintenant, nous nageons dans l'abondance et ces messieurs veulent du vin de dessert. Ainsi va le monde ! Quand je pense qu'à Mangalia nous avons fait des bassesses auprès de la marine et que j'ai écrit, par ordre du colonel, au commandant de l'*Iéna,* pour lui demander, sous prétexte d'une ancienne amitié de collège peu prouvée, une bouteille de vin et un pain blanc. Et il s'est trouvé juste que ce n'était pas l'individu en question et le commandant de l'*Iéna* a eu l'indélicatesse de renvoyer la lettre, sans l'ouvrir. Par exemple, je dois à la reconnaissance de dire qu'à Baldchik il s'est trouvé un chirurgien de la flotte assez généreux pour nous envoyer, en la seule qualité de compatriote du docteur, six bouteilles d'excellent vin de Lamalgue et douze pains blancs. En subdivisant ces douze pains, on a fait une foule de gracieusetés à toutes sortes de gros bonnets. Aussi, vous voilà avertis. Si vous donnez le pain bénit, envoyez-m'en, il sera le bien reçu. Quant à moi, j'aime le biscuit et m'en trouve très bien.....

. . . .

A bord du *Montebello,* en rade de Baldchik, 3 septembre 1854.

... Nous sommes partis de Varna le 2, à 4 heures du matin, après avoir terminé notre embarquement le 1er, à 3 heures de l'après-midi. Nous sommes parfaitement installés ici, le *Montebello* étant un grand vaisseau à trois ponts et n'ayant reçu cependant que 600 hommes du 20e et 100 chasseurs à pied ; de sorte que nous ne sommes pas du tout entassés comme dans beaucoup d'autres bâtiments. Le *Montebello* est mixte, c'est-à-dire qu'il marche alternativement à la voile et à la vapeur. Sa dimension fait qu'on n'y est pas du tout secoué, au point que je ne me suis pas aperçu qu'on marchait, lorsque nous sommes partis de Varna. De plus, nous avons à bord le vice-amiral Bruat, qui est une des célébrités de la marine. — Si quelque chose peut donner le goût de la marine, c'est certainement un grand vaisseau bien installé, comme celui-ci, ainsi que le magnifique spectacle que nous avons autour de nous, dû au formidable armement des temps modernes. Cependant, quoique je sois revenu un peu de la première impression que m'avait causée l'affreuse coquille de noix qui m'a transporté de Marseille à Alger, je continue à préférer pour mon usage personnel le plancher des vaches.....

A bord du *Montebello,* 12 septembre 1854.

. . . .

Notre traversée a été aussi heureuse que possible, et, depuis douze jours que nous sommes en mer, personne n'a ressenti, je crois, la moindre indisposition.

Vous vous étonnerez peut-être d'un aussi long séjour à bord, mais il paraît que ce n'est pas une petite affaire que de faire naviguer une flotte pareille. Nous avons appareillé le 5 (l'escadre française et l'escadre turque seulement) ; mais nous avons été bientôt obligés de mettre en panne pour attendre l'escadre anglaise, qui n'arrivait pas plus que notre convoi et était restée avec lui à Varna. Tout le monde s'étonnait et on accablait nos bons amis les Anglais d'une foule d'invectives qu'ils méritent rarement, lorsque, le 8 ou le 9, ils sont arrivés majestueusement à la tête du convoi remorqué par nos vapeurs. Ce fut un coup de théâtre magnifique. Leurs gros vaisseaux à voile étaient attelés de vapeurs vigoureux, de sorte qu'en un clin d'œil ils nous laissèrent à notre tour derrière, grâce au calme qui rendait toutes nos voiles inutiles. Enfin, on a fini par s'entendre, et après bien des marches et des contre-marches, des alternatives de grains et de calmes qui caractérisent, à ce qu'il paraît, cette saison dans la mer Noire, nous sommes aujourd'hui, avec un vent favorable, à une quinzaine de lieues de la Crimée, dont on aperçoit distinctement les côtes extrêmes. — C'est hier à 5 heures que les signaux du vaisseau amiral la *Ville-de-Paris* ont annoncé à l'escadre qu'on allait débarquer sur la côte ouest de la Crimée, à une ou deux lieues au-dessous d'Eupatoria. Le vice-amiral Bruat, à bord duquel nous sommes, a fait assembler sur le pont l'équipage et le régiment, et leur a annoncé la chose, qui a été accueillie par trois salves de vivats en l'honneur de l'empereur et en celui de l'amiral. Après quoi on a joué la *Reine-Hortense, Veillons au salut de l'empire, La victoire est à nous,* etc., et tous les airs que la circonstance pouvait suggérer à nos deux musiques. Car vous saurez que nous avons deux musiques qui, tous les soirs, se disputent l'honneur d'enchanter notre diner. Amour-propre à part, celle du régiment enfonce celle de l'équipage. — On est d'autant plus content de voir arriver la solution tant attendue que, surtout à la fin, on en était venu à douter très fort du but de l'expédition. Cependant je dois dire que pour mon compte il ne m'a jamais paru douteux.

Le général Canrobert est revenu hier, sur le *Primauguet,* d'une exploration des côtes de la Crimée. C'est lui, de concert avec le général anglais, qui a choisi le nouveau point de débarquement, l'ancien ayant été fortifié par les Russes, qui en ont eu, Dieu merci, tout le temps. Heureusement, ils en seront pour leurs frais. Le point actuel est à quinze ou vingt lieues au nord de Sébastopol, près d'un endroit appelé le *Vieux-Fort.* Nous serons séparés encore de la ville par deux petites rivières. Il nous faudra, par conséquent, encore un certain temps avant de commencer le siège. — J'ai eu l'honneur de diner dernièrement à la table de l'amiral Bruat, qui invite journellement deux officiers; et j'ai été renversé de la richesse du service et du nombre et du choix des plats. Il y avait une dizaine de vins différents. J'avais entendu parler déjà du luxe des officiers supérieurs de la marine, mais je ne me figurais pas qu'on en était là pour un repas de tous les jours. Les officiers supérieurs du bord, des passagers et l'aumônier mangent à sa table.

Quant à nous, nous ne sommes pas mal, et nous avons retrouvé avec plaisir des canapés, des lampes, des tables, des journaux, etc. Mais, malheureusement, aujourd'hui il a fallu démonter le salon pour les préparatifs de la fête de demain...

Bivouac d'Eupatoria, 16 septembre 1854.

..... Nous sommes débarqués depuis avant-hier 14, à 9 heures du matin, et d'une façon tout à fait invraisemblable. Nous
n'avons pas encore vu *un seul Russe ;* et il y avait déjà toute une
division à terre, qu'on voyait les paysans continuer à passer
avec leurs voitures à un demi-quart de lieue de nous. Vers
9 heures aucun ne parut s'apercevoir qu'on faisait devant lui le
débarquement le plus imposant qu'on ait vu de longtemps. Au
bout d'une heure, on a fini par songer à aller empoigner une
vingtaine de ces voitures, pour suppléer aux moyens de transport qui nous manquaient. On a traité les conducteurs aussi
bien que possible : ils sont tartares, comme la majorité des
habitants des campagnes de la Crimée, et en leur qualité de
mahométans ils affectionnent peu les Russes.

Notre débarquement était favorisé par un temps magnifique
et un calme complet. Le soir, trois divisions françaises et à peu
près autant d'Anglais avec un certain nombre de pièces attelées
étaient à terre. Pendant ce temps, les frégates à vapeur qui
portaient la 4ᵉ division et des vapeurs anglais allaient simuler un
débarquement à la Kalcha, à dix ou quinze lieues, plus près de
Sébastopol. Ils ont trouvé là un camp russe de 6 000 hommes
à peu près, et une batterie qui, après s'être montrée, a disparu avec les troupes du camp dès que les obus des frégates
sont arrivés jusqu'à elle. On n'a pas poussé l'aventure plus
loin, et, hier, la 4ᵉ division et le corps turc ont débarqué toute
la journée ici, par une mer assez grosse.

C'était plaisir de voir l'élan et la gaîté avec lesquels tout le
monde surmontait les difficultés du temps, les soldats sautant
dans l'eau jusqu'à la ceinture, les matelots en tenue de bain
allant chercher les cordes des canots à la nage pour les haler à
terre, débarquant les officiers sur leurs épaules ; les graves

Turcs criant et riant si fort de voir les culbutes générales qu'ils ne songeaient pas le moins du monde à s'aider : ils faisaient des plongeons incroyables ; ils ont fini par débarquer en chemise. J'étais chargé de débarquer les chevaux du régiment. On les jetait par-dessus bord et ils nageaient comme ils pouvaient vers la côte. Sur quatre cents ou cinq cents chevaux débarqués ainsi, on n'en a perdu qu'un. C'était incroyable. Par malheur, les Cosaques nous ont enlevé quelques amateurs qui étaient allés visiter un village à deux petites lieues en avant des avant-postes et sans armes. Sous ce rapport, les soldats sont incroyables : ils ne croient pas aux Russes. Ce malheur leur a été utile comme leçon..... J'ai daté ma lettre d'Eupatoria, quoique nous soyons à deux lieues au sud et à une vingtaine au nord de Sébastopol. Un colonel est descendu seul à terre le 13, veille du débarquement, en parlementaire, et il a pris à lui tout seul Eupatoria, qui était abandonné par les Russes. Il n'y a trouvé qu'un colonel russe, qui lui a expliqué comme quoi, n'espérant pas résister à lui tout seul (il prenait les eaux), il le priait de recevoir ses civilités. Après quoi, il est parti. Son régiment avait rejoint le gros de l'armée russe depuis deux jours. On ne sait encore où nous les retrouverons. Ensuite leur conduite semble indiquer qu'ils ne sont pas très forts, et avec l'ardeur qui parait animer les trois armées, ils jouent gros jeu..... On pense s'avancer un peu ce soir.....

Camp des hauteurs de l'Alma, 21 septembre 1854.

Je confie au premier marin que je rencontre ce petit mot destiné à vous apprendre que nous avons eu hier un succès complet et que je n'ai pas reçu la moindre égratignure. Il y a eu quatre officiers blessés au régiment, dont le lieutenant-colonel et un chef de bataillon, plus pas mal de contusions. Les Russes ont beaucoup plus souffert que nous, quoique la position qu'ils défendaient fût formidable. Il s'agissait de passer l'Alma, petite rivière ou plutôt gros ruisseau, dont la rive gauche, celle sur laquelle nous sommes maintenant, est très haute et très escarpée. La position a été enlevée de front par notre division et la troisième avec beaucoup d'entrain, et nous avons couché sur leurs positions de la veille. L'artillerie a été très belle.....

———

Balaklava, 28 septembre 1854.

..... Je me hâte de vous dire que je me porte toujours aussi bien ; j'ai avancé un peu (le colonel de Failly était passé général le lendemain de la bataille de l'Alma): je suis premier aide de camp d'un général de brigade. Ce changement n'a pas été seul : le maréchal a été obligé de s'embarquer hier, et son état laisse peu d'espoir, le général Canrobert a pris le commandement de l'armée, le général de notre brigade celui de la division et le général de Failly celui de la brigade. Seulement le général de Failly se trouvait assez mal monté, avec un aide de camp qui ne possédait comme moyen de locomotion qu'une paire de guêtres blanches et un petit sac sur le dos, puisqu'on m'avait fait laisser mes deux chevaux à Varna. Les circonstances y ont pourvu enfin: le cheval du lieutenant-colonel blessé à l'Alma étant disponible, on m'a monté avec, et je ne suis même pas mal monté du tout. De plus, nous avons pris hier, dans une reconnaissance, des chevaux tartares, qui errent en bandes, et le général m'en a fait donner un ; mais il est encore un peu trop tartare et trop sauvage pour que je lui confie ma respectable personne, surtout lorsqu'il y aurait nécessité d'aller d'un côté plutôt que d'un autre, car je crois qu'il me conduirait un peu.

Je m'amuse à vous parler de moi, comme si je n'avais rien à vous raconter; c'est qu'en effet on s'accoutume tellement aux changements rapides, que nous sommes ici, maintenant, comme si nous y avions toujours été. C'est une singulière guerre. Nous croyions avoir au moins constamment les Cosaques sur le dos, et nous restons du 14 au 20 sans voir personne. Le 20, il y a eu une affaire assez chaude, il faut l'avouer, mais qui dura deux heures cinquante minutes et puis plus rien : pas moyen de les trouver. Nous sommes restés les 21 et 22 sur le champ de bataille pour embarquer les blessés et enterrer les morts; puis nous nous sommes mis en marche pour tourner Sébastopol, qu'on va attaquer du côté opposé au fort Constantin, en prenant Balaklava pour point de débarquement du matériel de siège et du deuxième convoi de troupes.

Nous avons passé successivement la Katcha et le Belbek, qui offraient des positions admirables et presque aussi fortes que celle de l'Alma, sans voir personne.

Le lendemain, 28, nous avons eu notre marche la plus pénible, attendu que nous ne sommes arrivés au bivouac qu'à 1 heure du matin et sans trouver d'eau. Par compensation, les Anglais, qui étaient à l'avant-garde, avaient pris deux bataillons, deux pièces et quarante voitures, qui cherchaient à se jeter dans Sébastopol. On fait tous les jours des prisonniers, provenant de soldats perdus depuis la bataille et rejoignant isolément. Le 26, nous sommes arrivés sur la Tchernaïa ; le 27, nous avons fait une reconnaissance jusqu'à une heure à peu près de la ville, et aujourd'hui nous sommes venus à Balaklava pour nous ravitailler. Le pays est très beau et le raisin excellent : les soldats font les vendanges. Vous voyez que nous sommes en avance sur vous. Il faut avouer que le ciel nous favorise, en nous donnant, depuis le 1er septembre, un temps

magnifique qui nous épargne ce qu'il y a de pénible dans la
vie en plein air : l'eau et le froid.....

. . . .

Nous ne sommes pas encore à notre emplacement de siège,
mais nous y serons demain ou après : la 4ᵉ division s'y installe aujourd'hui. Ces emplacements sont, comme vous vous
en doutez bien, hors de portée du canon de la place. L'armée
française attaquera la gauche, en appuyant sa gauche au cap
Chersonèse, et l'armée anglaise sera à notre droite. Mais
venons aux changements dont vous parlez : M. de Failly
est passé en effet général, fort heureusement pour lui, mais
malheureusement pour le régiment. Le maréchal Saint-Arnaud
ayant été obligé, par son état de santé qui s'aggrave de jour
en jour, de céder le commandement au général Canrobert,
celui-ci a laissé le commandement de notre division au général
Vinoy, lequel, par ricochet, laisse le commandement de la
2ᵉ brigade (la nôtre) au général de Failly. Je me trouve, par
contre-coup, élevé à la position officielle d'aide de camp, et
j'ai même pas mal de besogne, car le nouveau général est loin
d'être monté comme le demanderaient ses nouvelles fonctions.
Le général a débarqué en Crimée ayant pour tout équipage
ce qu'il avait sur le dos et partageant avec le lieutenant-colonel
une tente un peu plus grande qu'une tente de troupier ; moi,
je partageais une tente de troupier avec mon ordonnance ;
j'avais des guêtres et un petit sac sur le dos. Actuellement
nous avons progressé. Le général a reçu, il y a trois jours, sa
grande tente et m'a laissé l'autre qui constitue mes bureaux
et ma chambre à coucher. Je me suis enrichi d'un soldat secré-

taire, qui occupe dans la mienne mon ancienne place. Quant au papier, à l'encre, etc., à la lumière, nous sommes dans la pénurie la plus grande et nous ne pouvons répondre aux missives à tête imprimée des autres états-majors que par des quarts de feuille de mauvais papier.

Vous me parlez du rôle de notre division ; lorsque je vous écrivais, elle se ressentait encore fortement de l'épidémie, mais la santé générale s'est subitement rétablie comme par enchantement, après quelques jours passés sur le plateau de Franka, aussi elle a dignement repris sa place de 1re division. Lors du débarquement il n'y avait pas encore quarante hommes à terre, quand votre serviteur en particulier y est descendu à la suite de son colonel. Encore c'est parce qu'ils ont ramé plus fort que nous et qu'ils étaient partis de moins loin. Il est vrai que l'absence totale des Russes rendait l'émulation insignifiante.

A la bataille de l'Alma, sur laquelle je vous épargne les détails parce que vous devez en être déjà rebattus, ma division était entre la division Bosquet qui tournait la gauche de la position et la 3e division. Ma brigade était en deuxième ligne, mais nous sommes arrivés en haut à peu près en même temps que la première et dans un tel désordre, vu la difficulté du chemin et malgré la déclivité, que les Russes n'y ont vu littéralement que du feu et se sont formés en carrés comme s'ils se voyaient chargés par la cavalerie. Ceci est historique, quoique difficile à avaler, mais je puis dire que je l'ai vu. Enfin, heureusement leur maladresse a été cause que nous avons perdu beaucoup moins de monde qu'ils n'auraient dû nous en faire perdre, s'ils n'avaient pas été complètement déconcertés. Ils ne nous attendaient pas de ce côté-là ; aussi les Anglais ont-ils rencontré un terrain plus facile, c'est vrai, mais beaucoup mieux garni ; ils ont attaqué dans les règles, froidement, l'arme au bras, enfin très bien, mais ils ont perdu

presque le double de monde et ils en auraient perdu bien
davantage sans la vivacité de notre diversion. Le comique
de tout cela c'est que les Russes et leur général en chef, le
prince Mentschikoff, voyaient de leur hauteur tout le terrain
en avant d'eux à deux lieues, qu'ils nous ont vu manœuvrer et
avancer comme de petits soldats de plomb sur un tapis de billard
et que, s'ils ne nous attendaient pas du côté où nous sommes
montés, c'est parce qu'ils ont pensé qu'il n'y avait réellement
pas moyen d'y passer en troupe, mais ils comptaient sans les
attaques à l'africaine, car on les a traités positivement sans
plus de cérémonie que des Kabyles ; c'était bien un peu léger,
mais enfin cela a réussi cette fois-ci. L'artillerie, surtout celle
de notre division, a eu une énorme part dans le succès et a été
magnifique de hardiesse, on pourrait même dire de témérité,
car, si la cavalerie russe avait eu un peu de hardiesse, elle
n'aurait pas laissé des pièces s'aventurer à 1 500 mètres en
avant de notre infanterie.

On doit vous avoir raconté que parmi les papiers trouvés
après la bataille, on en avait trouvé qui prouvaient que les
Russes pensaient nous arrêter quinze jours à trois semaines ; eh
bien ! *Mossieu,* me disait un officier anglais avec ce petit rire
des Anglais qui est intraduisible, ils ont tenu deux heures
quarante et une minutes. Vous voyez que nos alliés sont toujours mathématiquement exacts. Si vous voulez connaitre mon
impression personnelle, je vous dirai que j'ai trouvé la chose
très intéressante sur le moment, mais assez triste après. Je
n'ai pas eu trop peur, mais j'avoue que j'avais besoin de me
raisonner un peu pour ne pas baisser la tête et saluer, comme
on dit, quand les premiers boulets nous sont passés sur la tête
en sifflant comme des hannetons (je leur demande pardon de
la comparaison qui n'est même pas très juste, mais enfin je
veux exprimer que, surtout pour les obus, ce n'est pas le siffle-
ment rapide de la balle et qu'on croirait avoir le temps de se

garer). Du reste, comme nous étions presque tous conscrits, sous ce rapport, nous pouvons avouer maintenant qu'on se retournait généralement pour suivre le vol des premiers, surtout les simples soldats et amateurs comme moi, qui n'avaient absolument aucune occupation, car, démonté et par conséquent inutile, je marchais les mains dans les poches (au figuré) à hauteur du premier peloton. J'aime mieux avoir, comme maintenant, une occupation. Vous n'avez pas idée de ce que c'est qu'un fantassin à qui on fait quitter son sac, et Dieu sait quel sac ils ont ici ! où il faut porter quatre-vingts cartouches, six jours de vivres, du bois, de l'eau, une tente, une demi-couverture, des bâtons de tente et une gamelle. C'est un ressort qui se redresse ; il devient d'une légèreté qui essoufflerait considérablement l'officier, qui, lui, n'est pas plus léger qu'à l'ordinaire.

Aussi, ne suis-je pas arrivé des premiers du régiment en haut, ni le dernier non plus, mais j'étais joliment essoufflé.

Les Russes sont restés, comme aspect, ce que vous me les avez dépeints et ce que les montrent mes vieilles images. Ce sont les mêmes figures, les mêmes capotes et les mêmes tournures. Nous avons eu affaire à leurs troupes du Caucase, qui sont leurs Africains à eux, et dont un régiment, le 33e, portait une imitation maladroite de notre képi d'Afrique avec une coiffe de toile blanche, qui les rend très drôles. Les soldats disaient : « Si ce sont là les plus dégourdis, les Africains de leur armée, qu'est-ce que c'est donc des autres ? » Mais vous savez que la modestie, quoique compagne du vrai mérite, n'est pas la qualité dominante du militaire français.

Notre vie actuelle est assez agréable, nous serons probablement avec la 2e division d'observation et nous n'avons pas les ennuis des travaux de siège. J'espère du reste que, lorsque vous recevrez ma lettre, nous serons installés dans les magnifiques bâtiments que nous admirons dans nos reconnaissances.

Hier, une brigade a accompagné la reconnaissance officielle de
la place par les généraux de l'artillerie et du génie. Ces messieurs étaient contents : il paraît que ce n'est pas très fort, au
moins de notre côté. Nous avons pincé quelques Russes dans
un télégraphe, mais c'étaient des civils. Les soldats, séduits
par l'air de bonhomie des Russes, les prennent tous pour des
Polonais et, comme tels, les bourrent de biscuit et de café.
Aussi le prisonnier russe, qui est en général peu à l'aise
quand on l'amène, a-t-il, une demi-heure après, une figure
tout à fait épanouie.....

3 octobre, 10 heures.

..... Nous sommes, depuis ce matin, constitués officiellement les 1re et 2e divisions en corps d'observation. Nous allons
faire face à l'extérieur, pendant que les 3e et 4e divisions appro-
cheront. Il y a donc peu d'apparence que nous voyions les
Russes. Un ordre du général en chef me nomme aide de camp,
à partir de ce matin, et en l'absence de capitaine.....

Sous Sébastopol, 7 octobre 1854.

. . . .

..... Vous savez que les deux premières divisions françaises
composent avec un corps anglais le corps d'observation, commandé par le général Bosquet, pour les Français. Nous sommes à environ 6 kilomètres de Sébastopol et nous tournons le dos
au reste de l'armée, qui fait le siège. Nous occupons une forte
position, sur le front de laquelle on élève de plus maintenant
quelques ouvrages. Outre que l'arrivée d'une armée de secours
suffisamment forte pour nous attaquer est peu probable, il est
encore moins probable que les Russes, avec leurs grandes capotes, aient assez de jarret pour y grimper, comme ils nous

ont vu (vanité à part) le faire à l'Alma. On les a toujours représentés comme des troupes de position, peu mobiles, donnant rarement des batailles offensives, mais tenant ferme dans
une bataille défensive. Je crois que cette opinion peut s'appli-
quer encore aux Russes d'aujourd'hui, y compris même la
dernière partie, car il est très probable qu'une mauvaise direction a été, en grande partie, la cause de leur défaite de l'Alma.
Quoi qu'il en soit, je vous dirai que notre camp prend de plus
en plus un aspect bucolique, dont on n'a pas idée quand on
n'a vu que des camps de manœuvre symétriquement alignés
et où on cuisine encore à la façon des garnisons. Ici surtout,
en arrière du camp et dans les jours d'abondance, du côté des
tentes des officiers supérieurs, c'est une société de chevaux, de
bœufs, de moutons, bien faite pour charmer les cœurs sensibles
ou les estomacs exigeants. Des poules se promènent avec de
grandes ficelles à la patte ; des canards, jugés moins volages,
s'en vont par deux, sans fers. Vous savez le goût qu'on a toujours prêté au militaire français pour toutes les variétés de
chiens, surtout les laids, et *vice versa ;* ce goût réciproque n'a
rien perdu de sa force ; et c'est étonnant la quantité de chiens
turcs qui se sont engagés dans l'armée française. Il est vrai
qu'ils sont maigrement nourris chez eux, même dans la capitale, tandis que chez nous.....! Vous savez que les chiens
turcs sont tout jaunes, sales, et n'ont ni queue, ni oreilles. Il
en manque un, dans ce moment-ci, autour de ma tente pour
pouvoir vous dire si cette privation est due à la nature ou à
l'art, car c'est un point auquel je n'avais pas encore songé.
Outre ces animaux domestiques, il y a les animaux curieux,
oiseaux ou autres, dont quelques-uns ont une certaine réputation dans la division. Il faut placer en première ligne le singe
des zouaves, lequel a fait la campagne de la Dobrudscha, sans
que son moral ait faibli un instant. Cet animal, fort brave, se
déploie en tirailleurs avec la compagnie, et il ne lui manque,

pour faire le coup de feu, qu'un fusil. Quand le peloton se rallie, comme, avec ses petites jambes, il ne va pas si vite que les zouaves et qu'en outre je le soupçonne d'être un peu paresseux, il s'élance d'un bond sur le sac du premier homme qu'il rattrape et s'en va prendre avec lui sa place dans le carré. Le 20ᵉ avait aussi sa célébrité, c'était un corbeau qui avait élu domicile sur le bâton de tente d'un ophicléide (ce bâton se met derrière le sac); il écoutait avec une grande attention et une impartialité remarquable tous les morceaux de musique. Nous l'avons sans doute perdu, car je ne le vois plus. Quant au général de Failly, il avait un petit king-charles, que nous avons laissé à Varna et qui a fait deux campagnes en Afrique, plus celle d'Orient jusqu'au 1ᵉʳ septembre, monté en véritable officier supérieur sur un grand cheval noir, qu'on menait en main.

Vous m'excuserez de toutes les balivernes que je vous envoie, mais nous ne voyons rien du siège, et je ne vous en dirai pas davantage; cependant on m'a assuré que le tam-tam commencerait mardi 10.....

———

Sous Sébastopol, 13 octobre 1854.

. . . .

Le siège marche aussi vite qu'il peut marcher, vu l'énorme matériel qu'il faut débarquer et placer. Nos deux cents pièces commenceront, dit-on, le feu le 14. Jusqu'à présent les Russes causent tout seuls, mais ils ne nous font pas grand mal. La marine, dépitée de ne pouvoir approcher par mer des forts (du môle), a débarqué ses pièces et ses matelots, et ils les attaquent par terre. Notre cavalerie arrive, celle des Anglais est débarquée tout entière. J'ai été hier m'en régaler, ayant eu toute une après-midi à moi. Je me réjouis de revoir, à Nancy, ma collection complète, sans compter que j'espère bien trouver à Sébastopol des marchands d'uniformes russes. Tout va aussi bien que possible : les marchands arrivent, on commence à fabriquer du pain, au moins pour les officiers. J'ai reçu une caisse, mes cantines. J'ai une belle robe de chambre russe. Voici comment. Il y a déjà bien quinze jours, après avoir passé le Belbek et en passant devant Sébastopol, nous nous sommes arrêtés trois ou quatre heures entre deux bois. Pendant ce temps d'arrêt, les zouaves de la division, qui cherchent toujours partout, trouvèrent une espèce de souterrain ou plutôt de silo d'Afrique, dans lequel les habitants d'une maison de poste avaient caché leurs effets. Je courus voir, en entendant les cris et les éclats de rire, et j'arrivai au moment où on sortait toutes sortes de défroques de Russes des deux sexes. Un de mes camarades de promotion, qui est aux zouaves, venait de recevoir une grande pelisse bleue doublée en peau de mouton, et il ne savait qu'en faire, car c'est extrêmement lourd. Me voyant à cheval, il m'appela pour m'en faire cadeau. Je la pris, comptant moi-même l'offrir au général de Failly, qui désirait une peau de mouton. Je croyais jusqu'à présent qu'il l'avait acceptée, mais, la voyant l'autre matin sur le dos de son domestique, je lui en ai reparlé et j'ai bien fait, car il avait donné ordre de me la rendre le lendemain matin ; et maintenant j'en suis muni, de sorte que, la nuit, j'ai plutôt trop chaud que trop froid. C'est un avantage que tout le monde n'a pas.....

Sous Sébastopol, 19 octobre 1854.

..... On a réellement mis toute la diligence possible dans les opérations du débarquement du matériel et, malgré cela, la tranchée n'a pu être ouverte que le 9, à 6 heures du soir, et le

feu a commencé seulement le 17, à 6ʰ 30ᵐ du matin. Il y avait
une centaine de pièces en batterie de notre côté, à 800 mètres
de la place environ. Il continue depuis ce moment-là, et rien
n'est ennuyeux pour nous, qui en sommes loin, comme d'entendre ces détonations incessantes, sans nouvelles des effets
produits. Décidément, je ne regrette pas de n'être pas entré
dans l'artillerie de siège : c'est une fichue chose que ce combat
de deux batteries qui s'établissent en face l'une de l'autre et
s'envoient réciproquement de ces gros vilains boulets jusqu'à
ce qu'une des deux soit écrasée.

Je continue, à mes moments perdus, la suite des dessins que
je vous ai déjà envoyés. J'ai maintenant de l'artillerie et de
la cavalerie anglaise qui est variée d'uniformes. J'en ai déjà
presque autant que je vous en ai adressé et j'ai en note de
quoi en faire bien d'autres, quand je serai en France et que
j'aurai une table.....

Bivouac de Balaklava. 27 octobre.

. . . .

Nous nous sommes rapprochés de Balaklava pour former,
par notre seul aspect au haut de la montagne, une réserve importante à la portion de l'armée anglaise qui couvre Balaklava.
Avant-hier matin, les Russes ont attaqué à l'improviste environ
trois cents hommes de cavalerie légère anglaise, par suite de la
lâcheté ou de l'ineptie des Turcs qui gardent les redoutes en
avant. Lord Cardigan a lancé ses hussards pour reprendre les
pièces : ils ont fourni une charge extrêmement brillante, ont
sabré les artilleurs, dépassé les pièces et sont alors tombés dans
trois mille à quatre mille hommes de cavalerie russe, de sorte
qu'il n'en est revenu que le tiers. Les troupes anglaises, qui
étaient en arrière, ont alors pris les armes. Le combat s'est un

peu animé ; nous sommes descendus aussi vite que possible du
camp, que nous avons occupé jusqu'alors, mais nous sommes
arrivés trop tard, c'est-à-dire que les Anglais avaient fini à eux
seuls. Cependant les chasseurs d'Afrique ont chargé et puis
l'affaire a été finie. Grâce à cette circonstance, nous occupons
la plus belle position qu'on puisse voir : nous avons sous les
yeux un paysage magnifique et d'une très grande étendue. En
avant de nous, au bas de la hauteur, se déploie l'armée anglaise,
de sorte que je suis heureux comme un poisson dans l'eau, je
n'ai qu'à mettre le nez à la fenêtre pour voir des Anglais.....

—————

Bivouac de Balaklava, 2 novembre 1854.

..... Nous espérions, à ce moment-là, aller un peu plus vite
en besogne, mais ce coquin de Sébastopol est, à ce qu'il parait,
un gros morceau à avaler. La date de ma lettre vous prouve
que nous sommes toujours dans notre camp de Balaklava, au
milieu de nos amis les Écossais, et si tranquilles les uns et les
autres que nous en sommes quasi honteux, quand nous entendons la canonnade de siège. Mais enfin, ce n'est pas notre faute,
et je suis sûr que, pour vous, vous n'en serez pas fâchés. Du
reste, avant l'arrivée de la 5e division, le régiment a eu sa part
du siège. Maintenant que c'est passé et que cela ne reviendra
plus, je vous avouerai qu'ayant passé pour ma part trois nuits
et deux jours, en deux fois, dans la tranchée, je suis parfaitement édifié sur l'effet assez monotone que produit un séjour
de ce genre dans une espèce de fossé, le dos mollement appuyé
contre le parapet de gabions confortablement garnis de terre ;
nos soldats, qui étaient très fatigués, y dormaient comme des
bienheureux ; et rien n'était drôle comme de voir arriver les
corvées apportant le diner et le déjeuner. Il y avait environ

deux cents pas à faire à découvert, et il s'agissait de ne pas faire
casser la vaisselle pour les officiers (car on nous y apportait
notre porcelaine, s'il vous plait); ou, ce qui était aussi essentiel,
de ne pas répandre la soupe des camarades, pour les soldats.
Or, il y avait de gros vilains boulets qui passaient là. J'interromps ici mon histoire de boulet — qui n'a rien du tout de
divertissant, si ce n'est que, depuis quinze jours qu'ils passent,
ils n'ont encore fait de mal à qui que ce soit — pour vous dire
que je reçois à l'instant même cette communication intéressante, à savoir que je pars *demain* à 8 heures du matin pour
Constantinople, comme aide de camp du général de Failly, qui
va y inspecter les petits dépôts, c'est-à-dire que je vais être ni
plus ni moins que le premier aide de camp de la première autorité militaire française de Constantinople; d'où je conclus
que le sultan ne pourra faire autrement que de m'inviter au
moins une fois à diner; mais nous avons le temps de voir ça.
Comme la nouvelle m'a mis un peu les idées à l'envers, je vais
tâcher de mettre un peu d'ordre dans ma lettre, en commençant par le commencement. Vous saurez donc que la nouvelle
est d'autant plus brusque que j'avais été dégommé de ma position d'aide de camp, le général de Failly ayant été lui-même
dégommé de son commandement de brigade par le retour du
général Espinasse, la nomination du général Bonal au commandement de la 1re division, etc. J'étais retombé dans la position moins agréable, mais flatteuse, d'adjudant-major du
1er bataillon du 10e de ligne; et le général de Failly s'en était
allé vivre comme sénateur chez son ami Canrobert. En me
quittant, le général de Failly m'avait fait un plaisir que vous
comprendrez, en me disant que, dès que ma position me le permettrait, je pourrais en toute assurance m'adresser à lui, s'il y
avait une place quelconque me rattachant plus ou moins directement à lui. Je ne savais comment vous dire ça, sans contrebalan-
cer le plaisir que cela vous fera, je crois, par la nouvelle de son

départ, mais la Providence a rangé le tout. J'emmène mon ordonnance et pense retrouver mes chevaux et mes effets là-bas.....

Passons aux nouvelles du siège : si elles étaient tout à fait bonnes, j'aurais, quoi qu'il m'arrivât, commencé par là, mais malheureusement nous sommes toujours dehors. Cependant, les attaques vont régulièrement leur train et nous perdons relativement peu de monde ; nous sommes à 200 mètres au plus de la place, et le général me disait hier encore qu'il ne pensait pas que le jour de l'assaut dépasserait cette semaine. Seulement ce sera une grosse affaire, à laquelle, du reste, je n'aurais eu l'honneur de prendre part dans aucun cas, puisque nous faisons face à l'armée russe d'observation qui nous a encore tiré des coups de canon aujourd'hui, mais hors de portée. Cela leur arrive de temps en temps, entre autres la nuit. On n'y fait presque plus attention. Les soldats prétendent alors qu'ils font de mauvais rêves.....

Constantinople, 9 novembre 1854.

..... Je n'ai pas grand'chose à vous dire de Constantinople, sinon qu'il y fait, depuis notre arrivée, un temps assez maussade et bien moins oriental que celui que nous avons eu en Crimée. Vous devez comprendre de plus que les nouvelles attributions du général, qui lui donnent la haute direction de tout le mouvement du matériel et du personnel que nécessite une armée comme la nôtre, des hôpitaux, des dépôts de prisonniers à organiser, des congés de convalescence à donner, des préparatifs à faire pour l'hivernage de l'armée, se traduisent pour moi en pas mal d'écritures ; ce qui me console du mauvais temps. D'ailleurs, une petite promenade, lorsque l'occasion s'en présente, dédommage amplement de quelques instants de réclusion. Notre maison commence à se monter. Nous n'avons pas encore de *palais,* mais nous avons déjà un domestique turc, trois plantons, un secrétaire, quatre ou cinq ordonnances, etc. On retrouve, avec un certain agrément, un lit et la possibilité de se déshabiller. On dîne assis sur une chaise ; on peut lire ou dessiner le soir dans une chambre close, sans que le vent vienne éteindre votre chandelle, plantée dans la douille d'une baïonnette ; on s'aperçoit avec étonnement qu'il y a encore, de par le monde, des civils qui ont des paletots et des chapeaux ronds, et des femmes qui n'ont ni le voile des Turques ni le pantalon rouge des cantinières. Enfin on marche de surprises en surprises, et en vérité il faut bien un peu cela pour vous empêcher de vous ennuyer, quand vous avez quitté le train-train d'une armée comme la nôtre et les montagnards écossais, que j'aimais tant à voir.

J'ai eu la chance aujourd'hui de rencontrer par hasard, en faisant dix pas le soir hors l'hôtel, Leperche, l'officier qui m'apporte mon képi. Il est arrivé aujourd'hui en rade et son bâtiment doit faire du charbon, de sorte que je l'ai retenu, l'ai installé ici pour la nuit. Je viens de passer avec lui une bonne soirée, à nous raconter l'un à l'autre, lui ses nouvelles de Paris, moi mes nouvelles de Crimée.

Demain il me remettra le précieux képi qui arrive à temps, car ce n'est plus le cas d'être déguenillé, et il faut que je m'habille tout entier de neuf pour pouvoir suivre le général chez tous les gros bonnets turcs, français, anglais et autrichiens. Je suis arrivé ici fait comme un gueux, plein de pièces et de reprises, et avec une tunique qui de bleue est devenue d'un gris sale. Quoique cela soit certainement très honorable, cependant il faut, pour que la chose fasse bien, que le fond du tableau y prête un peu : je commence à être embarrassé de mes pièces. Aussi je me suis fait faire une pelure neuve : pantalon, tunique, cravate, etc. Dimanche prochain, j'aurai l'air d'un conscrit arrivant de France. Le fâcheux, c'est que tous mes effets sont dispersés : mes chevaux sont toujours à Varna, une de mes cantines en route de Varna pour la Crimée, mon petit porte-manteau envoyé ici de Varna, en rade depuis plus de quinze jours, à bord de je ne sais quel bâtiment ; et je désespère de voir le tout réuni avant six semaines d'ici. Et, sans ma position actuelle qui offre des chances de stabilité pour quelque temps, puisque le général s'installe comme devant passer l'hiver ici, nous aurions pu continuer, mes chevaux, mes effets et moi, à nous courir après pendant tout le reste de la campagne sans pouvoir nous rencontrer. Telle est la position de la plupart des officiers, parce que nécessairement les transports importants, les munitions, les vivres, les renforts passent avant tout.

Je ne vous dis rien de l'affaire du 5, dont nous avons reçu les blessés aujourd'hui, parce qu'on ne nous a rien envoyé d'officiel. Les Russes ont eu, à ce qu'il paraît, beaucoup de monde tué. Le général de Lourmel est blessé très dangereuse-ment, le général Canrobert au contraire très légèrement. Le prince Napoléon est arrivé aujourd'hui ici, malade. Il n'a pas été blessé. En somme, ç'a été un succès, mais meurtrier. Nous grillons ici de savoir ce qui se passe dans ce moment.....

Constantinople, 13 novembre 1854.

..... Nous sommes ici presque aussi séparés de l'armée que vous en France. Nous voyons passer les conscrits et nous recevons les blessés ; mais c'est tout. Par contre, j'ai fait des connaissances dans les gros bonnets turcs, et à défaut de nouvelles des Russes, je puis vous annoncer mes débuts à la Sublime Porte.

Je suis arrivé ici, comme je crois vous l'avoir dit, avec une

tenue extrêmement pittoresque et tout à fait digne de l'armée
d'Italie de |96, et j'ai dû immédiatement m'occuper de me
rafistoler, afin de me mettre à même de soutenir *mon rang*.
Le général, qui, je ne crains pas de l'avouer, a retardé ses
premières visites officielles dans des vues personnelles, mais
analogues aux miennes, attendait aussi, sans en avoir l'air, que
je fusse en mesure de lui composer une suite brillante et impo-
sante à la fois. Malheureusement le prince Napoléon est tombé
ici comme une bombe. Cependant, comme il venait y passer
quelques jours comme malade, il avait désiré garder le plus
strict incognito. C'est très bien. Mais ne voilà-t-il pas que,
samedi 11, l'idée la plus renversante, la plus bizarre, la plus
révolutionnaire, traverse la tête de Sa Hautesse le Sultan, et, à
10 heures du matin, le général reçoit de M. Benedetti, le
chargé d'affaires de France, un petit billet, où celui ci lui annonce d'un style tout ému et avec une plume bouleversée, que
Sa Majesté le Sultan, le Grand Turc lui-même, devait à
2 heures venir en personne à l'ambassade de France, y visiter
le prince Napoléon, malade. C'était une révolution ! Le chargé
d'affaires priait le général de lui venir en aide dans cette circonstance unique, en contribuant, par l'éclat de son état-major,
à recevoir aussi dignement qu'on le pourrait Sa Hautesse. Le
général me convoqua aussitôt, pour savoir si ma tunique était
faite. Elle ne l'était pas ! J'envoie planton sur planton au
tailleur et, à 2 heures moins un quart, au moment où nous
désespérions, on m'apporte ma tunique, avec les foudres cousus
à l'envers et d'autres innovations de détail particulières aux
tailleurs de Constantinople. Mais ce n'était pas le cas d'y
prendre garde. J'endosse immédiatement ma tunique, j'y
place des épaulettes d'emprunt et, devenu très présentable,
puisque le haut de mon pantalon était à couvert et qu'on ne
pouvait voir au-dessous de ma tunique que cinq accrocs repris
avec l'adresse qui distingue le soldat français, j'enfourche un

cheval turc, garni d'une selle *idem,* que le domestique turc du
général était allé louer au coin de la rue, et je me mets en devoir
de caracoler derrière M. de Failly. Monté lui-même sur un
cheval emprunté à un sous-intendant, le général avait une
tenue mixte qui ne manquait pas d'originalité et qui se composait de sa petite tenue de colonel du 20ᵉ, sur laquelle il avait
fait placer, pour indiquer son grade, deux étoiles d'argent fabriquées avec des pièces de cent sous par le maître mécanicien
du *Montebello.* J'ai déjà pu remarquer que les étoiles sur les
bras intriguent singulièrement tous les militaires qui, ne le
connaissant pas, sont obligés de lui donner, en lui parlant, un
titre quelconque. Mais passons. Nous arrivons à l'ambassade
de France. Nous trouvons, au bout de l'avenue, le portier
(qui date de 1804) qui balayait avec une rage à écorcher
les dalles ; quelques pas plus loin, M. le chargé d'affaires, en
grande tenue et le claque sous le bras, une demi-heure d'avance,
se promenant d'un air agité en criant des ordres à des domestiques qui dégringolaient comme des boulets le long des esca-
liers, tout en nouant leur cravate et en brossant leur livrée de
cérémonie. On nous fourre, pour se débarrasser de nous, dans
le salon le plus reculé, où, au bout d'un quart d'heure, le prince
arrive avec un aide de camp et le personnel de l'ambassade.
Au bout de cinq minutes, le prince, qui me paraît tout à fait
sans gêne, déclare que le sultan le faisant attendre, il faut ab-
·solument qu'il aille fumer un cigare. Désespoir et observations
respectueuses du chargé d'affaires, qui cependant est obligé de
céder ; on passe dans la salle de billard, et tout le monde
fume. M. Benedetti, sur la porte, donne plusieurs fausses
alertes. Enfin le sultan arrive réellement. Le chargé d'affaires
le reçoit à la porte de la rue, le prince à la porte des appartements. Le sultan lui prend très affectueusement les mains
avec un petit sourire assez agréable. Il est petit, pâle, une
barbe noire peu fournie, une expression de figure très douce

et presque timide. Il portait une tunique noire ample et longue, un pantalon noir, un pardessus noir et avait, ainsi que sa suite, une tournure assez ecclésiastique sans le fez rouge, le sabre turc à ceinturon doré et les larges éperons d'acier. En somme, la suite n'avait rien d'oriental, au contraire.

Après les présentations, dont j'ai eu ma part en ma qualité de satellite du général de Failly, le sultan s'enferme avec le prince, le drogman de l'ambassade comme interprète et un de ses pachas qui ne le quitte jamais. Le reste est mis à la porte ; c'est l'étiquette. Au bout de dix minutes, les portes se rouvrent, le sultan et le prince reparaissent, le sultan beaucoup plus animé. La conversation l'avait un peu dégourdi, mais il n'était pas au bout de ses peines. Un aide de camp du prince amène Mme Benedetti, que le prince avait voulu à toute force présenter au sultan. Attention générale. Mme Benedetti, qui est Grecque, avance, fait sa révérence, et le prince la présente. C'était trop pour un jour. Le Grand Turc, quasi décontenancé, sourit à l'ambassadrice, puis se tourne deux ou trois fois vers le prince, puis vers l'ambassadeur, en faisant : Hi, hi, d'un air très gracieux ; mais comme, n'ayant pas songé à ça, il n'avait ni bracelet, ni collier dans ses poches, il ne trouve rien de plus à dire et manifeste visiblement le désir de s'en aller. Alors le cortège redéfile et on reconduit le sultan, qui veut arrêter deux ou trois fois le prince Napoléon.

Le soir, je suis allé dîner et passer la soirée avec le général chez le chargé d'affaires. Le prince n'est descendu qu'après dîner et l'on s'est beaucoup ennuyé, mais en grande cérémonie.

..... Les blessés et prisonniers du combat du 5 sont arrivés. Ma brigade n'a pas donné et n'a par conséquent pas souffert. On évalue la perte des Russes à huit mille hommes.

. . . .

Constantinople, 20 novembre 1854.

. . . .

Les dernières nouvelles de Crimée, qui nous sont arrivées avant-hier samedi par les vapeurs qui apportaient le reste des blessés du 5, ne sont pas fameuses. Rien de nouveau quant au siège, et un coup de vent effroyable pour la flotte. Le vaisseau le *Henri IV* est à peu près perdu, le *Suffren* et la *Ville-de-Paris* ont de fortes avaries; de petits vapeurs et surtout les grands transports anglais ont beaucoup souffert, plusieurs sont perdus. Notre marine de guerre n'a perdu personne, mais nous avons eu vingt-cinq chevaux et cinq housards du 4e noyés. La marine de commerce anglaise a perdu un assez grand nombre de matelots.

Le *Henri IV,* qui était échoué à la côte, a été attaqué par des cosaques et une batterie de campagne. Il les a laissé approcher de très près et les a salués d'une volée de mitraille. Les cosaques, qui s'en sont tirés, courent encore à ce qu'on dit. Avant d'aller plus loin, il faut que je place une observation que j'oublie de vous envoyer depuis plus de deux mois. C'est que j'ai été fort scandalisé, en ma qualité de témoin oculaire, que vous trouviez le peu que je vous racontais exact, parce qu'il concordait avec les récits des journaux de France. Or notre opinion ici est que les journaux de France, même les *plus officiels,* fourmillent de canards, quelquefois dans le fond, mais surtout dans les détails; et c'est un des grands amusements du camp de colporter les plus gros, quand on les a découverts. Jugez donc de l'effet que fait votre compliment ici. Il est cependant, plaisanterie à part, un journal auquel je vous conseille de vous abonner, car il va être joliment renseigné. C'est votre serviteur qui est chargé d'en surveiller la partie militaire. Cet heureux journal est le *Journal de Constantinople.*

Ledit journal s'était fait une telle réputation par l'excentricité de ses amplifications, que tous les gros bonnets s'en sont émus. Ils ont montré les dents. Ce qu'il y avait de malheureux, c'est que le rédacteur en chef était pétri de bonnes intentions : il est Français, trop Français peut-être quant à l'imagination, et ne demande que des renseignements exacts, de sorte qu'en apprenant l'arrivée du général il est venu aussitôt lui expliquer la chose et se soumettre de lui-même à son contrôle. Le général est toujours sur les chemins, de sorte que c'est moi qui reçois toutes ces visites. Malheureusement, la mise en scène nous manque encore, et nos bureaux ressemblent furieusement à un camp volant. On y rencontre beaucoup plus de bottes à l'écuyère, de paquets de cigares ou de pipes turques que de chaises et de cartons. Mais patience, nous aurons notre hôtel ; et, dans huit jours, j'espère bien donner mes audiences en croisant mes jambes dans un fauteuil quelconque. En attendant, je fais de mon mieux, et tout le monde est si poli à mon égard que je crois que cela finira par me donner l'aplomb et l'air d'autorité nécessaires au personnage. C'est une comédie comme une autre.

La semaine dernière, le général et moi avons fait nos visites d'arrivée aux gros bonnets turcs : le chargé d'affaires et le premier drogman de l'ambassade nous présentaient. Nous étions tous quatre à cheval et avec nos trois cavass également à cheval. Quand nous traversions les petites rues de Constantinople, nous en occupions toute la longueur. Les bottiers et autres industriels français ne manquaient pas de se mettre sur leur porte et de saluer. C'était un beau spectacle ; malheureusement il pleuvait trop. Mais arrivons. Nous avons débuté par le séraskier (ministre de la guerre), qui occupe le centre d'une immense caserne qui domine tout Constantinople. Aussitôt qu'on arrive, une foule de drôles se jettent à votre bride, à vos étriers, pour vous aider à descendre de cheval. On monte au premier, on traverse plusieurs pièces immenses et très hautes, mais qui n'ont pour décoration que la chaux de leurs quatre murs et les nattes qui recouvrent tout le plancher. Quatre ou cinq portes fermées par des portières de damas s'ouvrent sur ces grandes antichambres, où une foule de feignants (comme disent les soldats), moins crottés que ceux d'en bas, sont assis par terre le long des murs. On nous introduit dans le cabinet du séraskier, qui n'a pour tout luxe que de grands rideaux rouges et un divan qui tient tout un des pans de la muraille et est également écarlate. Nous faisons nos salamalecs dans le charabia du pays et par l'intermédiaire du drogman de l'ambassade. Le séraskier place avec avantage un « Bonjour, Messieurs », qui constitue tout son bagage français. On roule de vieux fauteuils, dont ne voudrait pas un notaire de village. Je m'en offre un, de peur qu'on ne m'en offre pas ; mais il est démontré plus tard que j'ai eu tort de me presser. On commence par causer aussi agréablement que peuvent le faire quatre personnes qui sont obligées de faire passer toutes leurs paroles par la même bouche. Le ministre de la guerre avoue, avec une franchise qui l'honore, qu'il ne sait pas du tout ce qui se passe à l'armée du Danube, et qu'il préfère que le chargé d'affaires de France écrive lui-même à Omer-Pacha, parce qu'Omer-Pacha envoie promener tous ses envoyés à lui. Au milieu de l'entretien, quatre grands gaillards soulèvent silencieusement une des portières et entrent deux par deux, comme des enfants de chœur. Ils sont vêtus aussi luxueusement que le séraskier lui-même, c'est-à-dire d'une grande redingote noire mal faite, d'un pantalon noir *idem* et d'une calotte rouge. Ces quatre grands gaillards, qui ne portent rien, entrent donc, puis se retournent vers la porte, toujours comme des enfants de chœur. Alors, on voit paraître quatre grands bâtons ou tuyaux qui s'allongent par la porte et qui finissent par se terminer par des fourneaux de pipe. Les quatre redingotes noires, dont il paraît que c'est l'emploi, les reçoivent et nous les apportent processionnellement, en glissant sur les nattes sans faire de bruit. Le général et le chargé d'affaires ont des tuyaux d'au moins six pieds et qui sont ornés de festons à peu près comme des mirlitons. Le drogman (qui est un gros personnage, officier de la Légion d'honneur) et moi, nous avons des tuyaux qui ont bien un pied de moins et sont unis. On arrange assez adroitement ces quatre tuyaux, de manière à ce qu'ils ne s'enroulent pas trop dans nos huit jambes. (Le séraskier est à part, il reste sur son large fauteuil et fume sa pipe ordinaire.) Les fourneaux de pipe sont posés à terre sur de petits plateaux d'argent. On fume, je fume. Les quatre individus ressortent et rapportent, avec les mêmes cérémonies, quatre espèces de coquetiers d'argent ciselé supportant de petites capsules de porcelaine qui contiennent à peu près le quart d'une demi-tasse de café épais comme du chocolat. Pendant ce temps, ma pipe s'éteint, à ma grande satisfaction, mais je continue à sucer le bout d'ambre pour faire semblant. Mais ne voilà-t-il pas qu'un grand individu qui, à ce qu'il paraît, était derrière moi et veillait sur ma pipe, me l'enlève et m'en rapporte une autre tout à fait semblable et bien allumée. Quand j'ai vu qu'il fallait en passer par là, je l'ai fumée tout entière, plus deux autres, une chez le grand vizir, l'autre chez le chef d'état-major général. Je crois, ma foi, que je m'y habituerai.....

Constantinople, 25 novembre 1854.

. . . .

Il faut que vous sachiez que *nous* commandons aussi, pour notre malheur, la marine, et elle nous donne bien du fil à retordre, parce que les marins qui sont très braves, quand il ne s'agit que d'exposer leurs personnes, ne le sont pas du tout à l'endroit de leurs bâtiments ; et le coup de vent du 14 a donné mauvaise réputation à la mer Noire. Cependant elle n'est pas très dangereuse pour les gros bâtiments, car les sinistres qui ont eu lieu le 14 ne seraient pas arrivés, si les bâtiments avaient tenu la mer ; l'encombrement au mouillage et surtout le peu de sécurité de la côte, qui était connue, en ont été la principale cause. Cependant je me hâte de vous rassurer sur nos embarras maritimes, en vous disant que le général a ré-clamé un amiral pour commander la station maritime, et nous espérons qu'il va arriver. Vous voyez que je parle comme les servantes de curés, au collectif, mais j'y ai plus de droit. Le général va recevoir un capitaine aide de camp officiel, le ministre trouvant ma place actuelle *nuisible à mon instruction* (il s'y connait), mais il paraît que je resterai tout de même. Le fait est qu'il y a des courses et des paperasses plutôt pour trois que pour deux.

Mes soirées sont souvent libres, mais difficiles à occuper ici. Constantinople (les plus beaux quartiers) est pavé comme la ruelle de Vandœuvre (¹) et éclairé dans le même genre. Aussi il est impossible de sortir le soir sans lanterne. Comme on ne peut avoir de voitures, le luxe rentre dans les lanternes. Le général s'en est fait fabriquer une à trois bougies qui fait fort bel effet. Je ne m'attendais guère qu'une bonne partie de la campagne d'hiver de Crimée se passerait, pour moi, en visites à l'ambassade de France, où on prend le thé le soir avec son sabre au côté et son képi sous le bras. C'est très peu diver-tissant. J'ai été aussi présenté chez le drogman, qui heureuse-ment a moins de prétentions et dont la femme est parisienne. Enfin, je suis à la veille d'aller chez le premier aide de camp du séraskier, qui est moitié Arménien, moitié Turc, avec une

_____

1. Village à mi-côte, près de Nancy.

femme européenne, mais je ne sais pas de quel pays. Enfin il
y a un opéra italien que j'honorerai peut-être de ma présence
à la première représentation, parce que c'est une espèce d'obligation pour les *autorités*. Nous sommes toujours à l'hôtel,
mais nous allons avoir une maison que le gouvernement turc
a louée pour nous à un médecin italien ; je suis très pressé de
m'y installer et le général aussi. On nous écorche joliment à
Constantinople.....

Constantinople, 5 décembre 1854.

..... Cependant les choses s'arrangent en Crimée et il est
probable que d'ici à quelque temps on sera obligé de chaque
côté de rester tranquille, pour se défendre contre l'ennemi
commun qui est la mauvaise saison.

Sous ce rapport, si les Russes sont un peu plus durs que
nous, nous contrebalançons, je crois, leur supériorité physique
par celle de notre installation qui est complète. Chaque jour,
on expédie, aussi vite qu'on peut, les grandes tentes, les vêtements chauds, les couvertures pour les chevaux ; et déjà une
grande partie de l'armée les a reçus.....

Vous ne sauriez croire l'effet que nous fait ici la phrase sa-
cramentelle qui commence ou finit toutes les lettres que nous
recevons à l'heure où j'écris : « Sébastopol est probablement
pris. » Cet effet est d'autant plus amer que l'opinion la plus
répandue dans l'armée à l'heure qu'il est, c'est qu'en effet la
ville peut être enlevée d'un moment à l'autre par suite d'un
coup de main heureux, comme celui qui aurait pu suivre la
sortie où le général de Lourmel a été si malheureusement tué,
mais qu'à côté de cette chance il se peut aussi que nous soyons
encore dans nos tranchées dans deux mois d'ici. Tout dépendra

du reste de la manière dont arriveront les 7ᵉ et 8ᵉ divisions. Si elles arrivent en bloc, de manière à pouvoir agir trois ou quatre jours après leur débarquement, l'effet moral sera d'abord énorme de chaque côté; de plus, il est probable qu'on agira vigoureusement et que l'affaire sera enlevée. Si elles arrivent par détachements de cinq cents hommes, comme les renforts qui passent ici, depuis que j'y suis, il n'y a pas d'effet produit et, à cause des maladies journalières, dangereuses surtout pour les nouvelles troupes, de petits détachements boucheraient seulement les trous.

On croit généralement que l'on pourrait depuis longtemps prendre la ville même; mais ce qui arrête jusqu'à présent le général Canrobert, c'est qu'il ne trouve pas son armée assez nombreuse pour pouvoir, après cette action de vigueur qui coûtera probablement beaucoup de monde, battre encore l'armée russe qui est en face de nous et qu'il faudra attaquer dans ses positions, puisqu'elle s'y retranche depuis sa frottée du 5.

. . . .

———

Constantinople, 14 décembre 1854.

. . . .

Constantinople continue à être aussi mal pavé, mais l'encombrement augmente. C'est un mouvement commercial énorme que celui qui s'y produit maintenant. Tout ce qui dans le commerce est relatif aux besoins actuels de l'armée est hors de prix. Nous laisserons ici bien des fortunes faites rapidement ainsi. Vous n'avez pas d'idée de la concurrence effrénée qui s'est produite dernièrement entre les mandataires des gros bonnets de l'armée, à propos de trois malheureuses paires de sabots, qui étaient les seules existantes à Constantinople. Il est vrai qu'on dit qu'on en expédie de France dix mille ; mais « un bon tiens vaut mieux que deux tu l'auras ». Les pelisses sont aussi extrêmement chères, quoique heureusement ce soit ici le pays.

Quant aux pommes de terre, comme elles sont inconnues en Turquie, il n'y a plus que les officiers généraux qui en mangent. Un bon paysan de Lorraine ne se doute pas du succès qu'il aurait ici avec ses sabots, ses moufles, son bonnet de coton et un sac de pommes de terre.

Heureusement, le reste n'est pas en proportion et les approvisionnements en denrées du ressort de l'administration de l'armée permettent de faire les distributions avec la même régularité qu'en France et en augmentant même les rations.

Puisque j'en suis aux rations, c'est le cas de vous parler de mon fameux dîner chez un pacha.

J'en ai rapporté cette conviction, c'est que les Turcs pouvaient être des barbares sous plusieurs rapports et des imbéciles sous plusieurs autres, mais qu'ils n'étaient ni l'un ni l'autre en cuisine. Il paraît aussi que leur fameuse sobriété n'est que de la paresse et que, lorsqu'on leur apporte sous la main de quoi manger, ils sont capables d'en remontrer à des Français de bon appétit comme moi. Le caractère distinctif de leurs repas est l'abondance de plats sucrés : il y en a régulièrement un chaque deux plats, et cela à partir du commencement. Il faut avouer qu'ils y excellent et que j'ai goûté d'une certaine *crème* faite avec de la *poitrine de poulet,* qui est quelque chose de phénoménal.

Du reste j'ai eu un mécompte, c'est d'être servi à la française et même avec un très grand luxe d'argenterie et de porcelaine du Japon. Autre désillusion, les trois Turcs qui étaient là buvaient du bordeaux et du champagne au moins autant que nous. J'ai supposé charitablement que c'étaient leur profession et leur grade qui leur en donnaient le droit. J'ai visité

Sainte-Sophie et j'y ai acheté, à l'intention de l'abbé, de petits morceaux de mosaïque qui tombaient des murs. C'est réellement très beau.....

———

Crimée, 22 décembre 1854.

La date de ma lettre vous dira que j'ai changé encore une fois de résidence.

. . . .

Je vous dirai, pour ma part, avec franchise que, à part la tranquillité d'esprit que vous valait mon séjour à Constantinople, je n'ai pas été fâché de revenir ici, et j'y ai trouvé les choses meilleures que je ne le supposais. Si cet effet-là se produit à Constantinople et sur les gens qui ont quitté l'armée depuis un mois seulement, il doit être bien plus marqué en France.

. . . .

..... En même temps que le général Canrobert nommait M. de Failly au commandement de Constantinople, le ministre confiait le même poste au général d'artillerie Larcher. Ledit général Larcher est donc venu tout naturellement nous dégommer, et en même temps est arrivée la nomination du général de Failly au commandement de la 2e brigade de la division du prince.

C'est ce que nous sommes maintenant ; nous allons changer de bivouac pour quitter l'armée de siège et aller reprendre l'armée d'observation, où est déjà la 1re brigade de la division.

Le général est très content de sa nouvelle position. Il avait à Constantinople beaucoup de besogne et cette besogne n'était pas tout à fait dans ses goûts.

Quant à moi, le changement du mouvement au repos complet (j'étais obligé de rester assis au bureau *toute* la journée) m'aurait, je crois, rendu malade. Je grossissais à vue d'œil.

J'ai été sensiblement flatté d'être remplacé dans la besogne que je faisais seul (tant bien que mal, il est vrai) par quatre officiers : un capitaine de marine, un capitaine d'état-major, un capitaine d'artillerie et un capitaine du génie, plus un secrétaire civil.

Ces messieurs ont eu le toupet encore de se plaindre à moi qu'ils avaient pas mal de besogne. Quant au nouveau général, je crois qu'il n'a pas le jarret de M. de Failly qui avait la contre-partie de mon rôle et était toute la journée sur le pavé. Après avoir été relevés, nous avons pris quatre ou cinq jours pour nous équiper.

Je rapporte un caban imperméable en poil de chameau doublé en gros molleton avec collet de fourrure et boutonné à deux rangs sur la poitrine, des chemises de flanelle, des gilets de tricot, des caleçons *idem,* gants *idem.*

Comme chaussures, je ne suis pas moins complet. Les jours de froid, je puis mettre : 1° des chaussettes de laine par-dessus des bas persans en laine épaisse feutrée montant jusqu'au-dessus du genou, et 2° enfin par-dessus une paire de sabots, pour la tente, une paire de grosses bottes à l'écuyère pour sortir à cheval. Et puis, grâce à ma haute position, j'ai pu avoir de Varna mes deux chevaux, mes effets et ma tente, et je couche maintenant dans mon lit.....

Sous Sébastopol, 24 décembre 1854.

. . . .

Le climat est assez bénin pour la saison et en tout cas beaucoup plus doux que celui de Nancy, surtout l'hiver dernier à cette époque.

Le *Moniteur* de l'armée prétend que c'est le climat de Montélimar, mais, connaissant peu ce port de mer, nous en sommes réduits à des conjectures plus ou moins flatteuses sur les mois de janvier et de février. En attendant, nous avons, ce soir, une belle soirée de Noël, que j'emploie, comme vous voyez, fort agréablement à vous écrire.

Pour moi, j'ai pour société, en ce moment, mes deux ordonnances, qui travaillent avec beaucoup de zèle à perfectionner une magnifique paire de sabots que j'ai le bonheur de posséder.

Relativement à ce que j'avais à faire à Constantinople, j'ai ici très peu d'occupations, et elles diminueront encore quand le second officier d'ordonnance du général sera arrivé. Il faut que vous sachiez que notre bon ministre a trouvé, dans sa haute sagesse, que ma position actuelle était *préjudiciable à mon instruction* (textuel). Cette opinion, que je qualifierais de saugrenue, est du 10 ou 12 octobre, et, depuis ce temps-là, j'ai un successeur officiel qui est M. le capitaine Pinoteau, détaché pour le quart d'heure au 9ᵉ cuirassiers, à Andrinople. Ce pauvre capitaine arrivait dernièrement aussi vite qu'il le pouvait (car il parait que les grandes routes en Turquie ne sont pas belles à cette époque), lorsqu'il s'est très malheureusement blessé en déchargeant un pistolet. Il vient d'écrire au général qu'il en a au moins pour six semaines. J'ai donc grande chance de rester avec M. de Failly jusqu'à mon passage dans la cavalerie.....

Outre ce capitaine, le général a encore un officier d'ordonnance, qui est un sous-lieutenant d'infanterie de sa brigade ; mais il est malade pour le moment, de sorte que je n'en suis que plus indispensable.....

Je m'amuse, dans la journée, à dessiner nos uniformes d'hiver, qui deviennent assez fantastiques. Pour vous en donner une idée, je vous dirai que le général de Failly, qui, par extraordinaire, était de tranchée le lendemain de son débarquement, a failli être arrêté par le 39ᵉ, comme Russe déguisé en Français. J'ai entendu moi-même le sergent envoyé à l'état-major pour dénoncer la présence d'un individu fort suspect, se prétendant général, que personne ne connaissait, et qui d'ailleurs était trop jeune pour cela. Il faut vous dire, pour expliquer la chose, qu'en effet M. de Failly a l'air assez jeune (il est souvent pris pour son aide de camp, tandis que, entre nous soit dit, j'ai été pris une fois pour le général). Et, de plus, on a raconté dans ces derniers temps de si mirobolantes histoires d'officiers russes se promenant partout sous des costumes anglais ou français, qu'il nous prend de temps en temps des accès de défiance qui contrastent fort avec notre peu de surveillance habituelle. Du reste, sous ce rapport, les Anglais sont de notre force, et certainement les espions russes auraient beau jeu, si, avec la publicité actuelle, les espions n'étaient pas devenus à demi inutiles. — Je n'ai pu, avant mon départ de Constantinople, voir le jeune sergent dont vous m'avez parlé. Il m'aurait fallu prendre des renseignements, nos blessés et malades étant dispersés dans sept hôpitaux, dont quelques-uns sont à trois lieues de la ville. Ils sont du reste très bien tenus. Chacun d'eux renferme des sœurs de Saint-Vincent-de-Paul. Le général de Failly, qui ne se monte pas facilement, en était enthousiasmé et ne tarissait pas chaque fois qu'il revenait de l'hôpital.....

———

Devant Sébastopol, 31 décembre 1854.

. . . .

Rien de nouveau ici, le temps continue à être très passable pour la saison. Nous avons même eu plusieurs journées réellement chaudes. Aujourd'hui dimanche, nous nous donnons (faute d'autre) le divertissement d'une grande revue des 3e, 4e, 5e et 6e divisions, à l'occasion de la distribution des premières décorations données par le général Canrobert. Il fait beau et les troupes y seront en grande tenue d'hiver, ce qui ne laissera pas que d'être assez cocasse, si la grande tenue se ressent du

confort et du sans-gêne de la tenue habituelle. Notre infanterie
n'est plus reconnaissable. Quant à moi, je suis, pour le moment, affublé d'un grand carrick à capuchon, appartenant à
l'uniforme actuel du 19e bataillon de chasseurs, et qui est une
très bonne chose. J'ai, en outre, un fez turc dernier modèle,
souvenir de Constantinople.....

———

Devant Constantinople, 8 janvier 1855.

. . . .

Jusqu'ici, il n'y a rien de changé dans ma position. L'officier
d'ordonnance que devait avoir le général de Failly, et qui appartenait à un des régiments de sa brigade, est malade depuis
notre arrivée ici ; il est parti hier pour Constantinople, mais,
entre nous, sa maladie n'a rien d'inquiétant. Je crois seulement
qu'il a cédé aux exhortations des médecins, en apparence pour
se refaire, mais au fond pour remonter sa garde-robe. Et, au
fait, il a tout le temps de faire ce petit voyage. Je suis convaincu,
et c'est l'avis du général, qu'à part une boutade (assez peu probable) des Russes, nous ne ferons rien de décisif avant le mois
de mars. Cette conviction peu flatteuse vient de l'état actuel
du terrain, qui est peu commode pour manœuvrer ou travailler.
L'hiver est peu froid, les fortes gelées rares, de sorte que les
terres se détrempent. Mais le soleil est excellent et, ma foi, il
y a compensation.....

Nous avons reçu hier la nouvelle que le ministre nous gra-
tifiait des capotes à capuchon, que nous portions jusqu'à présent à titre provisoire. Cette nouvelle gracieuseté a été très
bien reçue, car c'est un fort bon vêtement. Nous sommes
fort touchés des mille attentions qu'on a pour nous ; jamais
armée n'a été choyée à ce point. Seulement, les baraques en

bois arriveront un peu tard, car je pense que nous ne passerons pas ici l'hiver prochain.

Nous avons aussi appris hier l'envoi d'une brigade de la Garde. Seulement, les uns disent qu'elle restera à Constantinople avec deux ou trois divisions de réserve, d'autres affirment qu'elle arrive droit ici. C'est bien dommage de gâter de si beaux bonnets à poil ; mais en revanche, s'ils viennent ici pour se former des troisièmes bataillons, comme on l'assure, ils en trouveront qui, toute vanité à part, vaudront bien les deux premiers.....

..... C'était avant-hier 6 la Noël des Russes ; ils ont carillonné toute la journée et même je crois qu'ils n'ont pas fait que cela, car deux ou trois ont passé la tête par-dessus les parapets pour nous montrer des bouteilles. On aurait pu leur en montrer autant ; mais on a eu l'impolitesse de leur montrer des canons de fusil, et l'apparition a disparu.....

..... Nous continuons, le général et moi, à passer nos soirées en tête-à-tête, et les soirées de janvier sont longues, de sorte que, bien que nous soyons deux causeurs aussi bavards l'un que l'autre, nous en sommes l'un et l'autre à la quatrième ou cinquième édition de chacune de nos histoires ; de sorte encore que nous trouvons, à ce qu'il paraît (chacun de notre côté), que c'est bien suffisant comme cela. Nous courons donc pour le moment après les distractions. Le général ne sait pas un jeu de cartes, moi je ne connais que le quarante, mais j'y suis réellement trop fort pour ne pas le décourager en commençant.

Cependant, l'autre jour, il arrive à dîner avec un jeu de

cartes et l'air d'un homme qui a trouvé une idée. Ce jeu de cartes était accompagné d'un petit manuscrit qui doit venir de quelque vieille comtesse, à l'aide duquel on crée, avec lesdites cartes, diverses récréations nommées *patiences,* et que (sans vouloir faire de mauvaise plaisanterie) il faut en effet beaucoup de patience pour exécuter. Ce genre de divertissement a été enterré à la première soirée, quoique j'aie paru y prendre un vif plaisir. Mais heureusement il nous est arrivé une masse de journaux. Alors, après le dîner, je les lis haut pendant que le général fume un nombre indéfini de cigares. Nous tombons d'abord sur les feuilletons, ensuite sur les nouvelles d'Orient, où nous trouvons une foule de compliments à notre adresse, qui contribuent naturellement à nous mettre en belle humeur. Ensuite on se rejette sur les faits divers, puis sur les articles littéraires et artistiques et, enfin, quand nous sommes au bout du sac, sur les grandes tartines parlementaires et diplomatiques. Après quoi le général prétend qu'il lit dans sa tente les annonces; moi, je ne les lis pas.

. . . .

Devant Sébastopol, 14 janvier 1855.

..... Je souhaiterais bien que vous puissiez venir *voisiner* un peu à nos soirées, ou plutôt j'aimerais mieux aller voisiner aux vôtres. Mais les ballons ne sont pas encore inventés; ce qui n'empêche pas qu'on ne rencontre de temps en temps ici d'in-trépides (il faudrait dire de forcenés) touristes anglais, partis de Londres un beau matin pour venir voir Sébastopol et le siège. Il en est venu trois l'autre jour dans la tranchée la plus avancée, avec la barbe fraîche, les favoris bien taillés, le chapeau gris, des faux-cols, des parapluies, etc., enfin, mis comme pour faire un tour de boulevard, et qui arrivent tout chauds, tout bouillants, de Londres, pour voir les Russes. On leur a assuré qu'on les voyait d'assez près dans la troisième parallèle. Ils se sont empressés de s'y transporter, avec une autorisation du général Canrobert. Grâce à cette autorisation, on leur a permis de grimper un peu sur le parapet et de passer la tête par-dessus, en ôtant toutefois leur chapeau gris. Le premier qui y est monté a été salué aussitôt par deux ou trois balles russes qui ont eu pour effet de le faire redescendre en donnant les signes de la plus grande satisfaction et en s'écriant : « Aoh ! joli, joli ! je voa très bien, je remonté moa ! » Il est en effet remonté avec ses deux compagnons, au grand amusement du détachement du 39e qui se trouvait là ! Je rencontre aussi de temps en temps deux amazones anglaises, qui ont bien chacune cinq pieds, cinq pouces, et qui sont gantées et soignées comme si elles sortaient d'un hôtel de la rue de Rivoli. Je suis très intrigué de savoir en quel endroit du camp anglais elles peuvent trouver ce confort, car ces pauvres Anglais sont joliment mal installés, grâce à la maladresse de leurs soldats ; et le jeune duc de Saxe-Weimar, qui sert comme capitaine dans les Gardes, est plus misérablement nourri et logé que le plus chétif officier français. Mais ils sont tous d'une insouciance extraordinaire. Le général compare toujours leurs tranchées à des rigoles d'irrigation. Le fait est qu'elles ne les couvrent guère plus haut que la ceinture. Ils ont d'ailleurs l'excellente habitude de passer toujours en dehors, parce qu'ils trouvent que le terrain est plus sec. Omer-Pacha est venu ici, au quartier général, il y a une douzaine de jours, et il est reparti pour Varna accélérer l'embarquement de ses troupes.....

. . . .

Devant Sébastopol, 18 janvier 1855.

. . . .

Nous avons ici depuis une quinzaine de jours un temps sec qui est bien préférable. Les baraques ne sont pas encore arrivées, mais tous les journaux les annoncent. Les tentes turques sont du reste très bonnes et complètement imperméables. En somme, pour les officiers l'existence est très supportable, surtout pour ceux qui, comme moi, étant la doublure d'un officier général ne sont ni plus mal ni mieux traités que lui. Mais, pour les officiers d'infanterie qui montent la garde de tranchée dans les longues nuits d'hiver actuelles, la situation est tout autre et ils souffrent autant que le soldat, à part la nourriture et l'installation meilleures qu'ils trouvent en revenant sous leurs tentes. Aussi le général Canrobert commence à user largement de ses prérogatives impériales ; et c'est justice de ne pas marchander les récompenses à ceux qui font un aussi rude service.

Le plus petit de mes « recrues » de Saint-Cyr, celui à qui on avait été obligé de donner un fusil de dragon et qui était notre pupille à nous deux, Fain, vient d'être décoré ; ce qui m'a fait le plus grand plaisir. Il commandait comme sous-lieutenant une compagnie de voltigeurs du 46e, qui est tombée sur le flanc des Russes à une des dernières sorties et les a complètement bousculés. Comme il a une frimousse de garde mobile et l'air d'avoir seize à dix-sept ans, tout le monde le choie, et le général Canrobert lui a donné, à déjeuner, une belle paire de bottes turques, qu'il est venu me montrer en sortant et qui arrivaient, à ce qu'il paraît, fort à propos.....

———

Devant Sébastopol, 22 janvier 1855.

. . . .

Jusqu'à présent, rien n'est en effet changé dans ma position, et la fin de mon stage d'infanterie approche beaucoup. J'ai su, il y a quelque temps, que plusieurs de mes camarades de l'armée d'Orient avaient demandé des régiments de cavalerie, ce que je ne croyais pas possible. J'ai préféré ne faire aucune demande et accepter tout simplement la place où on m'enverrait. Par conséquent, je m'en rapporte complètement au ministre, je veux dire à la Providence, d'autant plus que les demandes de ce genre ne sont pas officielles, mais officieuses. Les quatre régiments de cavalerie qui étaient à Andrinople viennent à Constantinople ; ce dont je ne suis pas fâché, car la route d'Andrinople eût été assez ennuyeuse à faire seul. La 9e division va aussi, à ce qu'il paraît, attendre le printemps à Constantinople, et je crois qu'on a raison de l'y laisser, car les nouveaux régiments qui arrivent ici fondent comme la neige. Il faut avouer aussi que le début est un peu rude pour de jeunes troupes qui n'ont jamais bivouaqué ; mais les vieux soldats résistent bien. Le moral de l'armée, dont vous me demandez des nouvelles, est excellent, surtout chez les soldats, qui réfléchissent moins et qui sont admirables d'entrain, de patience et d'industrie. Il est certainement difficile de trouver un service plus rude que celui de l'infanterie du corps de siège dans ce moment-ci. Soldats et officiers sont deux jours sous leurs tentes et un jour à la tranchée. Sur ces deux jours sont prélevées encore douze heures de travail, qui souvent se font de nuit. Enfin, le reste du temps est employé par les soldats à aller à deux lieues du camp déterrer à coups de pioche des racines de vigne, pour faire du feu ; car le bois manque de notre côté et je vous assure que le plateau de Chersonèse ne contiendra à la fin de l'hiver pas un brin de bois de la grandeur d'une allumette. De plus, il leur faut aller chercher, toujours sur leur dos et par tous les temps, leurs vivres de toute nature. Eh bien, ils vont toujours de bon cœur. Les hommes de la classe qui a fini son temps au 1er janvier et qui sont retenus ici donnent l'exemple. Cependant, comme ils commencent à trouver, les uns et les autres, que c'est un peu long, ils ne demandent qu'une chose : c'est qu'on les lance sur la ville ; mais cela ne se fera pas encore tout de suite. On attend décidément le mois de mars.

Quand je compare le service que je fais avec celui que font tous ces braves gens, qui, pour la plupart, sont là par le seul fait du sort, qui n'ont aussi généralement chance d'obtenir une récompense qu'en échange d'un bras et d'une jambe et qui, au bout de leurs sept années, s'en iront seulement avec quelques infirmités de plus, vous devez comprendre que j'apprendrais la patience, si j'avais plus besoin d'en avoir.

La brigade du général se compose des 20e et 22e régiments légers (actuellement 95e et 97e). C'est, dit-on, la meilleure brigade de l'armée de siège. Aussi a-t-elle le privilège de fournir un peu plus de monde et d'occuper constamment le poste le plus avancé, situé au fond d'un ravin qui sépare l'attaque anglaise de l'attaque française. Les 39e, 46e, 74e et 5e léger se sont aussi fait une réputation pour des affaires heureuses ; ils occupent constamment la troisième parallèle. Mon service à moi est extrêmement peu de chose. Il consiste à aller, le matin à 10 heures, à cheval, au rapport du général de division et à monter la garde tous les six jours, avec le général, au Cloche-ton ; c'est une vraie garde de France, avec une petite chambre et du feu.....

Devant Sébastopol, 29 janvier 1855.

..... Le général Niel est arrivé avant-hier, d'autant plus
à propos que le général Tripier, commandant en second du
génie, s'était cassé la jambe en descendant de cheval. Peut-être
le siège va-t-il recevoir une impulsion plus vive, quoiqu'il faudra bien toujours qu'on attende les Anglais, qui sont très en
retard.

La formation des corps d'armée va avoir lieu au premier jour.
La division dont je fais partie momentanément va recevoir
pour général de division le général de Mayran, le prince étant
enfin parti. Le général Camou prendra le commandement
de la division Bosquet. Le général Pélissier n'est pas encore
arrivé ; il amène son chef d'état-major, le général Rivet. Il va y
avoir à constituer trois états-majors de corps d'armée, mais
cela n'aura pas d'influence directe sur nous autres, malheureux
lieutenants, parce que, pour les armes spéciales, où l'avancement a lieu sur toute l'arme, le travail ne se fait pas ici et ne
s'est même fait jusqu'à présent nulle part, le général Canrobert
comptant sur le ministre et le ministre sur le général Canrobert.

Enfin on est arrivé à ce résultat assez bizarre que les lieutenants d'artillerie qui sont ici ne sont pas nommés, tandis que
leurs camarades, qui sont restés en France, le sont depuis deux
mois. Quant à l'infanterie, qui du reste le mérite bien, l'a-
vancement y est tel en ce moment-ci que, dans beaucoup de
corps, on ne trouve pas un nombre suffisant d'officiers *consen-
tant* à passer dans la Garde.

Le colonel des zouaves de la Garde sera le colonel de Lava-
rande, du 1er zouaves. A propos de zouaves, les derniers journaux nous ont apporté la plus jolie de toutes les anecdotes
qu'on fabrique en France sur leur compte. Si vous ne l'avez

pas lue, je vous la recommande, c'est celle qui commence ainsi : Chaque zouave a un chat, etc. La conclusion est que le chat attrape les souris et les sert toutes rôties à son maître. On fait beaucoup enrager les zouaves avec cette histoire. Le trait du zouave déguisé en cochon et enlevant un Russe à la Quarantaine est assez joli.

Je crois vous avoir promis de vous raconter la façon tragicomique dont j'avais fait connaissance avec le capitaine Goetzman, dont vous m'avez parlé. Je revenais un matin du Clocheton avec le général de Failly, qui avait été de service la veille ; il me prie d'aller avec un hussard chercher le rapport du capitaine de la compagnie de volontaires qui avait été de service pendant la nuit, et qui avait eu une affaire assez malheureuse. Ce rapport aurait dû lui être remis déjà depuis une heure. J'arrive, en caracolant avec mon hussard, dans le camp des volontaires et demande le capitaine. On me répond qu'il est parti pour Kamiesch ; puis, après quelques explications, on m'assure qu'il a dû laisser le papier au fourrier. Je me fais conduire à la tente du fourrier et le fais appeler. Ce fourrier sort, sous la forme d'un jeune homme barbu, avec un béret et un paletot de matelot, avec des sabots. Je réclame mon papier ; ledit fourrier répond d'un air d'assez mauvaise humeur qu'il n'a rien pour le général de Failly. Je répète que je viens de la part du général, etc. On réplique avec une mauvaise humeur encore plus prononcée que la chose ne regarde pas le général de tranchée, mais le général commandant le siège. Afin que vous ne vous figuriez pas que nous sommes tous ici des bouledogues, il faut vous dire que le froid et le grand vent rendent peu patients dans les entretiens en plein air, surtout quand on a passé une mauvaise nuit. Je sors donc de mon caractère et, irrité des mauvaises façons de mon inférieur, je m'écrie, toujours suivi de mon hussard : « Qu'est-ce que vous me chantez ? » etc. Le prétendu fourrier devient tout rouge, et : « Monsieur, je ne chante pas, je parle ; comment vous nommez-vous ? » Je décline immédiatement mon nom et surtout mes qualités. Sur quoi, mon adversaire change de ton et s'écrie : « Tiens, c'est vous ! ma mère me parle beaucoup de vous et de votre famille. » Moi, je tombe de mon haut, d'autant plus qu'après cette parenthèse nous continuâmes à nous disputer comme des coqs, jusqu'à ce qu'un de mes camarades, qui est aux volontaires, arrive et nous fait comprendre que nous avons raison ou plutôt tort tous les deux. Nous nous séparons donc très bons amis, et je n'apprends qu'après l'avoir quitté que le prétendu matelot-fourrier était le capitaine Goetzman, commandant les trois compagnies de volontaires. Je l'ai revu, depuis, deux ou trois fois et nous avons été très aimables tous les deux. Il va, je crois, passer dans les zouaves de la Garde ; c'est un officier très estimé.....

<hr />

2 février 1855.

..... Il n'y a rien de nouveau dans notre position générale, ni dans ma position particulière. Cependant, je me trompe sur ce dernier point. L'officier d'ordonnance du général, qui est un lieutenant du 18e léger, est revenu, il y a cinq ou six jours, de Constantinople, où il était malade. Depuis son retour, je suis par conséquent deux fois moins occupé ou plutôt deux fois plus libre, car la principale occupation ici est d'attendre au camp les événements et les innombrables notes à communiquer de l'état-major.

Nous avons pour général de division le général Mayran, au lieu du général Camou, qui passe à la 2e division. Nous ferons probablement partie du 2e corps (général Bosquet).

Les voltigeurs de la Garde sont arrivés, il y a quatre ou cinq jours. Ils commencent déjà à se détériorer un peu (je parle de l'uniforme, bien entendu). Je rêvais depuis longtemps de l'arrivée de la Garde. Maintenant, je rêve de celle des 15 000 Piémontais, auxquels malheureusement je ne puis trop croire.....

..... J'ai chipé l'autre jour un autographe du général Canrobert, compliqué d'un autographe du général Forey. Quand je dis autographe, le mot est un peu ambitieux, mais peut-être se justifiera-t-il.....

Devant Sébastopol, 5 février 1855.

..... Quant à nous, à part quelques mauvais jours, nous avons un hiver assez clément et qui paraitrait certainement doux, si on le passait dans une ville. Pour les soldats, qui en passent une bonne partie à la belle étoile, il est, vous le convenez, plus rude. Cependant, à part les conscrits, tout le monde va bien, et le moral surtout est on ne peut meilleur.

Pour moi, qui suis abrité sous une bonne tente et qui, lorsque je suis exposé au froid, suis en mouvement et bien couvert, je me porte à merveille et n'ai pas encore eu la moindre indisposition, pas même le plus léger mal de dents. Le général va très bien aussi. Ma position près de lui est toujours la même, seulement, comme je vous l'ai dit dans ma dernière lettre, nous sommes deux maintenant, mais je reste l'aide de camp en chef. Mon collègue est du reste arrivé à propos, car la besogne vient de s'accroître. Le général de Mayran, notre nouveau général de division, ayant rejoint la 1re brigade à Inkerman, nous nous trouvons, en notre qualité de brigade isolée, former division. Je suis donc devenu la moitié d'un chef d'état-major. Cela me procure l'agrément d'aller maintenant tous les matins au rapport du général Forey, qui commande le corps de siège, avec les chefs d'état-major et les chefs de service des quatre divisions qui composent le corps.

. . . .

Quant à l'aide de camp qui s'est blessé, il sera, après sa guérison, ce qu'il était avant, c'est-à-dire disponible.....

Quant à ce qui est de nos uniformes actuels, ils ont tous disparu sous l'uniforme-capote à capuchon qui recouvre tout : petits et grands, cavaliers et fantassins, la Garde même, l'adoptent.....

..... A propos d'uniforme, n'oubliez pas de m'envoyer la description de celui d'une demoiselle de 1750 à 1780 ; un uniforme de demoiselle qui a duré trente ans doit être une rareté, et j'en fais mon compliment à celle qui l'a choisi.....

———

Devant Sébastopol, 9 février.

. . . .

Il est décidé qu'on va entreprendre de grands travaux d'attaque à la droite des attaques anglaises : on battra de concert avec eux la tour Malakof. La chose est depuis longtemps en projet, mais elle est, depuis deux ou trois jours, officielle. Les 3e et 7e avec des détachements des 2e et 1er en seront chargés. Le général Bosquet, commandant le 2e corps, commandera ce nouveau siège. Cette nouvelle destination entraînera très probablement le départ de la brigade du général pour son nouveau camp, d'ici à deux ou trois jours.

Ce nouveau travail semble prouver qu'il ne faut pas compter sur l'assaut avant un mois ou six semaines, car il présente des difficultés qui ne le cèdent pas aux premières.

Ma brigade à moi (20e et 27e de ligne) reste toujours à Balaklava pour couvrir ce point. J'irai probablement la rejoindre bientôt.

La Garde impériale est arrivée depuis une dizaine de jours, mais on l'a laissée à Kamiesch, où on l'emploie d'une façon assez inconvenante, selon moi, à porter des boulets jusqu'à moitié chemin de notre camp. Cette pauvre Garde n'est pas encore prise au sérieux. Les contingents de l'armée d'Orient, qu'on doit y incorporer et qui lui donneront de la vie, sont prêts ; mais on n'a pas encore d'ordre pour l'incorporation.

Nous attendons, ou du moins j'attends, avec impatience, les Piémontais. Les Anglais commencent à se requinquer un peu. Il leur arrive ce qui leur est toujours arrivé : ils sont d'abord beaucoup plus mal que nous, puis avec un peu de patience et beaucoup d'argent ils finissent par être beaucoup mieux. Ils ont déjà maintenant un certain nombre de leurs baraques dressées dans leurs camps. Nous n'en avons pas encore *une seule*. Je parle de celles envoyées de France, car il y a depuis longtemps quelques ambulances, magasins et écuries construits avec des planches achetées à Constantinople.

En tout cas, la conduite de leurs journaux de l'opposition et du *Times* en particulier est ignoble. Il est impossible de parler d'une manière plus propre à détruire le moral de son armée et à remonter celui de l'ennemi, que ce journal ne l'a fait. Je vous l'avoue, je suis joliment absolutiste dans ce genre, en voyant les résultats produits. Si je suis jamais omnipotent, il n'y aura que le *Moniteur* qui pourra donner des nouvelles de l'armée et de la guerre ; les autres auront simplement la permission de reproduire. Vous ne sauriez croire combien de canards et de vanteries ridicules on imprime dans nos journaux. La comparaison de notre *Moniteur de l'armée* à l'*Invalide russe* n'est pas à l'avantage de notre bon sens ni de notre modestie.....

12 février 1855.

..... Hier je suis allé à Balaklava voir mon régiment. J'avais du reste bien mal choisi mon temps, car j'ai eu un temps atroce, tandis qu'aujourd'hui il fait très beau. Rien de nouveau à vous annoncer, si ce n'est que l'organisation des deux corps d'armée a paru hier.

Mon régiment (le 20e de ligne) est de la 2e brigade de la 1re division d'infanterie du 2e corps (général Bosquet), et la brigade du général de Failly est la 2e de la 3e division du 1er corps (général Pélissier).

Le général Pélissier prend le commandement aujourd'hui. Je me réjouis d'aller au rapport tout à l'heure à 8h30m, parce que je ne le connais pas encore et qu'on le dit assez curieux. Le départ de la brigade du général et du général lui-même pour le camp du Moulin devant la tour Malakof est suspendu à cause du mauvais temps; mais, comme le soleil reparait ce matin, le départ ne tardera probablement pas.

Les Piémontais ne sont pas encore arrivés; nous les attendons avec d'autant plus d'impatience que ce doivent être de fameux troupiers pour venir ici en amateurs. Il y a des baraques d'arrivées; on commence, depuis deux ou trois jours, à en transporter pour les ambulances.....

———

Devant Sébastopol, 15 février 1855.

. . . .

Le vent même a cela de bon qu'il a séché le sol qui était passablement détrempé en certains endroits, de sorte que les pro-

menades deviennent et plus promptes et plus agréables. Un des
deux régiments de la brigade du général (le 20ᵉ léger) est parti
ce matin pour son nouveau camp, sur le champ de bataille
d'Inkerman. Le général ne tardera sans doute pas à le suivre,
et son second régiment viendra ensuite l'y trouver. La division Dulac (4ᵉ du 2ᵉ corps) [Bosquet] a fait le même mouvement à la même heure. Cette division et la nôtre, aidées par
des détachements de la 2ᵉ du 2ᵉ corps, vont attaquer la tour
Malakof à la droite des tranchées anglaises, qui se trouveront
ainsi occuper le milieu des travaux français. Comme on est
devenu tant soit peu sceptique, je n'indiquerai aucune durée
probable à ce nouveau travail qui, comme le reste du siège, est
assez en dehors des conditions ordinaires d'un siège, le grand
développement rectiligne des fortifications, la supériorité de
qualité et de quantité des bouches à feu de la place renversant
à peu près les relations ordinaires de l'attaque à la défense. Les
Anglais paraissent en avoir pris à peu près leur parti et se con-
solent facilement en se disant que décidément ils ne sont pas
faits pour remuer la terre. Ils demandent seulement à être
avertis quand tout sera prêt, et alors ils se feront tuer aussi
galamment qu'à l'ordinaire.

L'armée anglaise paraît être encore ce qu'était (avec les dif-
férences du caractère national, bien entendu) notre ancienne
armée, composée de volontaires commandés par des officiers
de naissance. Ce sont de jolis soldats, braves jusqu'à l'absurde,
supportant très franchement et avec beaucoup d'insouciance
tous les risques du métier, mais rechignant très positivement à
tout ce qui est corvée. Là est la grande supériorité de nos fantassins sur les leurs : nos paysans, durs et robustes, se retrouvent
ici dans leur sphère, quand il faut aller en sabots chercher, à
deux lieues, un fagot de bois qu'on est obligé de déterrer sous
la neige. J'avais souvent entendu parler de l'influence morali-
satrice du service militaire et je ne l'avais pas trop comprise,

je l'avoue, en garnison, mais ici elle est pour moi évidente. Cette campagne d'hiver, pénible et sans compensation pour le soldat, exige chez lui un moral à toute épreuve ; ce qui est convention et clinquant dans les idées et les habitudes militaires disparait. L'absence de bénéfices inculque, suivant moi, à l'homme, l'idée du devoir accompli uniquement parce qu'il est un devoir, en même temps que l'apparent hasard des blessures reçues de la tranchée, où le projectile qui vous tue n'est pas adressé plutôt à vous qu'à un autre, fait croire à la Providence jusqu'au fatalisme. Il n'y a pas jusqu'à l'éloignement du pays qui ne pousse au sentiment de la famille ; et c'est incroyable combien les conversations des troupiers de garde chez le général et que j'entends de ma tente, qui est voisine de la leur, roulent à peu près invariablement sur ce thème-là, combiné cependant avec les événements du jour, tels que les difficultés plus ou moins grandes éprouvées dans la confection de la soupe ou les nouvelles véridiques rapportées par un tel qui était de planton chez le général un tel et qui a entendu le capitaine qui disait..... etc.

Le capitaine de Villermont, qui est nommé aide de camp du général, l'attend à son nouveau camp, et il est probable, quoique M. de Failly m'ait offert avec beaucoup de bonté de rester avec lui jusqu'à la fin de mon temps d'infanterie, en m'assurant que, tant que je voudrais rester chez lui, je serais toujours bien reçu, il est probable que j'irai, à l'époque du changement de camp, m'installer à Balaklava pour faire mes adieux au 20ᵉ. Il ne faut pas abuser des meilleures choses, et j'aime mieux rester dans mon droit vis-à-vis de tout le monde, en retournant à mon poste réglementaire dès que je serai relevé dans mon service actuel.....

Balaklava, 22 février 1855.

Depuis ma dernière lettre, le changement dont je vous parlais s'est opéré dans ma position ; je suis revenu au 20ᵉ le samedi 17, le général de Failly étant parti le même jour du camp du 1ᵉʳ corps pour aller à son nouveau bivouac, où son nouvel aide de camp l'attendait depuis trois ou quatre jours. Nous étions de garde de tranchée le 16, et nous avons reçu cet ordre, auquel du reste le général s'attendait, à la maison du Clocheton. J'ai eu la chance dans ma dernière garde de tranchée de voir un parlementaire, cérémonie que je ne connaissais pas encore, quoiqu'elle se renouvelle assez fréquemment. En outre, j'ai parcouru la tranchée avec le général Pélissier, qui la voyait pour la première fois en détail depuis son arrivée. Quant à moi, comme c'était la quinzième ou la seizième fois que je faisais la promenade, je suis parti de là connaissant assez bien mon terrain. Voici comment se fait l'entrevue des parlementaires. Vous avez pu du reste voir déjà ces détails dans les récits publiés par les journaux.

Cette fois, il s'agissait de faire parvenir au général Osten-Sacken, gouverneur de Sébastopol, une lettre du général Canrobert. Cette lettre fut confiée à un aide de camp du général Pélissier, accompagné d'un aide de camp du général Forey, qui devait la présenter. Les parlementaires descendent de cheval à l'entrée des tranchées ; puis, à un endroit désigné pour ces entrevues, un hussard d'escorte élève au-dessus du parapet de la tranchée une lance avec fanion blanc.

Dès que la place aperçoit ce signal, elle hisse au haut d'un mât placé dans une des batteries de la Quarantaine un grand pavillon blanc. Les batteries et les tirailleurs cessent, à ces deux signaux, leur feu de chaque côté.

Le calme s'étant fait, les deux aides de camp (pendant le

mauvais temps on y allait en chapeau à plumes et habit brodé, mais cette fois ils étaient en petite tenue d'Afrique) escaladent le parapet, suivis du hussard porteur de fanion, d'un trompette, d'un interprète, qui est ordinairement un caporal de chasseurs à pied qui a habité la Russie, et de deux soldats armés pris dans la tranchée, le tout dans la meilleure tenue possible, le hussard et le trompette en grande tenue : ce qui doit donner aux Russes une idée assez fausse de nos uniformes actuels; mais je les crois assez malins pour ne pas s'y tromper. Ce petit groupe s'avance jusqu'à la première embuscade russe, laquelle sort alors de son trou, et les trois ou quatre hommes qui la composent se rangent droits comme des piquets devant les parlementaires, qui s'arrêtent vis-à-vis d'eux. On cherche alors à les faire causer, mais ceux-là avaient la leçon faite, car le commandant Cassaigne leur ayant demandé combien ils étaient de chasseurs à pied à l'armée de Crimée, le caporal répondit sans sourciller qu'il y en avait 12 000 dans la place et 15 000 dehors à l'armée du prince Menchikof. Pendant ce temps, les habitants de toutes les embuscades, qui sont très nombreuses, sortent de dessous terre et profitent de cet instant de répit pour se détendre un peu et se réchauffer, car il est dur, par le temps qui court, de rester douze heures dans un trou sans pouvoir ni se lever ni marcher. Aussi ces malheureux courent alors d'un poste à l'autre en tapant des pieds et en se frappant les bras contre la poitrine pour se réchauffer. Au bout de dix à quinze minutes, on aperçoit alors un grand drapeau blanc qui circule derrière les parapets de la place, puis on voit tout d'un coup sortir d'une ouverture masquée dans un rentrant trois cavaliers russes, dont l'un est porteur de ce drapeau. Les trois cavaliers descendent lentement les pentes assez difficiles qui bordent la place, font plusieurs détours, sans doute pour tromper ceux qui cherchent à deviner les chemins les plus accessibles, puis finissent par s'arrêter dans un fond à une cinquantaine de pas du groupe français. Le jour en question, ce fut un jeune officier de marine, en capote grise et en casquette verte, qui descendit de cheval et s'approcha en courant un peu, comme un homme qui sait qu'on l'attend déjà depuis quelque temps et qui veut s'excuser. Il salua très gracieusement à six pas, mais l'entretien ne fut pas long : il reçut la lettre, resalua et remonta à cheval. Puis, dès que chacun fut rentré chez soi, la fusillade et la canonnade recommencèrent de plus belle. Cependant, ce jour-là, comme depuis, le feu de la place fut moins vif que d'habitude. On nous a annoncé aujourd'hui officiellement un bruit qui circulait depuis trois jours. Les Russes auraient attaqué Eupatoria avec une trentaine de mille hommes et soixante-dix canons, et Omer-Pacha les aurait très vigoureusement repoussés.

Nous avons essayé avant-hier une contre-partie de cette affaire. Les différentes divisions du 2ᵉ corps devaient se mettre en marche le lundi gras à minuit et aller surprendre, de l'autre côté de la Tchernaya, les batteries russes qui font beaucoup de mal aux assiégeants de la tour de Malakof. Mais la chose a manqué par suite d'une tourmente de neige qui a commencé au moment où nous allions nous mettre en marche. Les troupes, qui sont parties à l'heure dite, se sont égarées et ne sont rentrées à leur bivouac qu'à 6 heures du matin.

Quant à nous, notre général de brigade avait pris sur lui de ne pas bouger de Balaklava, jugeant impossible de diriger sa colonne au milieu de la tourmente. Mais, à 5ʰ30ᵐ du matin, nous avons appris que nos voisins les Écossais n'avaient pas reçu le contre-ordre et étaient à trois lieues en avant et que même deux de leurs régiments étaient quasi égarés. On a sonné aussitôt la marche de la brigade et nous sommes partis assez précipitamment pour les dégager, si besoin était, mais, quand nous sommes arrivés là, ils n'avaient devant eux que quelques cosaques. Nous sommes alors revenus de compagnie, le mouvement étant contremandé. Il est probable que c'est une affaire complètement manquée, car une surprise ne réussit pas deux fois. Le chemin de fer anglais marche déjà sur une longueur de 1 200 à 1 500 mètres. Vous voyez que ce n'est pas grand'chose, mais c'est un commencement.

J'ai été très sensible à la bonne réception qu'on m'a faite à mon retour au 20ᵉ. Je suis dans les mêmes conditions qu'avant mon départ, je remplis les fonctions d'adjudant-major et je mange à la table du colonel.

. . . .

Balaklava, 25 février 1855.

..... Il y a eu, dans la nuit du 23 au 24, une affaire en avant de la tour Malakof. Nous avons cherché à nous emparer d'une gabionnade, construite de nuit par les Russes en avant de notre première parallèle. Trois colonnes, les deux extrêmes du 2ᵉ zouaves et celle du centre d'infanterie de marine, ont attaqué de nuit cette gabionnade. On s'y est battu à la baïonnette ; mais, après l'avoir enlevée, on n'a pas pu s'y maintenir. Le général de Monet a été blessé, mais n'est pas en danger. Ces troupes appartenaient à la 1ʳᵉ brigade de la 3ᵉ division, dont le général de Failly commande la 1ʳᵉ. Il était en réserve et n'a pas marché. Nous sommes ici très tranquilles.....

Balaklava, 1ᵉʳ mars 1855.

. . . .

Rien de nouveau depuis l'affaire dont je vous ai parlé dans ma dernière lettre. Le général de Monet, qu'on avait dû d'abord

amputer, n'a perdu que deux ou trois doigts et va assez bien.
Le général Osten-Sacken a, m'a-t-on dit, écrit une lettre,
destinée à rassurer sur le sort de nos prisonniers, qui sont
presque tous blessés, et dans laquelle il donne des éloges à la
conduite des zouaves en cette affaire. Mais je ne vous affirme
pas la véracité du fait, quoiqu'il me vienne du général Vinoy.

On a vu ici avec beaucoup de satisfaction la note du *Moniteur,* relative aux indiscrétions des journaux ; mais ils paraissent
généralement croire que la chose ne s'adresse qu'à leurs voisins.
Il est cependant assez curieux de voir les journaux de France
annoncer, en tête de leurs nouvelles, les progrès de la mine
dirigée contre le bastion du Mât, tandis que j'ai vu ici le capitaine du génie, qui la conduit, en faire mystère au général de
tranchée lui-même, au moins en ce qui regardait son état
d'avancement. Il faudrait bien qu'on s'accoutumât en France
à se contenter des renseignements des siens, ou aux publica-
tions du gouvernement, quand on n'est pas personnellement
intéressé dans la question.....

. . . .

Les Anglais sont maintenant mieux installés que nous, et
plus du tiers de leurs régiments sont dans de bonnes baraques
avec des lits de camp, des poêles et du bois qu'on leur amène
de Varna. En outre, ils reçoivent de nouveaux régiments.
Nous commençons aussi à recevoir des chevaux d'artillerie et
des mulets. Nous ne pourrons remuer que lorsque nous les
aurons reçus ; et je crois rester au-dessous de la vérité en disant
que nous ne serons pas très ingambes avant le milieu d'avril.
Du reste, plus l'armée augmente et plus les difficultés de ce
genre grandissent, car il faudra tout emporter avec soi, le pays
étant complètement ruiné. C'est, sous tous les rapports, une
guerre complètement exceptionnelle.....

. . . .

Bivouac de Balaklava, 4 mars 1855.

. . . .

J'ai peu augmenté ma collection cet hiver ; outre que le temps n'y prêtait pas, les tenues de tous les corps se ressemblaient tellement ou étaient si peu élégantes qu'il aurait fallu opter entre le côté dramatique et le côté grotesque, lesquels ne m'allaient ni l'un ni l'autre.

Heureusement, depuis que je suis à Balaklava, les cavaliers anglais commencent à sortir de leurs chrysalides. Nos braves alliés font maintenant des progrès journaliers dans le confort de leur installation et c'est à ne pas savoir où ils s'arrêteront. Loin de faire comme nous, qui probablement trouvons qu'il est trop tard, ils construisent partout de véritables villages de baraques ; le chemin de fer marche grand train ; le moindre troupier se chausse d'une paire de bottes qui montent jusqu'à mi-cuisse. Tous les officiers reçoivent du gouvernement un paletot imperméable doublé en peau de lapin blanc qui fait très bien. Enfin, ils sont sauvés et tellement bien sauvés qu'ils recommencent à se bichonner, à se brosser et à se raser avec un redoublement d'énergie. Les cavaliers ont même repris la fameuse raie de cheveux derrière la tête, qui a été adoptée avec tant de succès par la fashion française.

En attendant, nous continuons à leur faire une route, et, pour ma part, je commence à trouver que nous y mettons de la bonté, car ils trouvent parfaitement, pour porter tout leur confortable, les bras qui leur ont manqué pour porter les boulets et les munitions. Mais ils sont parvenus à persuader à eux et à nous que nous étions chacun dans notre rôle, et tout va bien. Comme nous sommes, comme toujours, pas mal vaniteux, nous nous payons de compliments et, quant à eux, ils trouvent probablement que ce n'est pas cher.

Tout cela ne m'empêche pas de les porter dans mon cœur, comme par le passé. J'ai fait la connaissance d'un médecin de dragons-légers, qui apprend le français avec un fanatisme rare, même chez ses compatriotes. Il a la rage de me présenter à tous ceux qui parlent peu ou pas français, ce qui n'est pas commode pour la facilité de la conversation, mais je soupçonne que c'est là son but; car alors il se met à ma place, parle en mon nom, fait force compliments aux Anglais, toujours en mon nom, et puis me traduit la chose; je n'ai qu'à approuver du bonnet. Mais je lui pardonne tout, parce qu'il m'a donné sa plaque de shako, qui lui était devenue inutile par suite du changement d'uniforme. Maintenant que j'ai mes deux chevaux et mes cantines, je puis en effet ramasser quelques reliques; ce que je regrette de n'avoir pu faire à l'Alma, où elles n'étaient pas rares. J'avais rapporté de la tranchée du 1er février une giberne de grenadier russe tué dans la sortie du 31 janvier au 1er février, mais, comme c'était trop embarrassant, je n'ai conservé que la grenade à triple flamme. Du reste, il va sans dire que je n'avais pas assisté à cette sortie, car le général de tranchée, qui réside au Clocheton, au centre des attaques, avait au moins trois quarts d'heure de chemin à faire pour se rendre sur le terrain où s'est faite celle-là. Quoique le général de Failly l'ait prévue et ait préparé d'avance sa réserve, nous y sommes arrivés, comme toujours, trop tard. Trop tard n'est peut-être pas juste, car la réserve dont il s'agit, et à la tête de laquelle marche le général, n'est destinée qu'à repousser une attaque sérieuse qui suivrait une de ces petites affaires, et le cas ne s'est pas encore présenté. Les sorties qui ont eu lieu jusqu'à présent n'ont jamais duré plus de vingt minutes, et l'incertitude de savoir si elles auront lieu à la droite ou à la gauche ou ailleurs oblige le général de tranchée à se tenir au centre, à égale portée des extrémités. Mais tout cela est maintenant pour moi de l'histoire ancienne, car ici nous n'entendons le canon du siège que de loin, et quand le vent y prête. Aussi nous passons des revues tous les dimanches comme en garnison. Il y a changement total. Tous les soirs, à la fin de la journée, notre camp est traversé par des groupes de terrassiers anglais qui rentrent chez eux, l'habit sur l'épaule. Leurs cuisinières les attendent sur la porte avec des tabliers blancs, les manches retroussées jusqu'au coude et de grands tire-bou- chons de cheveux blonds ou rouges. Ce petit peuple de travailleurs, le bruit des wagons qui roulent sur le chemin de fer, le son des cloches qui sonnent l'heure sur les bâtiments anglais du port, donnent un aspect tout à fait à part à ce coin des camps alliés. On s'y croit tout à fait chez soi, quoiqu'on voie les vedettes des cosaques se dessiner comme des points noirs à l'horizon. Mais ils nous laissent aussi tranquilles que nous les laissons de notre côté, et cela d'autant mieux qu'ils n'ont personne derrière eux jusqu'à présent.....

———

Balaklava, 8 mars 1855.

. . . .

La grosse nouvelle de ces jours-ci, mais que vous avez sue avant nous, c'est la mort de l'empereur Nicolas. Quoiqu'elle ait été plusieurs fois annoncée sans aucun fondement, elle nous a été donnée, cette fois, d'une manière si positive que j'y crois.

Avant-hier 6, à 10 heures du soir, le général Campbell, qui commande les Écossais, campés en avant de nous, est venu annoncer cette nouvelle à notre général de brigade, comme émanant de lord John Russel à Berlin. Il paraitrait que ses Écossais l'ont accueillie par un hurrah. Quant à nos soldats, ils y sont, je crois, assez indifférents et, pour ma part, je trouve qu'ils ont raison. Car bien malin serait celui qui en donnerait les véritables conséquences. Tous les journaux arrivés aujourd'hui, 8, nous parlent du projet de départ de l'Empereur pour la Crimée. J'avoue que j'ai du mal à y croire, d'autant plus que l'à-propos est difficile à obtenir et à calculer quinze jours à l'avance. On parle aussi ici d'une prochaine ouverture du feu, à laquelle je ne crois pas beaucoup non plus.....

. . . .

J'ai vu arriver, il y a trois jours, deux déserteurs, dont un officier polonais. Nous avons pu suivre, depuis notre camp, toutes les phases de leur désertion. Ils se promenaient à cheval avec d'autres officiers d'artillerie russe et en face de nos positions. Ils ont feint, à ce qu'il paraît, de prendre une vedette anglaise pour une vedette russe et ont piqué sur elle. La vedette s'est rabattue sur son poste ; ils l'ont suivie, et leurs camarades sont restés fort ébahis, sans oser les poursuivre. Cependant, comme ils ont demandé à renvoyer leurs chevaux et une longue-vue que l'un d'eux portait, en disant que les chevaux et la lunette appartenaient à d'autres officiers, auxquels ils ne voulaient pas en faire tort, leur histoire a paru un peu louche, et on les surveille de près. Ils apportaient une foule de renseignements et de plans, qui sont précieux, s'ils sont exacts.....

Bivouac de Balaklava, 15 mars.

. . . .

On vient de me gratifier d'une tente du gouvernement pour moi tout seul, ce qui ne m'était pas arrivé depuis Gallipoli ; aussi je me trouve dans la position d'un homme qui, après avoir habité une mansarde, se trouve tout d'un coup possesseur d'un appartement de deux ou trois pièces au premier. Je prends possession aujourd'hui même, et j'ai une table qui ne remue pas, autre avantage. Chez le général de Failly, j'habitais bien une tente turque ; mais elle servait à la fois de bureau et de salle à manger, et tout le monde y était chez soi, excepté moi. Je suis donc, sous ce rapport, mieux partagé ici que là-bas. Je pousse même le luxe jusqu'à avoir une descente de lit faite avec des planches de caisse à biscuit, et un bougeoir, un vrai bougeoir qui remplace avec avantage la douille de baïonnette de mon ordonnance. Autre progrès : vu la température, je me donne le plaisir de coucher dans mes draps, au lieu de me fourrer dans mon sac de peau de mouton ; il faut y avoir passé pour bien apprécier la différence. Enfin, je fais du sybaritisme, ni plus ni moins que si j'étais dans cette bonne ville de Nancy, où les adjoints de M. le maire se déguisent en mousquetaires.....

..... Le costume écossais de M... m'intrigue beaucoup, mais, sans lui faire tort, je doute qu'il vaille les Écossais de cinq pieds six pouces, avec lesquels j'ai été, ce matin, chercher du bois pour faire des gabions. Nous y allons maintenant par régiments, depuis une fausse alerte que nous ont donnée les cosaques, qui ont eu certainement plus peur que nous. Ils se retirent du reste très civilement dès que nous arrivons.

Je ne sais si je vous ai déjà raconté comment ils nous avaient rivé notre clou, il y a environ six semaines. Le pain de munition russe que nous avions trouvé à l'Alma était si noir, qu'un mauvais plaisant eut l'idée de laisser les trois quarts d'un pain de munition français, avec une adresse, à la place que les avant-postes russes vinrent réoccuper après notre rentrée. Le lendemain, en arrivant, on trouva à la même place un petit pain blanc avec un billet écrit en très bon français, dans lequel on nous remerciait très fort de cette attention charitable. On avait trouvé le pain de munition très bon, mais on espérait qu'un peu de pain blanc ne nous serait pas désagréable ; ne fût-ce que pour changer. Je n'y étais pas, mais le fait m'a été certifié par une dizaine d'officiers et entre autres par le chef de bataillon, à qui on avait remis le pain et le billet.

Il y a eu, la nuit dernière, une petite affaire d'embuscade au siège, mais je ne vous en parle pas, ne sachant rien de positif. Les Anglais croient à la paix, parce qu'ils la désirent en général, soit dit sans faire tort à leur bravoure, qui est hors de conteste ; mais, en véritables touristes qu'ils sont, ils connaissent maintenant suffisamment la Crimée.....

————

Balaklava, 22 mars 1855.

. . . .

Je n'ai pas grande confiance dans notre diplomatie, que je ne crois pas à la hauteur de celle des Russes. L'Autriche, qui devait, disait-on, se décider au mois de mars, va continuer à rester dans le *statu quo*, et pendant que ces messieurs les diplomates causeront, dîneront et se reposeront de leurs fatigues, je crois que nos soldats conféreront d'une manière plus claire et plus utile. C'est du moins l'espérance dans laquelle nous vivons, quoique notre situation soit assez singulière et puisse encore se prolonger pas mal de temps. Nous sommes, les Russes et nous, très bien retranchés dans nos positions respectives et désirons, je crois, chacun, qu'il prenne fantaisie à la partie adverse d'attaquer. Je ne sais qui de nous deux perdra le premier patience ; ce qui est sûr, c'est que jusqu'à présent nous n'aurions pu commencer, quand bien même nous l'aurions voulu, parce que nous manquions d'attelages et de moyens de transport. Il paraît qu'ils commencent à arriver, mais, par compensation, presque tout le 2ᵉ corps vient d'être immobilisé par le siège de la tour Malakof, dont je ne vous parle pas, parce que je ne la connais pas *de visu*.

. . . .

A propos de facéties, le *Journal militaire officiel* d'aujour-
d'hui nous en a apporté une qui a été généralementt peu goûtée.
On parlait depuis longtemps d'un changement dans la tenue
de l'infanterie et on s'occupait, par ici, en interrogeant les
soldats sur ce qui leur semblait plus commode, de la botte des
soldats russes ou d'une chaussure analogue à celle des chasseurs de la Garde, lorsque, aujourd'hui, nous arrive l'ordonnance qui proclame que les changements reconnus indispensables, après mûr examen, sont l'adoption du collet agrafé et
l'adjonction des jugulaires à écailles au shako, le tout avec
une augmentation de longueur dans le jupon de la tunique.
Ces trois innovations sont, à ce qu'il parait, l'aggravation de
trois défauts qu'on reprochait à la tenue actuelle de France :
coiffure trop lourde, col trop peu commode et tunique un peu
longue. On ne pouvait donc mieux réussir, aussi l'inventeur
a eu un succès d'estime.....

————

Lundi, 2 avril 1855.

. . . .

Il n'y a rien, je crois, de bien nouveau au siège depuis
l'affaire très meurtrière, mais très glorieuse, dans laquelle le
3e zouaves, le 11e léger, le 7e léger et le 4e bataillon de chasseurs
ont repoussé une colonne russe six ou sept fois plus forte, dont
une partie les a pris par le flanc gauche, la parallèle anglaise
qui est à la gauche de la nôtre étant très mal gardée cette nuit-là.
Je ne sais au juste ce que nous avons perdu, mais à en juger
par les dimensions de la fosse des zouaves, cette affaire a été la
plus sanglante de toutes les sorties déjà tentées par les Russes.
Une grande croix formée en mosaïque avec de petits cailloux
blancs et le numéro du régiment dessiné de même indiquait
l'endroit où ont été enterrés les morts, à propos desquels

s'est reproduite l'espèce de comédie qui a lieu, chaque fois qu'il y a trêve, pour permettre à chacun de rendre les derniers devoirs aux siens. On s'est offert des cigares réciproquement, on s'est demandé des nouvelles et puis bonsoir ! La scène commence, ce me semble, a être un peu usée.

Vous m'avez dit plusieurs fois que l'on était bien curieux en France de connaître l'effet produit ici par la mort de l'empereur Nicolas. Je crois vous avoir dit que nos soldats s'en étaient médiocrement occupés et qu'ils avaient jugé très sensément que cela ne leur donnerait pas une nuit de plus dans leurs lits. A part quelques politiqueurs, je crois qu'il a dû en être à peu près de même chez les officiers. On commence aussi, je crois, à trouver que les fameux diplomates de Vienne n'avancent pas vite en besogne ; ils attendent sans doute que Sébastopol soit pris, mais alors leur concours sera peu nécessaire.....

———

Vendredi saint, 6 avril 1855.

. . . .

Nous tournons à la garnison d'une manière effrayante. Nous avons la retraite en musique deux fois par semaine et on vient de construire un cercle, où les officiers iront lire les journaux ; en outre, on élève des cuisines de compagnies qui sont de véritables maisons. On dirait un camp de Satory. Nos camarades du siège se moquent bien un peu de nous, mais cela n'arrête pas le brave général Vinoy dans sa manie d'embellissements. Nous avons même malheureusement les inconvénients des villes les plus civilisées, puisqu'à l'instant même il vient d'y avoir en bas du camp une quinzaine de soldats anglais blessés par un accident de chemin de fer. Un détachement du 71e écossais revenait du col en wagon ; il paraît qu'en chemin de fer comme à cheval ils sont toujours un peu casse-cou. En outre, ils n'ont pas su, dit-on, se servir des freins. Bref, grâce à la vitesse indéfiniment accélérée produite par la pente, quelques wagons chargés de soldats ont déraillé et se sont renversés en arrivant au bas. On a transporté les blessés à notre ambulance, où je viens de prévenir nos docteurs d'aller les soigner.

Rien, je crois, de nouveau au siège. L'événement du moment, c'est l'arrivée à Kamiesch d'une forte partie de l'armée d'Omer-Pacha, que nos vapeurs sont allés chercher à Eupatoria. Quelques mille hommes ont été déjà débarqués aujourd'hui. Je ne saurais vous dire dans quel but on les amène ici. S'il faut ajouter aux Turcs les Piémontais des gardes, la division Herbillon et les détachements de l'armée anglaise des Indes, qu'on attend tous les jours, nous verrons arriver, ce mois-ci, des forces considérables qui, il faut l'espérer, hâteront un peu la conclusion de la grosse affaire ou du moins lui feront faire quelques progrès.

..... Vous comprendrez peut-être mieux que M. Bour(¹) que, dans notre position, on trouve assez difficilement le calme nécessaire pour dessiner en amateur. Quant au dessin d'après nature, auquel il paraît tenir tout particulièrement, il est encore plus difficile à un officier, et je pense que ce serait se poser assez maladroitement que de chercher d'après nature des motifs pittoresques dans des scènes qui sont assez graves par elles-mêmes et où surtout on a soi-même un rôle plus sérieux à remplir. C'est une chose, je crois, dont un artiste ne se rend pas bien compte ; et il fait, sans le vouloir, un peu confusion avec les épisodes de petite guerre d'un camp de plaisance.

Quant aux installations de camp, rien n'est plus simple et plus uniforme.

---

1. Artiste-peintre, auteur du portrait reproduit en tête de ce volume.

Lundi, 9 avril 1855.

..... Toutefois, ceci n'est rien en comparaison du mauvais temps de l'hiver. Seulement, tout le monde ici est très contrarié, parce que le feu de nos batteries, qui s'est ouvert le matin sur toute la ligne, doit en être considérablement gêné, par suite de la difficulté de voir à une certaine distance. Notre éloignement du siège fait que je ne puis vous donner aucune nouvelle des résultats de cette première journée. Tout ce qu'on peut dire, c'est que nos batteries sont très belles et beaucoup mieux construites que celles du commencement du siège.

Dix à douze mille Turcs sont arrivés d'Eupatoria et sont campés à Kamiesch. J'ai été les voir samedi, il n'y avait encore qu'une division de six mille hommes. Ils ont assez bonne mine et paraissent meilleurs que ceux que nous avons ici.

. . . .

On a dit que les Piémontais s'embarquent dans ce moment-ci ; j'ai donc l'espérance de les voir dans quinze jours d'ici, je vous en donnerai des nouvelles.

Nous avons célébré hier la fête de Pâques, en mangeant un fort beau dindon farci de marrons. Le colonel, qui aime bien ce qui est bon, s'occupe beaucoup plus de son poulailler que le général de Failly, qui ne s'en occupait pas du tout. La grande occupation du moment, c'est d'amener nos poules à pondre des œufs. On leur fabrique des nids de tous côtés, mais il faut encore que lesdits nids ne soient pas trop à portée des allants et venants, parce que les œufs s'envoleraient tout seuls.

Je continue, malgré ces bons exemples, à être aussi inutile sous ce rapport, de même que sous celui du whist, auquel le docteur et moi nous n'avons décidément pas voulu mordre.....

Vendredi, 13 avril 1855.

..... J'ai été assez surpris de voir sur le dernier *Moniteur de l'armée* (du 26 mars) tous mes camarades de promotion placés dans la cavalerie, à l'exclusion de trois, au nombre desquels je figure. Des deux autres, l'un était ici au 39ᵉ de ligne, mais est parti en convalescence; l'autre y est arrivé, il y a environ trois mois. Je ne sais que penser de cette exception, qui me contrarie un peu parce qu'elle me laisse dans un provisoire d'où j'espérais sortir. Il faut avouer que je ne suis point heureux ni appuyé au ministère de la guerre, puisqu'on m'y oublie toujours. Quelques personnes prétendent que pour obtenir même un droit, il faut ne cesser de demander. Je serais presque tenté de le croire; mais je suis trop loin pour aller, cette fois, plaider ma cause au ministère..... J'ai appris aussi par les derniers journaux qu'on augmentait les cadres du corps. Voilà par conséquent une cinquantaine de places de capitaine vacantes. Nous ne sommes que dix y ayant droit; mais je crois que nous n'en sommes pas beaucoup plus avancés pour cela.

Je vous ai dit dans ma dernière lettre qu'on avait ouvert le feu; il continua depuis ce moment-là, mais sans résultat décisif de part ni d'autre. Le général Bizot, qui commande le génie, a été blessé d'une balle à la tête et va mieux aujourd'hui.

J'ai été régalé aujourd'hui d'un spectacle qui m'a fait prendre patience en attendant l'arrivée des Piémontais.

Omer-Pacha est venu camper à notre gauche avec seize bataillons de l'armée turque et deux batteries d'artillerie. Parmi ces seize bataillons, il y a un bataillon de chasseurs à pied organisés et armés à la française, qui sont bien et tout à fait différents des Turcs que nous avons vus jusqu'à présent. Les autres bataillons aussi ont la physionomie de troupiers qui n'en sont pas à leur premier bivouac.

On vient de m'appeler, au moment où je vous écrivais, pour me montrer une longue file de feux que les Russes allument en face de nous, sans doute pour saluer l'arrivée des Turcs, car ces feux sont trop gros et trop continus pour être des feux de cuisine; c'est une tromperie ou une fanfaronnade.

Les Turcs ont été plus modestes, car il n'y a pas une demi-heure qu'ils ont fait le petit charivari qui leur sert de retraite, et on ne voit déjà plus de lumière chez eux.

. . . .

A propos de parleurs, les soldats, qui sont plus au courant de la politique qu'on ne pense, mais qui l'arrangent à leur manière, disent, en entendant le tapage étourdissant dont on nous régale depuis quelques jours, que c'est le troisième point qu'on discute; pour peu qu'ils y mettent la même vivacité à Vienne, ils pourraient bien se prendre aux cheveux. Autre nouvelle : je crois vous avoir, dans ma dernière lettre, fait la pompeuse énumération de notre basse-cour. Trop parler nuit; nous sommes obligés de manger maintenant au moins une volaille par jour. Je ne sais quelle maladie est venue fondre sur la gent emplumée, mais le docteur prétend qu'il n'y a qu'un moyen de les sauver, c'est de les tuer... et de les manger.....

―――――

Balaklava, 16 avril 1855.

. . . .

Le feu continue, mais sans résultats sensibles du côté du 2ᵉ corps. Il paraît que le 1ᵉʳ corps a enlevé plusieurs embuscades russes, et on a pu, en les reliant à nos travaux, en faire une espèce de quatrième parallèle, dont la proximité et la position inquiètent les Russes, à en juger du moins par l'acharnement avec lequel ils ont cherché à reprendre le terrain perdu. Je ne vous donne ces bruits que sous toutes ré-serves, car je suis un peu comme saint Thomas ; mais cependant c'est probablement vrai.

De notre côté, l'événement pour moi, après l'arrivée de l'armée turque, c'est celle des hussards anglais de l'armée des Indes, qui ont débarqué ce matin. Malheureusement je suis de semaine, c'est-à-dire cloué au camp, dont je suis pendant huit jours la cheville ouvrière. Cependant, j'ai fini par trouver un moment propice et j'ai poussé un temps de galop jusqu'à leur camp. Mais j'ai été un peu désappointé, car, à l'exception des chevaux, qui sont des étalons arabes, ils ressemblent beaucoup aux autres.

. . . .

Je n'ai rien appris de nouveau touchant mon omission dans la liste des lieutenants passés dans la cavalerie. Si le courrier, qui devrait arriver aujourd'hui, ne contient rien à cet égard, je me déciderai à écrire directement au ministre à ce sujet ; c'est au moins le conseil que tout le monde me donne.

Notre général de brigade, qui est un général-constructeur, nous fait faire ici des établissements qui feraient croire à un séjour de dix ans : on fait des cuisines en pierres, on plante des jardins, voire même des groseilliers. On bâtit une baraque qui servira de cercle aux officiers de la brigade qui, à cet effet, se sont abonnés en commun à tous les journaux de Paris connus.....

———

20 avril 1855.

..... Le feu ne parait pas avoir eu un résultat bien décisif ; et la chose, je crois, la plus importante est la prise de possession d'une quatrième parallèle qui remonte à une dizaine de jours. Les Russes le sentent bien, car ils ont déjà dirigé sur ce point plusieurs sorties vigoureuses, dont une encore dans la nuit d'avant-hier, qui a été repoussée comme toutes les autres. Les grenadiers de la Garde y ont reçu leur baptême du feu, en perdant une vingtaine d'hommes.

Pour nous, ici, nous avons eu, hier 19, un petit divertissement militaire consistant dans une reconnaissance faite par Omer-Pacha, à la tête de onze bataillons égyptiens et turcs, de la plus grande partie de la cavalerie et de l'artillerie à cheval des trois armées. Omer-Pacha avait demandé que notre brigade l'accompagnât ; mais on ne l'a pas jugé convenable et, comme terme moyen, on a envoyé notre régiment à mi-côte en manière de réserve. De là nous avons pu voir, quoique d'un peu loin, les mouvements de la cavalerie dans la plaine.

Du reste, je crois qu'on ne s'est fait de mal d'aucun côté, malgré quelques fusées et obus lancés par nous sur des avant-postes de cosaques, qui se sont retirés avec empressement pour revenir à leur poste, dès que nous l'avons quitté. En somme, nous continuons à être dans l'expectative.

Pour nous faire prendre patience, est enfin arrivée une partie des dons nationaux, consistant en malaga, cognac et saucisson. Je ne parle pas de vingt-cinq cigares que j'ai déjà reçus, mais auxquels, à part l'attention, j'avais été peu sensible. Nos soldats ont une portion appréciable de saucisson, ce qui les réjouit fort et ce qui prouve qu'on en a envoyé une fameuse quantité. Quant à nous, nous nous offrons un petit verre de malaga, au dessert, à la santé de la comtesse de G*** et autres donateurs.

Le général de Failly a été plus favorisé et a reçu, d'une anonyme, une caisse renfermant deux ou trois déjeuners complets de chez Chevet et une centaine de cigares de la Civette. J'ai manqué en avoir une part, mais je n'ai pas eu le nez assez fin et je me suis régalé en place de quelques bataillons turcs qui ont continué d'arriver tous ces jours-ci. Un régiment de hussards anglais de l'armée des Indes est aussi arrivé et des lanciers de la même armée sont dans le port. J'ai hâte de n'être plus de semaine. Du reste, il faut bien ces arrivages pour me consoler de ma déconvenue à l'endroit des Piémontais qui s'arrêtent, dit-on, à Constantinople avec l'armée de réserve. Je trouve cela très mal de leur part.....

Balaklava, 28 avril 1855.

En dépit du siège, nous sommes dans le calme plat le plus complet et, quand le vent nous empêche d'entendre les coups de canon, le temps est si beau et notre camp verdit si bien qu'on peut se faire un instant illusion et s'abandonner aux charmes de la belle saison. En outre, je ne suis plus de semaine et, comme je ne suis plus du régiment que par erreur, le colonel me laisse à peu près libre, de sorte que je trotte toute la journée ; ce qui est fort agréable. Hier, j'ai été demander à déjeuner au général de Failly, qui m'a reçu fort affectueusement, comme toujours, ce qui ne m'empêche pas d'y être toujours sensible. Je l'ai trouvé, avec grand plaisir, toujours aussi bien portant et même toujours de bonne humeur, malgré les préoccupations qu'il peut et doit avoir. J'ai vu en revenant le général Canrobert passer la revue des Égyptiens, qui l'ont régalé de l'air de la *Parisienne ;* ce en quoi ils sont fort excusables puisqu'un régiment anglais, en débarquant la semaine dernière, a commis devant notre camp le même anachronisme.

Quant aux Turcs, ils sont plus avancés et j'ai entendu aujourd'hui la musique de celui de leurs régiments qui est le plus rapproché de nous, jouer : *Partant pour la Syrie.* Malheureusement, j'ai perdu Omer-Pacha, qui est retourné à Eupatoria avec trois régiments, deux bataillons de chasseurs et deux batteries. On dit que les Russes avaient fait un mouvement de ce côté; mais je ne vous donne ce bruit que sous toutes réserves, parce que le fait dont on le déduit, c'est-à-dire la rentrée d'Omer-Pacha à Eupatoria, n'est pas même sûr pour nous. Ce que je puis affirmer seulement, c'est que lui et les troupes que je viens de mentionner se sont embarqués à Kamiesch.

Le général Canrobert a passé hier en revue le 2e corps, et aujourd'hui le 1er. Il aurait promis, à ce qu'on dit, de nous faire entrer sous quinze jours dans Sébastopol, par la porte ou par la fenêtre, en ajoutant que, dans le même délai, nous serons ici 80 000 hommes de plus. Il va sans dire que je réponds encore moins de ce bruit que du précédent, car je ne l'ai pas entendu, et les 80 000 hommes sont impossibles à forger, à moins qu'on ne compte les 50 000 Turcs d'Eupatoria.

Enfin, nous verrons bien; en attendant, tout le monde reprend, quoiqu'on ait éprouvé des pertes bien douloureuses, surtout dans le siège de gauche, fait par le 1er corps. Le soldat est entretenu dans sa confiance par tous ces canards et il ira bien, j'en ai la conviction. Avec cela et Dieu aidant, nous finirons peut-être par en sortir ou par y entrer, si vous aimez mieux.

En tout cas, pour ma part, je promets de ne pas recommencer, c'est-à-dire de ne jamais faire de siège, quand je serai général en chef. Je préfère autre chose et je crois que le général Canrobert et pas mal d'autres sont de mon avis. Ce n'est cependant pas que nous en souffrions pour notre part, car nous sommes parfois honteux de notre tranquillité ici. Nous nous sommes construit un cercle, où nous recevons les journaux en commun, et un pâtissier italien vient de s'établir à côté, à la grande jubilation des gourmands.....

Balaklava, 4 mai 1855.

. . . .

J'allais écrire ma formule habituelle : « Du reste, rien de nouveau. » Mais cependant il faut mentionner le succès le plus sensible que nous ayons obtenu depuis le commencement du siège. Je veux parler de la prise de neuf petits mortiers et surtout d'une ligne d'embuscades russes, dont la possession nous est, à ce qu'il paraît, très avantageuse. Ce succès, dû à l'énergie des troupes du 1er corps et du général Pélissier, nous a malheureusement coûté cher, surtout en officiers. Mais enfin c'est un succès qui promet.

Il y a aussi autre chose sous roche, car, hier et avant-hier, on a embarqué trois bataillons écossais, une batterie anglaise et, dit-on, onze bataillons français, destinés à une expédition sur un point du littoral qu'on n'a point fait connaître. Mon régiment n'en est pas, chaque division ne fournissant qu'un régiment et le sort ou le choix étant tombé sur le régiment de zouaves de la division. Nous en sommes un peu étonnés, parce qu'en notre qualité de corps d'élite nous nous attendions à être de la première expédition ; mais ce ne sera pas pour cette fois, du moins.

. . . .

Nous mangeons du turbot de la mer Noire, lequel, comme vous le savez, était fort apprécié des gourmets romains. C'est une drôle de bête qui ressemble à une raie, mais qui a le corps de face et la tête de profil.

. . . .

Il y a à Balaklava un photographe anglais qui fait, à ce qu'il paraît, de fort jolis dessins. On commence à voir arriver des recrues anglaises avec les nouveaux uniformes qui, s'ils ont gagné en commodité, ont beaucoup perdu en brillant et même en élégance.

Fusiliers Écossais - Crimée
École de B.on Du 8 mai 1855.

Les officiers anglais, qui sont beaucoup plus farauds que nous, prétendent qu'ils ne plaisent pas à la Reine et espèrent qu'ils ne tiendront pas. Je m'associe de grand cœur à leur espoir, car j'y perds.....

Balaklava, 7 mai 1855.

..... Je crois vous avoir dit, dans ma dernière lettre, qu'on avait embarqué quelques troupes anglaises et françaises pour une expédition dont on cachait le but. Elles viennent, dit-on, de rentrer à Balaklava et Kamiesch, par suite d'un contre-ordre qui leur est arrivé au moment où leurs préparatifs de débarquement étaient déjà faits.

. . . .

Quant à nos nouvelles, à nous en particulier, il y en a une très importante pour le camp, c'est l'ouverture de la baraque du pâtissier, qui a eu lieu aujourd'hui. Malheureusement, cette inauguration a été un peu prématurée. On n'a pu goûter que des gâteaux qui provenaient je ne sais d'où, mais qui certainement doivent, à mon avis, avoir eu le temps de venir de Marseille dans un bateau à voile. Heureusement que nous sommes habitués au biscuit et qu'on pouvait encore les trouver relativement tendres.

Quand je dis que nous sommes habitués au biscuit, je calomnie cependant un peu et même beaucoup l'administration. Car, depuis le commencement de l'hiver, les officiers ont presque toujours eu du pain et, depuis trois semaines surtout, on nous gratifie d'un pain de munition, dit pain d'officier, qui me paraît à peu près ce qu'on appelle chez nous le pain bis et qui est très bon.

. . . .

Notre cercle est fort admiré par les visiteurs des autres divisions, quoique, chose assez remarquable, on commence main-

tenant à s'installer partout absolument comme si on voulait y
rester indéfiniment. La 3ᵉ division a maintenant sa petite salle
de spectacle, où on joue le vaudeville ; et les tentes de tous
les gens industrieux (je n'en suis pas) s'entourent de jardins,
où poussent des rosiers ou plus généralement des haricots, de
la salade, des radis et même des pommes de terre, pour les
horticulteurs fanatiques et malheureux qui n'ont pu se procurer
d'autres semences.

La popote a failli dernièrement se brouiller avec celle du
général parce que nos poules ont eu l'indélicatesse d'aller lui
manger ses plants de salade, et il leur avait voué, lui et ses
gens, une guerre d'extermination. Mais hélas ! la maladie s'est
chargée de le venger trop cruellement, en ravageant tout notre
poulailler, malgré les soins éclairés du médecin-major, qui prétendait les sauver, en les saignant au bec avec un vieux clou.....

———

Lundi, 14 mai 1855.

. . . .

Les Piémontais ont commencé à débarquer aujourd'hui, et,
comme je ne me trouvais pas de service, j'ai pu m'en régaler à
mon aise. Aussi je puis dire, comme dans la chanson, que j'ai
eu *bien de l'agrément*. J'ai vu de toutes les armes. Ce sont de
jolis soldats qui se rapprochent bien plus de nous que les
Anglais. La moitié des soldats et, à ce qu'il m'a paru, tous les
officiers, à très peu d'exceptions près, parlent français ; ce qui
est fort commode et fort agréable pour nous et pour eux aussi.

Ils paraissent du reste très enchantés de cette demi-commu-
nauté d'origine et ont probablement tant lu d'éloges dans les
bavards de journaux au sujet de notre installation et de notre
manière de nous outiller qu'ils sont tout disposés à nous observer et à nous imiter.

C'est à tel point qu'étant allé les voir à pied, j'avais mis une vieille paire de bottes avec mon pantalon ficelé dans les bottes à cause de la boue. Je causais avec une demi-douzaine d'officiers de bersaglieri (chasseurs à pied) et deux ou trois d'entre eux chuchotaient, en parlant de mes bottes : « Voilà une excellente chaussure, voilà une fort bonne méthode de préserver son pantalon. » Ils ont fini par me demander si on en trouvait de semblables, etc. Je ne savais plus où mettre mes bottes, et je m'en suis tiré comme j'ai pu, en prétextant que je n'étais pas fantassin.

Leurs soldats sont de même ; on leur a donné les petites tentes-abris des nôtres. Mais ils ne sont pas encore habitués à s'en servir ; et quoiqu'ils n'aient pas le gousset aussi bien garni que les Anglais, il est probable que les nôtres ne leur ménageront pas les conseils.

Du reste, rien de nouveau au siège. Cette nuit, il y a eu, m'a-t-on dit, une petite sortie repoussée par nous avec avantage. On paraît n'être plus aussi sûr de l'arrivée de l'Empereur, sur lequel on a, dit-on, tiré. Moi, je crois qu'il viendra, parce qu'il change difficilement ses résolutions ; et, en somme, s'il pouvait passer ici quelque temps, je crois que, pour tout ce qui n'est pas le siège, cela aurait un bon résultat, surtout si, comme on le dit, il a aussi obtenu de l'Angleterre le commandement en chef de l'armée anglaise.

En attendant, je ne m'occupe que des Piémontais ; ce qui me suffit amplement.....

_____

Vendredi, 17 mai 1855.

. . . .

..... J'ai visité aujourd'hui, pour la première fois, le monastère de Saint-Georges, situé sur le bord de la mer, à environ

trois quarts d'heure de notre camp et dont vous avez probablement entendu parler. C'est une situation magnifique, et la vue
de tous ces bâtiments intacts avec leurs chapelles, leurs arbres
et leurs jardins, a été pour moi une surprise fort agréable,
habitué que j'étais à ne voir que des ruines partout. Les religieux grecs me paraissent continuer à y vivre fort paisiblement, et ils sont probablement maintenant de beaucoup les
plus heureux et à coup sûr les plus tranquilles de toute la Crimée.

J'avoue cependant que j'ai eu pour ma part un grand plaisir
qu'ils n'ont pas partagé, c'est de voir débarquer le commencement du corps d'armée piémontais. C'est la plus jolie miniature d'armée qu'on puisse voir. Tout le monde ici en est enchanté. Tous les officiers, à de rares exceptions près, et beaucoup de soldats parlent français et nous aiment fort. Les
Anglais eux-mêmes en plaisantent, et un de leurs officiers me
racontait en riant que, leur ayant demandé comment ils trouvaient l'armée anglaise, ils lui avaient répondu : « Oh ! nous
sommes en grande admiration devant les troupes françaises et
leur bonne et pratique manière de s'installer. » Cette union
est certainement une fort bonne chose et aplanira sans doute
les difficultés que présente toujours la réunion de troupes et
de généraux différents. Rien de nouveau du reste : on pense
que l'armée ne sera pas débarquée complètement avant quinze
jours.....

Balaklava, 22 mai 1855.

. . . .

J'allais dire que j'avais une grosse nouvelle à vous annoncer,
mais avec le télégraphe électrique vous la connaissez probablement à l'heure qu'il est, quoiqu'elle soit encore récente. Le

général Canrobert a demandé et obtenu de quitter le commandement de l'armée pour reprendre celui de sa division, qui,
comme vous le savez, est la nôtre. Je ne saurais vous dire les
causes de cette détermination, qui, quoique étrange, fait honneur à ses sentiments de soldat.

Le général Pélissier l'a remplacé, et il est, dit-on, probable
qu'il ne s'endormira pas. Il faut donc espérer que nous aurons
bientôt quelque chose de décisif; ce qui réjouit grandement tout le monde. Les troupes s'embarquent depuis hier
soir pour recommencer, à ce que l'on prétend, l'expédition de
Kertch. D'un autre côté, une quinzaine de mille Turcs nous
sont arrivés d'Eupatoria; l'armée de réserve de Constantinople
est presque entièrement débarquée et les Piémontais arrivent
tous les jours.

Aussi tous nos camps sont fort animés, le temps est très
beau et même chaud pour la saison. Il est très probable que
notre division ne sera plus employée au siège, du moins d'ici à
quelque temps; et c'est aussi un grand sujet de jubilation.

Quant à mon changement, je commence à en prendre mon
parti et, du reste, à cet égard comme à tous les autres, je ne
puis que partager votre confiance dans la Providence. Vous
avez fait, je crois, la seule chose convenable à faire en me laissant l'initiative de cette demande qui ne pouvait être faite que
par moi. A l'heure qu'il est, la réponse aurait eu le temps de
me parvenir, mais on ne se presse pas à ce point dans les bureaux du ministère. En tout cas, je suis très bien où je suis
maintenant. Et quant à la latitude qu'on me laisse et aux
égards qu'on a pour moi, je ne puis que perdre à changer;
aussi je m'habitue à l'idée de ne le faire qu'après la prise de
Sébastopol.

24 mai 1855.

. . . .

J'ai reçu ordre hier de me rendre aujourd'hui à l'état-major de notre division (1re divison, 2e corps) pour y faire momentanément le service, cet état-major se trouvant incomplet. Comme je vous l'ai dit dans ma dernière lettre, le général Canrobert a repris le commandement de la division ; d'un autre côté, le beau temps, peut-être la rareté du fourrage pour la cavalerie, a décidé un mouvement en avant de deux divisions d'infanterie, de la cavalerie et deux parcs d'artillerie. Le général Canrobert prend le commandement de ce petit corps, de sorte que l'état-major de la 1re division devient un peu état-major de corps d'armée ; c'est ce qui, vanité à part, y nécessite ma présence.

Je retrouve là du reste des gens que je connais un peu, puisque j'étais en rapport avec eux quand j'étais chez le général de Failly. Le chef d'état-major est le colonel de Senneville, qui paraît être un homme fort aimable ; il en a du reste la réputation. Je suis donc encore ici dans de très bonnes conditions et aussi bien placé que possible pour suivre d'une manière intéressante et instructive les petites opérations qui pourraient avoir lieu.

. . . .

..... Le temps est magnifique, et tout le monde est dans la joie, à notre petit corps expéditionnaire, car le pays qui est en face de nous jusqu'à la Tchernaïa est d'une si jolie verdure, par opposition à nos vieux bivouacs, dont le terrain est passablement pelé, que c'est à donner envie d'aller s'y asseoir. Les Russes du reste sont, comme vous le savez, de l'autre côté, et il n'y a de ce côté-ci que quelques cosaques qui se retirent avec courtoisie quand une centaine de Turcs se présentent et qui seront certainement aussi polis pour une trentaine de mille hommes.

Il y a eu, ces deux nuits dernières, d'assez chaudes affaires au siège du 1ᵉʳ corps ; mais le résultat qui n'avait pu être obtenu complètement le premier jour a été achevé hier ; seulement, il a été payé fort cher, surtout par les voltigeurs de la Garde.

. . . .

_____

Au camp de Traktir, le 28 mai 1855.

. . . .

Vous aurez reçu à peu près en même temps que nous la nouvelle de la prise de Kertch, qu'on nous a annoncée hier après la messe de la Pentecôte. On peut se consoler maintenant du premier contre-ordre, car il est probable qu'on n'aurait pas mieux réussi. Comme il est possible qu'on bâtisse encore quelque canard sur le petit mouvement que nous avons fait, en voici le récit.

On savait qu'il existait de l'autre côté de la Tchernaïa, c'est-à-dire à 6 ou 7 kilomètres en avant du camp de Balaklava, une redoute russe défendant le pont et 2 000 à 3 000 hommes occupant différents petits camps. On avait espéré pouvoir surprendre et prendre le tout, en voyageant de nuit ; et en tout cas, comme on était résolu, pour gagner du fourrage et de l'eau, à s'établir de ce côté-là, on profita de ce changement de camp pour tenter la surprise en question. Nous partîmes à minuit et à 2ʰ30ᵐ à peu près tout le monde, infanterie, cavalerie et artillerie, était à environ 2 kilomètres de la redoute, derrière un massif qui précède le plateau. Nos cinq régiments de cavalerie ont alors traversé rapidement le défilé, ont passé la Tchernaïa, puis ont dépassé au galop la redoute en se rabattant ensuite derrière pour couper la retraite, pendant que l'infanterie, qui avait posé ses sacs, arrivait aussi vite qu'elle pouvait pour attaquer de front la position. Mais les Russes, dont nous avions entendu battre la diane quand nous étions massés avant de commencer le mouvement, ont décampé fort lestement en se jetant en arrière d'eux dans des ravins où la cavalerie n'a pu suivre. De plus, ils n'avaient dans la redoute même qu'une pièce de campagne qui a décampé encore plus vite après avoir lancé trois ou quatre boulets. Alors les batteries qu'ils ont en face de là sur les hauteurs se sont mises à tirer. Notre infanterie a pris le pas de charge et enlevé la position avec un élan digne d'un meilleur sort, car, lorsqu'elle est arrivée en haut, elle n'a pu trouver absolument personne. Les chasseurs d'Afrique seuls ont pu pincer une quinzaine de retardataires.

Après quoi, comme on avait beaucoup couru, on s'est reposé, en attendant les ordres du général Pélissier, qui est arrivé quelques instants après et n'a pas jugé devoir conserver la position. On a donc bouleversé la redoute et nous sommes venus camper sur notre emplacement actuel.

Les soldats s'étaient du reste consolés de n'avoir pu prendre les Russes en prenant une foule de petits objets à leur usage, que ces messieurs n'avaient pu emporter, de sorte que les amateurs anglais, qui sont accourus de Balaklava, au bruit du canon, avec leurs petits bidets, ont pu se procurer le plaisir très grand, à ce qu'il paraît, d'acheter qui une vieille culotte, qui une pipe, etc.

La fameuse amazone, qui honorait de sa présence les combats de Balaklava et d'Inkerman, n'a pas non plus manqué à la représentation. Mais, en sa qualité de connaisseuse, elle a dû trouver tout assez pâle.

Les Piémontais, qui devaient couper à notre droite la retraite aux Russes, ont été en retard; mais le malheur n'est pas fort grand et il paraît que ce n'est pas leur habitude. Ils sont maintenant campés à côté de nous et les Turcs forment derrière une très belle ligne.....

Au camp de Traktir, 5 juin 1855.

. . . .

Nous avons été faire hier, avec la cavalerie, une grande promenade dans la vallée de Baïdar. C'est un fort joli pays, avec
des bois, des jardins, de grands et beaux arbres, toutes choses
qu'on a d'autant plus de plaisir à voir qu'on en est privé depuis plus longtemps et que la saison y prête davantage. Nous
sommes partis à 1 heure du matin et nous sommes rentrés à
8 heures du soir. L'infanterie n'a guère fait plus de 18 à 20 kilomètres en avant; la cavalerie a été une ou deux lieues plus
loin. J'ai visité en revenant, avec le général Canrobert, un
petit château ou maison de campagne du prince Voronzof,
situé au milieu des bois dans la plus jolie position du monde.

De loin, il produit un effet très pittoresque, à cause d'un
dôme de forme russe peint en vert clair et d'une décoration
complète en bois peint, avec arcades, rosaces, etc.

Mais l'intérieur de la maison ne vaut pas l'extérieur : c'est
probablement un simple pied-à-terre pour la saison des chasses.
J'en ai rapporté un gros bouquet de roses, dont j'aurais bien
voulu pouvoir vous envoyer quelques-unes en souvenir, mais
c'est un peu gros. La maison était, du reste, déserte et démeublée.

Les Tartares du village de Baïdar ont paru moins effarouchés
et n'avaient même pas l'air très étonnés : ce ne doit pas être là
des Russes bien fanatiques.

Les Piémontais couvraient la gauche de notre mouvement.
Les Russes ne se sont pas montrés, excepté quelques cosaques
sur la gauche et près de Baïdar. Le 1er hussards en a sabré
deux, dont j'ai vu les lances. C'est le premier engagement de
cavalerie de la campagne, ou plutôt le premier engagement de
cavaliers contre cavaliers, car ce n'est qu'une escarmouche de

vedettes. Au combat de Balaklava, les chasseurs d'Afrique avaient chargé une batterie, mais ils n'ont pas encore donné contre la cavalerie russe.....

———

Bivouac de Traktir, 8 juin 1855.

. . . .

Les opérations ont commencé depuis ma dernière lettre, mais je commence à croire que le retour du général Canrobert à la division aura pour résultat de nous exclure complètement de tout concours au siège ; ce que du reste tout le monde prendra très bien, mais à la condition qu'on nous donnera quelque chose à faire en place, car la plus vieille division de Crimée ne peut rester oisive, tandis que les autres se battent tous les jours.....

Hier, 7 juin, jour de la Fête-Dieu, le 2ᵉ corps a enlevé à 3 heures de l'après-midi les positions les plus avancées de la place, en avant de nos attaques de droite, c'est-à-dire le mamelon Vert et les ouvrages Blancs. Nous manquons de détails sur cette affaire qui a été assez chaude ; mais j'ai appris ce matin avec un grand plaisir que le général de Failly n'avait pas été blessé. Du reste, comme ce n'est pas fini et qu'il est assez hasardeux de sa nature, il faut s'en remettre pour lui aussi aux décrets de la Providence, qui, je l'espère, lui permettront de pouvoir profiter de ses étoiles de général autrement qu'ici. Mon nouveau chef, le colonel d'état-major de Senneville, est obligé de rentrer en France par suite de sa santé qui se délabre de plus en plus ; il part demain pour Paris. Il a été déjà évacué deux fois comme malade, une fois à la Dobrutcha et une fois au commencement de l'hiver. Il n'était allé qu'à Constantinople, mais cette fois il parait décidé à obéir aux instances de tout le monde et à se remettre complètement avant de revenir.

Je lui recommande mon affaire de passage dans la cavalerie.
J'espère qu'il pourra obtenir qu'on me fasse droit, après m'a-
voir fait subir un retard de trois mois : je demande décidément
à être nommé capitaine, car ce n'est, à ce qu'il parait, qu'à
partir de ce grade qu'on compte pour quelque chose chez
nous, et jusque-là, à moins d'une chance bien particulière, on
vous berne de tous côtés, sans que cela vous soit compté pour
rien.....

On nous communique à l'instant une dépêche télégraphique
de l'état-major général qui annonce qu'à l'affaire d'hier, nous
avons pris 62 bouches à feu et 400 prisonniers, dont 13 officiers, mais ces chiffres vous seront sans doute connus demain.
Ce matin, 9 juin, un bataillon de notre division et cinq régiments de cavalerie sont allés camper à deux lieues à notre
droite.....

. . . .

———

Camp de Traktir, 11 juin 1855.

. . . .

Nous continuons à habiter les rocs verdoyants de la Tchernaïa. Seulement, deux régiments de cuirassiers, deux de dragons et le 1er hussards sont allés chercher un fourrage plus
abondant à deux lieues d'ici, sur la route de Baïdar. On leur a
donné un bataillon du 20e pour les garder. Je crois que toute
la division serait assez désireuse de suivre ce bataillon à Ver-
noulka ; c'est ainsi que se nomme son bivouac. Puisqu'on nous
refuse l'honneur de participer aux rudes opérations actuelles du
siège, j'aimerais beaucoup mieux ne plus entendre l'effroyable
tintamarre du canon. Bien que nous ayons eu certainement le
temps de nous y habituer, rien n'est agaçant comme une canonnade sérieuse dont on ignore le but et le résultat.

Le colonel de Senneville est décidément parti et vogue sur la mer Noire dans ce moment-ci. Le lieutenant-colonel d'état-major de Cornely, aide de camp du général Canrobert, le remplace jusqu'à son retour, qui n'aura pas lieu avant quatre mois d'ici. Le lieutenant-colonel est plus âgé que le colonel ; c'est un très bon homme, un peu gros, assez causeur, qui a beaucoup vu. Du reste, il se porte comme l'ancien Pont-Neuf et est gai comme un pinson. Son prédécesseur avait aussi beaucoup voyagé, était aide de camp du général Lamoricière lors de son ambassade en Russie, puis au ministère de la guerre, etc. Je ne vous parle pas des résultats obtenus au siège. Ils sont fort importants, quoique achetés assez cher. Le général de Failly a été égratigné par un éclat, mais ce n'est pas une blessure. Mon ex-collègue Harent, son officier d'ordonnance, est blessé d'une balle ; mais j'ai appris hier avec un bien grand plaisir qu'on espérait l'en tirer.....

Camp de Traktir, le 16 juin 1855.

J'ai enfin vu arriver le *Moniteur de l'armée,* qui annonçait mon passage dans le 6e cuirassiers. Vous l'avez su sans doute en même temps que moi, si vous avez eu la patience de consulter cet estimable journal jusqu'à présent. Tout le monde ici prétend que je vais devenir chanoine ; et jusqu'à présent la vie des cuirassiers, en Crimée, donne assez raison à la supposition. En tout cas, comme je n'aurai ni casque, ni cuirasse, il est sûr que, en profitant des ménagements qu'on a pour eux grâce à leur armure, je ne serai pas exposé à me fatiguer beaucoup. Du reste, je n'ai pas encore reçu d'avis officiel, mais cela ne saurait tarder.....

Aujourd'hui le général Bosquet quitte le siège Malakof et

vient nous rejoindre avec les 2ᵉ et 4ᵉ divisions du 2ᵉ corps et avec la division Herbillon (1ʳᵉ du 3ᵉ). Nous avons donc ici quatre divisions françaises d'infanterie, neuf régiments de cavalerie et une artillerie assez nombreuse, plus les Piémontais et les Turcs.

Je ne sais si nous sommes destinés à faire quelque chose avec tout cela; mais en tout cas nous avons attrapé le bon lot, en ce sens que nous voilà en rase campagne et en plein soleil, deux choses qui valent infiniment mieux que ces gueuses de tranchées.

Les bruits de l'état-major du 2ᵉ corps sont qu'on ouvre le feu demain 17 et que le 18, les 3ᵉ et 5ᵉ divisions du 2ᵉ corps et la garde, le tout sous le commandement du général Regnault de Saint-Jean-d'Angely, attaqueront la tour Malakof. Toutes mes nouvelles ne vous serviront qu'à une chose, c'est à apprécier l'exactitude ou l'inexactitude des bruits qui courent dans une armée au sujet des événements les plus prochains, et cela chez les gens les mieux en mesure d'être renseignés.....

Je continue à me plaire à l'état-major de la 1ʳᵉ division, où j'apprends pas mal de choses intéressantes sur des hommes ou sur des choses qui seront probablement l'objet de bien des discussions plus tard. Notre nouveau chef d'état-major, qui a été l'aide de camp du général Canrobert depuis le commencement de la campagne, est curieux à entendre sous ce rapport.

. . . .

Le général de Failly va toujours bien et ne vient pas avec nous, sa division, qui est la 3ᵉ, restant au siège. On espère, du reste, que la campagne touche à sa fin et on augure généralement bien des opérations qui vont s'ouvrir; en tout cas, ce n'est pas la bonne volonté qui manque chez personne.

. . . .

On publie sans doute actuellement plusieurs versions sur les motifs de la démission du général Canrobert. Voici la vraie.

Le général s'est retiré, non pas parce qu'il ne s'est pas trouvé de taille à porter le commandement en chef, mais parce qu'il n'a pu obtenir l'acquiescement des Anglais à son plan, qui était, en maintenant un corps devant Sébastopol, de marcher sur Simféropol par la vallée du Cangar et de Salghir. Simféropol occupé et l'armée russe battue, Sébastopol devait finir par tomber tout seul.

Beaucoup de gens regrettent ce plan, mais le succès décidera.....

———

Au camp de Traktir, le 23 juin.

Nous continuons, comme vous voyez, à ne pas bouger ; et l'insuccès de la tentative faite l'autre jour sur la tour Malakof ne contribuera sans doute pas beaucoup à nous rendre plus mobiles.

Nous n'en regrettons tous que plus vivement qu'on n'ait pas adopté le plan qui consistait à aller combattre l'armée russe en rase campagne et à armes égales, aux environs de Simféropol. L'affaire serait probablement décidée maintenant ; mais, comme diraient les Turcs, c'était écrit.

En attendant, l'événement le plus intéressant de la semaine, pour moi, s'entend, c'est que j'ai eu l'honneur, hier, de déjeuner à la table du général Canrobert. J'avais été envoyé, le matin, voir ce que voulaient dire quelques coups de canon tirés du côté des Piémontais, qui faisaient alors un petit mouvement en arrière ; et le général m'a invité pour ma peine.

Ce n'est plus un général en chef, mais il est encore si près de son ancienne splendeur que je ne classe pas moins mon déjeuner au nombre de mes souvenirs gastronomiques. Le général a conservé la superbe tente turque que lui a donnée le sultan et sous laquelle on peut être une quarantaine à tab'e.

Tout l'intérieur est doublé d'une étoffe turque à grands ra-
mages de couleurs vives, avec une grande portière pourpre et
or, qui sépare, au fond, la salle à manger d'une espèce de petit
boudoir ou divan. Le service de table est l'ancien service du
général, tout en vaisselle plate d'argent, et il n'y a guère que
les timbales de vermeil remplaçant les verres qui rappellent les
usages du bivouac.

Je dois pourtant avouer que la partie culinaire proprement
dite n'est pas à la hauteur de cette espèce de luxe. C'est cependant un soldat du 20ᵉ de ligne, assisté d'un chasseur à pied et
d'un zouave, qui tient les fourneaux.

Le menu se composait d'un lièvre attrapé avant-hier à la
course par les zouaves du 1ᵉʳ régiment. Ce lièvre s'était égaré
dans le camp et avait traversé notre propre bivouac, poursuivi
par une telle foule et avec de tels cris qu'une des juments du
colonel de Senneville a arraché ses deux piquets, est partie à
fond de train et a fait la plus jolie culbute dans une corde de
tente.

Le lièvre a été du reste déclaré manqué, et le reste ne m'a
pas frappé. Parmi les convives ordinaires, se trouvait le
vieux colonel d'état-major de La Tour du Pin, dont je vous ai
peut-être déjà parlé. Il a depuis longtemps, dans l'armée, une
grande réputation d'excentricité, à cause de la rage avec laquelle il recherche, à ses frais, tout ce qui est plaies et bosses.
Il est tout à fait sourd et ne voit pas très clair, est très
riche, en retraite depuis trois ou quatre ans et ne manque pas
un coup de fusil, dans quelque coin de l'Europe qu'il se tire.
Son malheur est quand il s'en tire de deux côtés à la fois. A
l'affaire du cimetière, au siège de gauche, le mois dernier, il
était resté accroché par son ceinturon à un paquet de gabions.

A l'attaque de Malakof, ces jours derniers, il a été contu-
sionné par un éclat de bombe et a reçu un très léger coup de
sabre au front. Si nous étions encore au bon vieux temps, il

passerait certainement pour ensorcelé, car c'est un vrai miracle qu'il n'ait pas encore été tué. Il appelle cela chercher des distractions, tout en se plaignant modestement de n'être plus capable de faire quelque chose de plus utile. Mais, en somme, s'il veut écrire plus tard, c'est un des hommes qui pourront le plus savamment parler *de visu*.....

Au camp de Traktir, 30 juin 1855.

..... Quant à nous, nous ne déménageons pas et tenons, à ce qu'il parait, à notre maison de campagne, car on ne parle plus des grands projets d'expédition du mois d'avril ; à moins cependant que la mort de lord Raglan, arrivée hier, ne fasse changer la tournure des affaires.

Je crois vous avoir dit déjà qu'il avait été le seul obstacle au mouvement sur Simféropol. Ce mouvement est du reste éventé maintenant. Mais, comme l'expédition de Crimée était bien autrement éventée, quand on l'a faite, ce ne serait pas, à la rigueur, un obstacle insurmontable.

Quant au siège, il marche plus modérément depuis que les moyens violents et rapides n'ont pas réussi ; mais, tant que la ville ne sera pas investie, ce ne sera pas un siège, ce sera une série de chocs entre des assaillants armés de fusils seulement contre des défenseurs fortement retranchés et munis d'un luxe de canons incroyable. Il faut avoir d'aussi braves soldats que les nôtres pour n'être pas encore désabusé à cet égard, puisqu'il me semble démontré que notre artillerie ne peut arriver à prendre la supériorité sur celle de la place.

On construit cependant, dans ce moment-ci, une batterie qui empêchera, pense-t-on, la marine russe de venir abimer nos tranchées et nos colonnes d'attaque par ses formidables bordées, qui ont coûté si cher à la 3ᵉ division. Cette batterie, destinée à supporter un feu extrêmement violent et venant des trois quarts de sa circonférence, se construit avec toute la solidité que nécessite sa position. Les Russes nous en ont du reste remontré sous ce rapport-là, car, au dire des officiers du génie et d'artillerie eux-mêmes, nos travaux ne sont que la miniature des leurs comme dimensions et force de résistance...

. . . .

10 juillet 1855.

. . . .

Je ne sais comment je me suis expliqué dans la lettre dont vous me parlez, pour vous faire croire que je demandais *à être nommé capitaine*. La démarche aurait en effet quelque chose d'original, mais je crois que j'aurais quinze ans de grade de lieutenant que je ne la tenterais pas.

Je suppose qu'en imitation du général de Failly, qui, dans les moments où son métier de général de brigade l'ennuyait un peu, avait l'habitude de s'écrier : Je demande à passer général de division, je me serai aussi écrié dans ma lettre : Je demande à être nommé capitaine. Aussi, je suppose que vous avez compris la plaisanterie, quoique votre phrase ait l'air d'être très sérieuse.

Du reste, pas grand'chose de nouveau. Nous avons fait un petit changement de camp, auquel nous avons gagné un bureau pour y élaborer la masse énorme de paperasses, sans lesquelles il paraît qu'une armée ne pourrait plus marcher. J'ai même attrapé, pour ma part, un *fauteuil*, fabriqué avec un vieux tonneau, dont on a scié le quart en renfonçant un des bouts. Le siège est moelleusement rembourré de foin et couvert d'un vieux fond de sac à distribution. Ce fauteuil fait l'envie de tous les bureaucrates mes collègues, qui ont l'avantage de me voir dessus.

Mais, malheureusement, mon siège est le seul qui se soit sensiblement amélioré, et celui de la tour Malakof est toujours assez lent et assez peu divertissant. Nous espérons toutefois qu'on n'accusera plus les Français de manquer de patience et de se rebuter devant les difficultés qui ne tombent pas au premier choc.

Du reste, l'état sanitaire et même moral de l'armée n'en souffre pas trop. Je dis même moral, parce que les espérances sont un peu reculées, mais le soldat est toujours de bonne humeur. Nous avons maintenant dans la division un théâtre, qui est très suivi et où il se produit des éclats de rire formidables qu'on doit entendre jusque dans Sébastopol, quoique nous en soyons loin. Les banquettes sont en terre, ce qui n'empêche pas qu'on y paye aussi cher qu'aux Français ; mais c'est au profit des blessés.....

———

Camp du Moulin, 17 juillet 1855.

. . . .

..... Je ne vous cacherai pas que les rapports russes rentrent plus dans mon système que les nôtres, et, selon moi, ils valent certainement beaucoup mieux que leur mauvaise réputation. Ils sont certainement écrits au point de vue russe et avec l'arrière-pensée de la publicité, mais il n'y a pas trop de lyrisme et ils sont toujours très convenables *pour tout le monde.*

Cela n'empêche pas ces messieurs d'être, à ce qu'il parait, extra ou ultra Français dans leurs conversations pendant les armistices.

J'entendais dernièrement le colonel Resson, major de tranchée de l'attaque de droite, raconter différentes conversations qu'il a eues avec eux et qui sont assez curieuses. Le général Totleben, qui s'est fait de la défense une si belle réputation d'ingénieur, avoue, à ce qu'il parait, assez volontiers son nom et distribue des cartes de visite ; ce qui le console, dit-il, en tout cas, c'est que, bonne ou male chance, il a l'intime persuasion d'être dans six mois à Paris, qu'il préfère même à Sébastopol. Espérons que nous y serons en même temps que lui.

Un autre, un prince en *of* quelconque, général de division, qui a l'air d'un grand diable et se coiffe de travers, parle très haut et avec une affectation d'expressions plus ou moins familières et particulières aux troupiers.

Il pose évidemment en Français devant les soldats qui sont là, faisant leur triste besogne de fossoyeurs et qui commencent à le surnommer le prince Blagosof. Il était, dit-il, en permission de quarante-huit heures lors de la prise du mamelon Vert, ce qui prouve certainement beaucoup de nez de sa part. Ce qu'il y a de curieux, c'est que ce sont presque toujours les mêmes personnages qui se retrouvent en présence par suite de leurs fonctions spéciales ; ils en sont arrivés à se connaitre et à devenir de plus en plus de vieilles connaissances, se cherchant réciproquement pour se demander des nouvelles de leur santé.....

<hr />

Devant Sébastopol. 23 juillet 1855.

Je suis encore à la veille de changer de position. On réorganise dans ce moment-ci les états-majors divisionnaires et je pense qu'on pourra se passer de moi. Je vous avoue que je regretterai moins ce changement que mon départ de chez le général de Failly, et je ne suis pas fâché du tout de goûter de la cavalerie. Je me crois, sous ce rapport, dans une position

très indépendante. Je suis resté à l'état-major de la division vo-
lontairement et uniquement pour rendre service : je n'y suis pas
porté présent, tandis que je suis porté présent aux cuirassiers.
Je n'ai absolument rien à gagner ici, d'un côté ni de l'autre. Il
est naturel que, dans nos régiments, on ne s'occupe pas de
nous, quand ce ne serait que parce que nous y paraissons peu
ou pas. Dans les états-majors, on affecte, tout en nous priant
d'y venir, de considérer notre présence comme de contrebande
et sans conséquence. On laisse aux colonels des régiments à
faire des propositions en notre faveur.

Il résulte de ceci que, quoique les lieutenants d'état-major, qui
étaient au nombre de vingt, aient eu une proportion beaucoup
plus forte de tués et blessés que tous les autres officiers du
corps (puisque, entre autres, parmi les tués, il n'y a que deux
officiers d'état-major qui l'aient été et ce sont deux lieutenants), cependant on nous laisse en présence de quatre-vingts
places de capitaine vacantes sans en remplir une seule, quoique
nous ayons depuis six mois le temps nécessaire, qu'on n'attend
même plus dans l'infanterie.

Et, quant aux décorations, à part un de nos camarades qui,
outre son mérite et une blessure, était aide-major de tranchée
et surtout aide de camp du général Forey, personne n'en a eu,
tandis que dans le moindre régiment de cavalerie, qui n'a jamais entendu un coup de canon, on en donne deux ou trois,
Légion d'honneur ou Medjidié, pour la classe des lieutenants,
qui est moins nombreuse que la nôtre.

Pour toutes ces raisons et aussi parce que je suis le dernier
de ma promotion resté dans l'infanterie et le premier qui y
sois arrivé, je n'hésiterai pas, dès que mon remplaçant sera
arrivé (c'est un chef d'escadron récemment nommé qui vient
remplacer le capitaine que j'étais censé suppléer provisoirement), à faire mon paquet et à aller me reposer au 6ᵉ cuirassiers — qui, du reste, ne se reposera peut-être pas toujours —

en attendant, dans ma position normale, que je passe capitaine
à l'ancienneté.....

. . . .

Toutefois, je reste enchanté d'avoir passé deux mois à l'état-
major de la division Canrobert, où j'ai appris à connaitre des
choses et des hommes assez curieux et où je n'avais que des
relations agréables. Si on voulait m'attacher régulièrement
à un état-major, c'est certainement celui que je préférerais,
après toutefois celui du général de Failly, quand il sera général
de division ; ce qui, j'espère, arrivera l'année prochaine.....

———

Devant Sébastopol, 26 juillet 1855.

Je vous écris un mot, au moment de me mettre en route
avec toute ma caravane pour rejoindre le 6ᵉ cuirassiers à Baïdar.
Le général Canrobert m'a invité, ce matin, à déjeuner ; ce qui
m'a retardé jusqu'à présent, 1 heure de l'après-midi. Aussi je
ne pourrai aller jusqu'à Baïdar aujourd'hui ; je camperai en
route près du camp du général de Failly, sur la Tchernaïa, et
j'irai lui demander à diner aujourd'hui.

Je voudrais bien pouvoir passer devant vos fenêtres pour
vous faire admirer mon équipage : moi en tête sur un grand
cheval blanc et, derrière moi, un cuirassier conduisant un cheval
gris suivi d'un fantassin conduisant un cheval jaune ; moyennant quoi nous pouvons, les trois hommes et les trois bêtes,
loger partout où nous trouverons vingt pieds carrés de gazon
et une source.

Le général Canrobert a eu la bonté de me donner, sans que
je le lui demande, une lettre de recommandation pour mon
colonel, de sorte que je m'en vais dans de bonnes conditions.
Malgré cela ou peut-être à cause de cela, j'ai, depuis hier

que je fais mes adieux, une espèce de serrement de cœur, que cependant vous concevrez, surtout en pensant que je laisse dans un fichu endroit beaucoup de braves gens que je voyais tous les jours depuis seize mois. Mais il faut espérer que j'en reverrai la majeure partie.

Je vous ai annoncé, à ma dernière lettre, la triste nouvelle de la blessure de M. de Villeneuve. Ce pauvre garçon est mort la nuit suivante, avant que j'aie pu le voir : la langue, étant atteinte, s'est enflée et l'a étouffé ; du moins c'est ce qu'on m'a dit. Je ne l'avais jamais que très peu connu et je l'avais bien perdu de vue depuis plusieurs années, mais cependant sa mort m'a affecté, parce qu'il paraissait, humainement parlant, mériter mieux...

Le général Canrobert disait à déjeuner que sa mort, celle du fils de M. Roger (du Nord) et celle de M. Romieu, le fils du préfet excentrique et auteur de l'*Ère des Césars,* trois morts qui viennent de se succéder à quelques jours d'intervalle, feraient impression dans une certaine société à Paris, où eux ou leurs familles marquaient.

M. Romieu était lieutenant de zouaves au régiment qui fait partie de la division ; c'était un très joli et très bon officier. Il a été tué d'une balle dans les reins, en traversant un boyau peu défilé, qu'un lieutenant du génie a été assez maladroit pour faire traverser sans nécessité au général Canrobert, quelques instants après. Heureusement, il ne lui est pas arrivé malheur et maintenant le boyau est terminé et n'est pas plus malsain qu'un autre.

On distribue des cuirasses à l'infanterie pour certains postes ou certaines opérations du siège. C'est une idée qui obtient généralement, à ce que je crois, peu de succès chez les officiers et chez les soldats qui cachent leurs cuirasses partout. Une autre chose qui a obtenu aussi peu de succès, c'est le fameux chiffre de 14 000 hommes du *Moniteur,* qui est, il faut l'espérer, une faute d'impression. C'est d'une exagération maladroite et peu digne ; le but est sans doute louable, mais il est manqué, je crois.....

———

Baïdar, 31 juillet 1855.

Je suis arrivé au 6ᵉ cuirassiers depuis avant-hier. J'ai trouvé le régiment dans un charmant bivouac, au milieu d'un bois, dormant sur les deux oreilles pendant que les hussards et les dragons nous gardent.....

———

Bivouac de Baïdar, 17 août.

Je vous écris du nouveau bivouac, que nous occupons depuis ce soir et qui n'est pas à plus de trois quarts de lieue du précédent. Je suis encore mieux installé qu'à l'autre et ma tente est sous deux grands chênes, qui me garantissent complè tement du soleil du mois d'août. Hier a eu lieu, sur la Tchernaïa, une attaque des Russes sur nos positions, qui a été, à ce qu'il paraît, repoussée avec succès. Nous avons été à cheval une partie de la journée, étant prévenus par les Tartares qu'on devait aussi nous attaquer ; mais nous en avons été pour notre peine, et il est probable qu'ils en ont pour quelque temps.....

———

Forêt de Baïdar, 20 août 1855.

. . . .

Rien de nouveau dans notre position personnelle, si ce n'est des reconnaissances et quelques marches et contremarches, dans lesquelles, en notre qualité de grosse cavalerie, nous ne voyons jamais autre chose que le dos des dragons, qui sont un peu moins lourds que nous, mais qui cependant eux-mêmes ne voient rien non plus ; de sorte que nous rentrons toujours chez nous sans savoir de quoi il s'est agi. Du reste, il parait que nous n'avons en face de nos avant-postes que des vedettes cosaques, qui ne se laissent jamais approcher. A part cette absence totale d'intérêt sous le rapport des opérations, nous sommes on ne peut mieux campés dans les pelouses d'une espèce de jardin anglais qui est à la porte de Baïdar.

Les journaux vous ont appris plus que je n'en sais moi-même sur l'affaire du 16. Vous pourrez voir que le général de Failly y est encore cité en première ligne parmi les généraux de brigade, ce qui ne me fait que mieux sentir la perte que j'ai faite en le quittant.

———

. . . .

J'ai fait, avant de quitter Baïdar, une course de nuit à quatre lieues en avant de nos avant-postes, avec quinze cuirassiers de mon peloton et dans un pays de montagnes honoré des visites de messieurs les cosaques, mais je n'ai pas eu l'honneur d'en rencontrer un seul. Je suis revenu avec un guide tartare, le fils du chef, que j'ai bien voulu accepter à la place de son père.

Il s'agissait de porter une dépêche à un vapeur de guerre français stationné de l'autre côté du col de Farons. C'est une assez drôle d'expédition pour de la grosse cavalerie et mon maréchal des logis jurait qu'il n'avait jamais vu ses pauvres bêtes dans de pareils chemins, mais mon cheval et moi, qui avons été fantassins, étions sans pitié. Voilà probablement ce à quoi se bornera ma carrière dans la cavalerie, car, dans un mois à

six semaines, on doit nous rembarquer pour passer l'hiver en
Turquie.

. . . .

———

Bivouac du Monastère, 1ᵉʳ septembre 1855.

. . . .

..... Les deux succès de Traktir et de Sveaborg ont dû
être connus à Paris pendant votre présence, et coïncider presque avec la visite de la reine Victoria. J'espère qu'en revenant
vous ferez un petit journal à mon profit. Vous avez, pour
ce moment, plus de choses à raconter que moi, car nous
sommes à une des extrémités du plateau, ne voyant que quelques camps d'artillerie ou du train, isolés comme nous pour
être plus à portée des abreuvoirs, et la mer dans le lointain.

Comme je suis de semaine depuis le lendemain de notre
arrivée ici, je n'ai pu encore me promener et j'en suis réduit à
cette seule vue.....

. . . .

Je crois, du reste, qu'il n'y a rien de nouveau au siège, depuis la bien malheureuse explosion du magasin à poudre du
mamelon Vert. Il y a là une perte d'hommes, toujours bien
regrettable, et une perte de temps qui se traduira aussi par
de nouvelles pertes pour les troupes du siège, puisque chaque
jour de tranchée a son chiffre fatal, dont la moyenne varie peu,
quand il ne se passe pas d'événements extraordinaires.

Autant que j'ai pu le savoir par un soldat que j'ai rencontré
avant-hier, mon ancien régiment a peu souffert relativement.
S'il m'a dit vrai, il est réellement extraordinaire qu'à part les
six officiers morts dans la Dobrutcha et un commandant,
mort trois mois après l'Alma des suites d'une amputation, le
20ᵉ n'ait pas eu encore un seul officier tué, tandis qu'il y a des

régiments presque renouvelés. Et cependant, il a beaucoup donné au courant de la campagne et maintenant, depuis deux mois, il est au poste le plus dangereux du siège.

Je vois avec joie que le général de Failly partage la chance de son ancien régiment, car il n'y a pas de généraux actuellement en Crimée qui aient été plus au feu que lui, et il n'a eu que deux égratignures sans importance le 18.

Mes cuirassiers continuent à être de bonnes gens. Je les trouve bien un peu *roumis,* c'est-à-dire conscrits (c'est le nom de mépris donné aux Français par les Arabes, et les troupes d'Afrique l'appliquent avec beaucoup d'agrément aux troupes de France), mais ce n'est pas leur faute s'ils n'ont pas eu occasion de s'aguerrir davantage. En attendant, eux et leurs chevaux sont de véritables ogres, et je n'ai jamais vu de mouvement aussi effrayant parmi les animaux des ménageries que celui de six chevaux du régiment, quand on sonne la distribution. La nuit, ils nous font tous les maux possibles parce qu'ils se détachent pour aller manger où ils peuvent. Cette nuit, il y en a un qui a mangé les queues de quatre de ses camarades. C'est le plus gros événement de ma semaine et mon maréchal des logis, en m'en rendant compte, le qualifie de malheur. Je ne sais encore ce qu'en dira le capitaine, qui n'est pas encore levé, mais je crois qu'en conscience je n'y pouvais rien.....

. . . .

Il y a une chose assez bizarre à penser, c'est que tous les officiers de l'armée d'Orient auront, en rentrant en France, des dépenses à faire, plus fortes que celles de leur entrée en campagne, pour se recomposer une tenue, et en même temps des dettes assez fortes à payer : presque tout notre vin et beaucoup de conserves nous étant fournis depuis le commencement de l'hiver par l'administration sur des bons remboursables, dont on ne retient pas actuellement le montant ; ce qui n'empêche pas les pensions de monter de 50 à 80 fr. (et beaucoup plus souvent 80 que 50). La plupart des officiers pensent avec quelque raison qu'avant tout il faut soigner la santé coûte que coûte et proportionner les réconfortants aux fatigues. D'ailleurs, d'autres pensent qu'on ne payera rien; d'autres comptent le grand nombre d'officiers dont la mort a soldé les dettes. Ils font ce raisonnement : Si je n'en reviens pas, je m'en moque, si j'en reviens, je serai assez content pour payer avec plaisir tout ce que je pourrai; du reste, il n'est pas possible que le gouvernement nous fasse cette vilenie, qu'après nous avoir échinés en Crimée il nous vide nos poches en France pour nous faire payer ce qui nous a servi à y vivre.....

. . . .

Bivouac du Monastère, 4 septembre 1855.

. . . .

..... Nous avons ici le même beau temps que vous; j'en ai profité pour faire, depuis avant-hier à midi que j'ai quitté la semaine, quelques visites aux amis. J'ai appris une malheureuse nouvelle, c'est que le capitaine de Villermont, l'aide de camp du général de Failly, avait été dangereusement blessé d'un éclat d'obus à la tête deux jours auparavant, à la tranchée, le général de Failly ayant quitté sa brigade d'infanterie à Traktir pour prendre le commandement de celle des voltigeurs et des zouaves de la garde, au siège de Malakof.

Je suis allé immédiatement chez le général, mais je ne l'ai pas trouvé et j'ai appris que sa blessure allait un peu mieux. J'y suis retourné hier et j'ai déjeuné avec le général, qui a toujours sa bonté ordinaire et va assez bien. Son cheval favori a été tué sous lui d'un boulet, à Traktir, et, de ses deux hussards, l'un a été coupé en deux et l'autre blessé par un éclat d'obus. C'est à lui que revient tout l'honneur de la journée, car il a agi spontanément et sans qu'il y ait ordre de donné. Aussi, après deux affaires comme celle du 7 et celle-ci, sans compter le 18, c'est un gros passe-droit que de ne l'avoir pas nommé général de division, et une bien maigre compensation que de lui donner une brigade de la garde pour l'envoyer au siège, au lieu de le laisser à la position qu'il avait si bien défendue.

Je suis allé aussi au 20e et à l'état-major de la 1re division, où, malgré quelques pertes, j'ai trouvé tout le monde bien portant, mais très fatigué. On perd 200 hommes par nuit devant Malakof. On n'est plus qu'à environ 20 mètres du saillant, ce qui explique ces pertes énormes. Cette situation ne peut être prolongée.....

—— ‐

Camp de la Tchernaïa, 12 septembre 1855.

J'aurais enfin le droit de dater ma lettre de Sébastopol, si Sébastopol il y avait encore, mais il est en train de continuer à flamber ; puisse-t-il avoir bon vent. Le général de Failly n'est pas blessé. Ses deux collègues de la garde l'ont été tous deux, ainsi que beaucoup d'autres, car le succès nous coûte cher ; mais au moins cette fois le résultat est définitif.

J'ai déjeuné avant-hier matin chez le général de Failly, au moment où il venait d'en revenir. On m'avait dit qu'il était blessé et j'avais grimpé jusqu'à sa tente pour savoir des nouvelles par les ordonnances, car je croyais que toutes les troupes étaient encore dans la ville. J'ai été agréablement surpris en l'entendant crier après moi, avant que je ne l'aie vu. C'est encore son aide de camp (Carrier, qui y est depuis huit jours) qui est blessé, mais, à ce que je crois, sans danger.

Le général paraît croire que tout est fini, au moins pour cette année. J'ai été voir hier la ville ou au moins toute la partie où on s'est battu, et qui est encore couverte de beaucoup de cadavres, quoiqu'on travaille à les enterrer depuis l'assaut. Il y avait même encore deux blessés russes qu'on venait de retrouver dans les décombres d'une masure. C'est un fouillis de canons, de gabions, etc., incroyable.

Tous les *feignants* (comme nous autres cavaliers) viennent maintenant y faire les beaux bras à cheval; les Piémontais, les Turcs, les marchands de la place vont visiter le cadavre du colosse. Quant au vainqueur (le fantassin), il tâche de trouver des objets intéressants ou utiles dans les maisons, mais il parait qu'elles sont pauvres; puis, aux sorties de la ville, on trouve de petits bazars, où vous choisissez suivant vos goûts et où vous payez suivant votre générosité. Vous trouvez là des zouaves ou des chasseurs à pied qui raisonnent le bric-à-brac comme des gros bonnets de l'espèce.

J'ai acheté deux scapulaires ou reliquaires en cuivre. Ce sont du reste les deux seuls que j'aie vus, quoique ce ne soit pas très rare, plus une petite médaille que je vous envoie ci-incluse. Ces trois objets ont été trouvés dans la ville et achetés par moi dans l'intérieur de Malakof. Pour moi-même, je me suis payé un casque russe, que j'ai été choisir à ma tête dans un grand magasin, qui en était tout plein.

. . . .

Mon régiment, le 20ᵉ, a beaucoup souffert : j'ai perdu plusieurs bons camarades, mais c'est son drapeau qui flotte sur le saillant de Malakof.....

— —

Monastère, 18 septembre 1855.

..... Je regrette que vous ne soyez pas restés à Paris jusqu'à la nouvelle de la prise de Sébastopol, car j'imagine qu'elle a dû produire un effet très grand, si là-bas on se doute de la difficulté qu'elle présentait et des inquiétudes que donnait la continuation du siège et les pertes énormes qu'on y faisait. Actuellement, nous sommes, comme je vous l'ai dit dans ma dernière lettre, en congé, et nous ne savons trop ce qu'on va faire. Si la saison n'était pas aussi avancée, il y aurait peut-être campagne, mais elle me semble difficile à l'heure qu'il est, outre que l'infanterie est passablement réduite et fatiguée. Cependant, si un effort de quelques semaines pouvait amener un résultat complet, ce serait le cas de le tenter.

J'ai entendu, il y a quelques jours, chanter les moines du monastère, près duquel nous sommes : leur chant m'a paru beau et d'un certain caractère ; mais leur église menaçant ruine, ils l'ont remplacée par une chambre, où ils ont seulement entassé leurs tableaux et leurs ornements. Je pense y retourner : si je peux en rapporter quelque dessin qui vous intéresse, je tâcherai de le faire.....

Bivouac du Monastère 22 septembre 1855.

. . . .

Je pense que vous avez reçu à présent mon petit médaillon de Sébastopol, que je vous ai adressé, le 10, dans une lettre chargée. Je ne pourrai le savoir que dans quinze jours d'ici, non plus que l'effet qu'a produit la prise de Sébastopol, chose dont les cuirassiers sont étonnamment fiers, et qui leur fait discuter, après déjeuner, la probabilité de la création d'un deuxième régiment de cuirassiers de la garde, à leur rentrée en France. A part ce léger travers, ce sont d'excellentes gens, mais qui sont quelquefois bien amusants. Et puis ils boivent trop et ils mangent trop longtemps : les dîners n'en finissent plus et sont si bien prolongés par une conversation vive et animée que, quoique nous nous mettions à table à 5^{h}30^m, vers 8 ou 9 heures je suis obligé de me pincer les oreilles pour m'empêcher de dormir. Comme compensation, il y a des chasseurs dans l'escadron et nous mangeons des cailles rôties presque tous l.s jours, ou du lièvre, ou du turbot, etc.

L'inconvénient, c'est que la pension dépasse 100 fr. et que les lieutenants et sous-lieutenants, qui ne sont pas généralement riches, tirent la langue.

Je fais beaucoup rire le général de Failly et mes camarades de l'infanterie en leur racontant les mœurs et coutumes des cuirassiers, ainsi que leurs différentes opinions et plans de campagne au sujet du siège de Sébastopol et des opérations subséquentes.

Vous savez que lesdites opérations subséquentes se réduisent pour nous, jusqu'à présent, à dormir nos grasses matinées entre nos draps jusqu'à 8 ou 9 heures du matin. Je rougis de l'écrire et je crains de perdre le prestige militaire qu'ont dû me valoir *mes campagnes,* mais c'est pourtant la vérité. Aussi je demande à rebrunir et remaigrir un peu avant de rentrer en France, car autrement j'aurais l'air de *sortir* de la garnison de Strasbourg ou du Mans.

Il est donc inutile de vous dire que je me porte bien, si ce n'est cependant que mon cheval turc est fortement enrhumé et me réveille toutes les nuits, comme un enfant sa nourrice (sans comparaison).

Quant aux chevaux de cuirassiers, ils maigrissent de plus en plus et commencent à descendre la garde. Il devient temps de leur donner un abri meilleur que la voûte des cieux, qui depuis quelques jours nous envoie un peu trop d'eau.....

. . . .

———

Bivouac du Monastère, 25 septembre 1855.

. . . .

Je viens de lire la dépêche du général Pélissier, qui annonce la prise de la tour Malakof ; comme elle est partie avant qu'on ait pu espérer voir les Russes évacuer le reste de la ville, elle n'est pas en effet très concluante ; ce qui m'explique l'effet restreint qu'elle a produit. Nous nous attendions à voir arriver les journaux portant en tête et en grosses lettres : *Prise de Sébastopol* et nous nous étonnions d'en voir parler, en quelque sorte, d'une façon incidente. Mais c'est que la bonne nouvelle n'était pas encore connue complètement. Malheureusement, cette bonne nouvelle sera accompagnée, pour beaucoup de familles, de bien tristes nouvelles particulières. On voit encore des enterrements tous les jours. Je n'ai pas entendu fixer de chiffre pour les pertes et, à vrai dire, je ne tiens pas à le savoir ; en tout cas elles ont produit un résultat immense.

Le complétera-t-on cette année par la prise ou l'investissement du fort du Nord ? C'est ce que nous saurons d'ici à la fin d'octobre ; car je ne crois pas que les opérations puissent se prolonger beaucoup au delà. J'ai été avant-hier assister à la messe de l'armée piémontaise et à la revue qui l'a terminée, et j'y ai eu un très grand plaisir ; c'est la première fois que je voyais ce corps d'armée complet sous les armes, et tout m'y a plu beaucoup : c'est du reste l'impression générale. J'ai vu aussi, par la même occasion, un régiment écossais tout neuf, qui vient de débarquer et qui est, je crois, le plus joli, comme brimborion, des quatre qui sont ici.

Nous continuons à manger des cailles avec acharnement. Positivement, les cuirassiers m'égaient beaucoup, quand ils parlent de leurs campagnes ; j'excepte toutefois le poids du casque et de la cuirasse, qui ne doit pas être gai du tout.

Les dragons sont à Eupatoria, où je ne serai pas fâché d'aller pour voir l'armée égyptienne, dont je n'ai vu qu'une division.

Bivouac du Monastère, 6 octobre 1855.

. . . .

Je jouis en attendant de l'avantage d'être le plus ancien lieutenant du régiment où je me trouve et, en cette qualité, j'ai
des droits superbes. Toute cette semaine, j'ai conduit la promenade du régiment, ce qui me servira à pouvoir dire plus tard
que je me suis trouvé plus d'une fois à la tête de 600 chevaux,
et quels chevaux ! des éléphants. Mes deux chevaux de selle
sont l'amour de tous les cuirassiers, et ils engraissent, pendant
que tous les autres maigrissent. Mon cheval turc est même
atteint d'un excès de santé, depuis qu'il est au régime de la
grosse cavalerie.

. . . .

Je comprends l'anxiété où ont dû se trouver toutes les familles qui avaient des enfants plus ou moins exposés dans le
dénouement du siège ; et malheureusement il n'y aura eu que
trop de deuils. Je ne connais pas les compatriotes que je puis y
avoir perdus, mais j'ai appris avec beaucoup de peine la mort
d'un de Ligniville, qui était capitaine au 1er de zouaves. C'était
un très bon officier, qui, pendant que son régiment n'était pas
encore au siège, s'était fait employer aux francs-tireurs et qui
par conséquent n'a guère quitté la tranchée depuis le commencement. Il n'a malheureusement pas vécu assez longtemps pour
jouir du succès.....

———

Bivouac du Monastère, 9 octobre 1855.

. . . .

Je vois avec peine qu'à la date du 24 les lettres particulières
relatives à la prise de Sébastopol n'étaient pas encore arrivées.

Ce doit être en effet un bien grand sujet d'anxiété pour les familles. Je n'ai pas pu vous donner beaucoup de détails, parce que nous ne sommes pas en position de les connaître. On nous oublie même souvent dans la communication des ordres généraux de l'armée. Cet isolement presque absolu au point de vue des occupations et des relations est l'inconvénient de notre position.

J'ai, en quittant la semaine, couru chez le général de Failly, qui est maintenant très éloigné de nous, mais j'ai eu la mauvaise chance de le manquer : il était allé déjeuner chez l'amiral Bruat, notre ancien hôte du *Montebello*.

Rien de nouveau du reste dans la situation, au moins que je sache. De nouveaux régiments d'infanterie débarquent ; on prétend qu'ils sont destinés à remplacer certains régiments, en tête desquels on cite le 20ᵉ. On dit aussi que la garde va partir ; mais ces nouvelles, quoique accréditées, me semblent prématurées. Voici pourquoi.

La partie de la ville qu'on a attaquée est bien prise ; on peut même dire que la ville, proprement dite, est prise, puisque de l'autre côté il n'existe plus qu'un système de forts destinés à défendre l'entrée de la baie ; mais le port, par cela même, n'est pas libre ; et nous avons toujours à une lieue de nous l'armée russe, un peu démontée probablement, mais recevant des renforts. Elle occupe une position extrêmement forte, en ce sens qu'elle est entourée d'une muraille de rochers presque verticale et ne présentant que deux ou trois passages pour l'artillerie, de la largeur d'une route ordinaire, très faciles par conséquent à défendre.

C'est ce qui explique l'inaction où nous sommes depuis la prise de la ville. On cherche probablement, par des manœuvres sur les deux flancs de la position, soit à trouver moyen de la tourner, soit à la faire dégarnir en inquiétant l'ennemi. En attendant, suivant l'excellent système du général Pélissier, personne ne sait si on fera réellement quelque chose ou si on ne fera rien ; ce qui n'évite pas tous les commérages, mais ce qui les rend moins dangereux.....

———

Bivouac du Monastère, 13 octobre 1855.

..... Nous sommes toujours au même endroit, mais nous faisons préparer un nouveau bivouac à 400 ou 500 mètres du nôtre, qui par parenthèse ne vaudra pas, je le crois, celui que nous occupons. Mais il a l'avantage d'offrir à notre général de brigade les ruines d'une petite maison, et c'est, je crois, le secret de ce changement.

En tout cas, il occupe les gens qui ne savent que faire et ennuie pas mal ceux qui s'occupaient ailleurs. Cependant je dois avouer que je ne m'en suis pas encore beaucoup mêlé. Je suis absorbé cette semaine par les importantes fonctions de chef de popote, c'est-à-dire que je suis chargé de diriger l'achat et la préparation de ces repas copieux qui font les cuirassiers ou que font les cuirassiers, comme vous voudrez.

C'est vous dire que la semaine a été brillante et économique. Cependant je fais des progrès et le général de Failly ne m'aurait pas reconnu ; mais je suis au bout de mes sciences et ne sais quoi donner à déjeuner demain. Vous comprendrez les difficultés de la situation, quand vous saurez qu'on ne nous donne plus de viande fraîche que tous les quatre ou cinq jours, et que cependant il faut, avec du lard ou de la viande salée, confectionner trois plats à déjeuner et trois, plus le potage, à dîner. Le temps du gibier est passé et on n'en trouve plus. Le lard, d'un autre côté, ne prête pas à beaucoup de transformations et les fins becs ne le goûtent que médiocrement. Le capitaine, entre autres, qui probablement a été gâté par sa femme et qui a seul

une solde raisonnable, trouve alors qu'il n'y a rien à manger.
Mais demain je me moque de tout et je rends mes comptes
après déjeuner, ce qui me réjouit d'avance. Tout est du reste
bien cher ; un chou coûte 3 fr., les beaux coûtent 4 fr. pièce.
Je ne sais ce que tout ça coûte en France, mais cela me semble
cher. Les œufs coûtent cinq à six sous. J'en ai acheté une demi-
douzaine, en les essayant avec de l'eau, ce qui, suivant le marchand, est un moyen infaillible, et il y en avait quatre de gâtés
sur les six *bons* que j'ai rapportés, etc.

J'espère que ces détails feront l'édification des personnes qui
s'occupent de cuisine et leur feront comprendre les tribulations
de votre serviteur ; d'autant plus que ceux qui ne font rien ont
presque toujours l'air de penser que, s'ils s'en mêlaient....,
mais ils ne s'en mêlent malheureusement pas.

.   .   .   .

———

Bivouac du Monastère, 16 octobre 1855.

J'ai reçu hier votre bonne lettre du 1er octobre, que j'attendais avec impatience pour savoir si le petit médaillon vous
était parvenu. Quant à mes autres reliques, je ne puis vous
les envoyer de la même façon, quoiqu'elles ne soient ni
lourdes ni nombreuses ; c'est un casque d'infanterie venu de
Malakof, une grenade de giberne venant de la dernière sortie
à laquelle j'ai assisté au siège de gauche et deux de ces pièces
de cuivre à compartiments représentant des saints ou saintes,
assez grosses et très grossières. Il y a loin de là à un service
en porcelaine ou à l'arsenal complet de certains amateurs. Je
voulais à toute force un sabre d'officier, mais je n'ai pu en
trouver un à acheter ; et puis, j'attends que je prenne part
moi-même à l'affaire.

Il paraît toutefois que ce ne sera pas cette année, car depuis hier, ordre est donné à la plus grande partie des troupes de s'installer dans leurs quartiers d'hiver, de bâtir des baraques et d'amasser du bois.

La division de chasseurs d'Afrique est rentrée, il y a deux jours, à Baïdar et va venir camper entre nous et Kamiesch.

..... Heureusement, je finis par mettre la main sur le 20e, où j'avais à faire de nombreuses visites, car je n'avais pas encore vu le régiment depuis qu'il était revenu de Malakof. J'y ai été très bien reçu. Ils espèrent un peu rentrer en France, d'après les termes de la lettre de l'Empereur et l'arrivée de nouveaux régiments, dont trois sont déjà à Kamiesch ; je le leur souhaite de tout mon cœur, car ils en ont assez fait pour leur part et ceux qui ont échappé à Rome, à l'Afrique et à Sébastopol ont bien droit d'aller se reposer un peu. La division de Failly s'est embarquée pour Eupatoria, sans que je le sache et sans que j'aie pu voir le général. J'en ai été vivement contrarié. Je ne sais trop ce qu'elle y va faire ; on dit qu'elle y hivernera.....

———

Bivouac du Monastère, 20 octobre 1855.

Je ne dirai pas aujourd'hui, comme à l'ordinaire, rien de nouveau depuis ma dernière lettre, car on a eu enfin l'heureuse idée de faire une foule de capitaines, parmi lesquels je me trouve. Ce sont nos recrues qui, à ce qu'il paraît, sont, comme on dit, plus intrigants que nous, qui ont fait penser à nous ; et nous avons été nommés en même temps qu'eux. On dit que le général Pélissier, aux représentations qu'on lui faisait à ce sujet, a prétendu qu'il ne demandait pas mieux, mais que, personne ne lui faisant de propositions, il n'avait pu y songer, car il a, en effet, d'autres chats à fouetter. C'était exactement ce que je pensais. Alors on a écrit partout de nous proposer d'office, ce qui a tellement surpris mon colonel, qu'il n'a pu répondre ou à peu près qu'une chose, c'est qu'il n'avait rien à me reprocher. Le fait est que je serais resté dix ans encore au 6e cuirassiers avant qu'il pensât avoir à s'occuper de moi ; et c'est tout naturel. Ainsi a été réparée cette grande iniquité, comme nous l'appelions. Seulement, ceux de nos camarades qui, étant blessés, ne sont plus ici, n'ont pas été nommés, ce qui est toujours de la même force. Mais il est probable que cet oubli sera réparé.

Je ne sais si je n'ai pas eu tort de vous montrer ainsi les ficelles de ma grandeur et de ne pas me borner à exposer le fait dans sa majestueuse simplicité ; mais l'autre manière est plus instructive.

Maintenant, pour parler sérieusement, je vous avouerai que cette nomination, malgré tout cela, me fait grand plaisir, d'abord parce que je pense qu'elle vous en fera, ensuite parce qu'elle me met dans une position en rapport avec mon âge. En outre, les appointements sont augmentés d'une cinquantaine de francs par mois, ce qui m'équilibre à peu près et n'est pas à dédaigner, au prix qu'est le beurre au marché de Kamiesch.....

Enfin, nous avons gagné quelque chose à venir ici, quoique l'avantage positif se réduise à l'augmentation de la solde pendant quelques mois, puisque les dix-sept ou dix-huit rangs que je gagne sur la liste d'ancienneté de ma promotion, mes camarades de France restant lieutenants, seront insignifiants pour le grade de chef d'escadron, auquel nous aurons le temps de penser dans le vingtième siècle. Quoi qu'il en soit de toutes ces considérations et de ce que vous en penserez, je vous annonce mes deux épaulettes avec joie.....

. . . .

. . . .

..... Mes trois chevaux se portent bien, l'arabe se nomme Chérif, le français, Mousqueton ; ces deux noms viennent de la remonte ; quant au troisième, le turc, mes ordonnances l'ont appelé, à cause de son bon caractère, Baptiste. Mes camarades l'appellent Nain jaune, et le contrôle l'appelle, assez bêtement, Zélandais ; moi, je ne l'appelle pas. J'aimerais assez, comme vous le pensez, à ramener un ou deux de mes chevaux en France, mais je n'y compte pas ; car, en supposant, ce qui n'est pas probable, que je rentre avant l'armée, je les laisserais forcément ici, et, si je rentrais avec, on sacrifierait très probablement un très grand nombre de chevaux qu'on vendrait à bas prix en Turquie, le prix et les embarras du transport étant très grands, car le matériel et le personnel à rentrer en France sont immenses. Les vendanges, comme vous me le rappelez, ont été faites ici l'an dernier, mais elles ont été faites pour longtemps. Pendant l'hiver, les racines mêmes des ceps ont été emportées brin par brin par les fantassins aussi proprement et aussi minutieusement que par des fourmis, si les fourmis récoltaient du bois. Le seul raisin que j'aie mangé cette année venait de la côte d'Ialta et nous était apporté à Baïdar par les Tartares et probablement aussi par des espions. Étant de garde au col de Phoros, tous les Tartares qui passaient se croyaient obligés de m'offrir les plus belles grappes comme péage.....

———

Je ne croyais pas de si tôt avoir encore un changement de position à vous annoncer, mais je me trompais, car un ordre

du maréchal me place à l'état-major de la 1ʳᵉ division de cavalerie du 1ᵉʳ corps (division de chasseurs d'Afrique commandée
par le général Morris), attendu, dit l'ordre qui est du 24, que
mon stage de cavalerie est terminé. Cet ordre, auquel je ne
comprends pas grand'chose, puisque je suis des derniers entrés
dans la cavalerie et que j'en sors un des premiers, ne me plait
ni me déplait beaucoup. Cependant, en définitive, je crois que
j'en suis plus content que fâché, surtout pour l'hiver. On
m'avait du reste chargé d'un énorme travail de pont, d'abreu-
voir, de canaux et de chaussées en pierre qui ne m'allait pas
trop.

Mon nouveau chef d'état-major est le colonel Pajol, qui
passe pour être très aimable. Je l'ai vu le 25 mai. Ma nomination, passant par le général de Salles à Baïdar, ne lui était
pas encore parvenue, et il m'a dit de prendre tout mon temps.

Je pars ce matin pour aller m'installer de nouveau sur les
bords de la Tchernaïa, à la gauche des Piémontais, mais pour
très peu de temps probablement, car le nouveau bivouac de la
division de chasseurs d'Afrique, près de Kamiesch, est déjà
désigné depuis huit à dix jours.

———

Bivouac de Kamiesch, le 30 octobre 1855.

..... J'ai rejoint la division de chasseurs, le samedi 27, auprès de Kamara, et le lendemain nous avons reçu ordre de
partir le 29 à midi pour prendre nos quartiers d'hiver à un
quart d'heure environ de Kamiesch, près de deux grands
puits, car la proximité de l'eau est toujours pour la cavalerie la
raison déterminante.

Nous sommes donc arrivés hier seulement et à peine installés, car tous les piquets de tente ne sont même pas mis.....

Je n'ai plus trouvé à l'état-major le colonel Pajol; il a obtenu un congé pour passer l'hiver en France, ce qui prouve, suivant moi, de fameuses protections, car pas mal de gens en désireraient autant. Nous restons trois : un chef d'escadron, un capitaine de trente-huit à quarante ans et moi, et nous faisons un petit ménage bien tranquille qui contraste avec la table de huit ou dix couverts des cuirassiers.

La garde part décidément du 5 au 10 novembre; la plage est encombrée de nouveaux régiments qui débarquent et qui, grâce au temps magnifique que nous avons depuis une quinzaine, paraissent dans la jubilation de leurs cœurs.....

Kamiesch, 10 novembre 1855.

. . . .

..... Ce n'est pas la 1re division qui part, mais seulement quelques-uns des vieux régiments qui étaient en campagne longtemps avant l'expédition de Crimée. J'ai été heureux de voir que le 20e était le premier désigné, car il l'a bien gagné. Il s'embarque lundi sur le *Titan*. J'ai été hier à Traktir faire mes adieux à tous les amis, qui sont tous si contents qu'ils ne pouvaient dire un mot sans rire.

Mon ordonnance a demandé à rester avec moi jusqu'à l'époque de sa libération, qui arrive au mois de mars prochain, et j'ai obtenu du colonel Orianne son passage dans le 7e de ligne.

. . . .

Le colonel Langlois, l'auteur du panorama de la bataille d'Eylau, est arrivé hier pour étudier celui de la prise de Malakof. Aussi j'espère que vous pourrez aller voir cet affreux endroit et y apercevoir le 20e de ligne y débouchant au pas de charge et au bon endroit; à moins qu'on ne fasse là ce qu'a fait, à ce

qu'il parait, Horace Vernet dans son tableau commencé de la
bataille de l'Alma, où l'épisode le plus saillant est la chute
d'un sous-intendant tué par hasard à la suite du prince Napoléon, qui lui-même n'était pas tout près, tandis que la 1re division est arrivée la première et a eu, au dire de tout le monde,
les honneurs et sûrement les trois quarts des pertes de la journée.....

Kamiesch, 13 novembre 1855.

..... J'ai embarqué hier l'ami Girardeau avec tout le 20e, sur
un bâtiment américain, le *Titan,* qui les ramène en France d'un
seul bloc., Du reste, les hommes venus de France récemment
étant versés dans d'autres corps, le régiment ne compte pas
plus de 800 à 900 hommes en tout.

J'ai remis à Girardeau, non pas le casque, qui aurait été trop
embarrassant, mais un petit paquet contenant une vingtaine de
dessins et deux pièces auxquelles je tiens assez. L'une est un
autographe du général Canrobert et l'autre une consigne pour
les éclaireurs, signée, paraphée et revêtue de tous les accrocs
et taches de toute nature, qui peuvent lui donner un chic
assez culotté.

Je souhaite très vivement que tout cela vous arrive en bon
port, ainsi que l'ami Girardeau en personne, et je serai joliment content quand je les saurai l'un portant l'autre à Nancy.

..... On consacre, je crois, dimanche la chapelle de Kamiesch, qui est bâtie en bois, mais où il y a un clocher. Je
crains, médisance à part, que ce ne soit une triste paroisse,
quoique la ville, puisqu'on est convenu de l'appeler comme
cela, s'augmente tous les jours.

. . . .

Nous avons eu cette nuit une façon d'alerte, c'est-à-dire

qu'un cavalier est venu à 1 heure du matin apporter du grand
quartier général l'ordre de se tenir prêt à monter à cheval.
Mais on est si habitué à ces facéties, provenant des *forts* renseignements que nous donnent nos espions tartares, que notre
chef d'état-major a respecté notre sommeil. Aussi, je ne l'aurais pas su, si, grâce au peu d'épaisseur de la tente, je n'avais
pas entendu le cavalier et tout le colloque. Ledit colloque eut
pour résultat de me faire renfoncer la tête sous ma couverte,
avec un redoublement de sommeil. Vous voyez que César
n'aurait pas fait mieux, mais je dois avouer cependant que
nous sommes à trois lieues en arrière des avant-postes.

Nous avons ici à l'état-major un petit-fils du prince Jérôme
(du mariage américain) qui est lieutenant au 7ᵉ dragons et
beaucoup meilleur enfant que monsieur son oncle le prince
Napoléon. Pour vous faire juger de l'étiquette du camp à son
endroit, vous saurez qu'on ne l'appelle pas autrement que
Petite, je ne sais pas pourquoi, car il a presque cinq pieds six
pouces, à moins que ce ne soit parce qu'il est blond et mince.
Moi, qui ne me familiarise pas très vite, je supprime toute
espèce de nom, ou je l'appelle monsieur Bonaparte. Il a un congé
de trois mois et part samedi pour aller rejoindre son auguste
famille ; seulement, par une convention spéciale, il laisse ses
culottes, qui sont garnies en basane jusque bien au-dessus du
genou, à un des capitaines de la division, le bon cuir étant très
rare dans ce pays-ci ; mais un prince et surtout un prince américain a bien le droit d'avoir des moyens de chez lui, comme
disent les soldats.

Nous continuons à piller Sébastopol. Comme il n'y a plus
de curiosités maintenant, je ne désirais qu'une chose, c'est
une chaise, et j'ai la satisfaction de vous annoncer que mes
vœux sont accomplis depuis hier. Il manquait bien un pied
et le siège, mais il y avait un dos sculpté. Maintenant, le tout
est si bien rangé que j'en profite pour vous écrire et, ma

lettre étant terminée, je vais me renverser, pour la relire, sur le dos de ma chaise.....

Nous avons un chasseur d'Afrique qui confectionne les gâteaux de riz sans lait, sans œufs (j'allais dire sans riz) et qui les fait cuire sur la pierre encore mieux que le sapeur du général de Failly. C'est fondant !....

———

Samedi, 17 novembre 1855.

. . . .

A propos de malheur, il en est arrivé un très grand avant-hier près du moulin d'Inkerman : des magasins à poudre de notre artillerie ont sauté et ont tué et blessé beaucoup de monde. Je ne vous donne pas de chiffre, parce que je n'en connais pas d'exact.

Jamais je n'ai entendu pareille explosion : j'étais, dans ce moment-là, me promenant dans le camp de la cavalerie anglaise à Balaklava ; et les détonations furent si intenses que je crus qu'elles partaient de l'autre côté du rocher, tandis que j'en étais à plus de six kilomètres. Voyant ensuite la fumée s'élever dans la direction de Malakof, je m'imaginai que c'étaient les docks que nous faisions sauter. Et ce n'est qu'en rentrant le soir que j'appris la vérité. On ne connait pas la cause de ce sinistre, comme c'est assez l'ordinaire dans ces sortes d'accidents. Tout ce qu'on sait, dit-on, c'est qu'on déchargeait dans ce moment et près de ce magasin des projectiles russes. On a eu grand'peur pour la poudrière anglaise qui est dans la tour même du moulin et tout à côté. Heureusement le feu ne s'y est pas communiqué.

J'aime mieux vous parler de notre nouvelle installation qui avance : la baraque se couvre et nous sommes favorisés par le

temps. J'ai, en attendant, touché au campement une grande
tente française de forme turque d'un nouveau modèle et sous
laquelle je suis très confortablement installé. Elle est toute
neuve, en bonne toile, et sous elle je braverai la pluie : ce qui
ne me paraissait pas aussi sûr sous celle que je viens de quitter
et qui était percée de cinq ou six trous, sans compter ceux qui
se préparaient.....

Kasatch, 24 novembre 1855.

. . . .

Ma nouvelle arme doit du reste vous rassurer amplement
sur ma participation à tous les sièges possibles et même à toute
espèce d'opérations d'ici au beau temps, car on nous a mis en
toute dernière ligne.

Nous nous consolons du peu de danger et par conséquent
du peu d'honneur de notre poste actuel, en nous y casant le
plus confortablement possible. Notre baraque marche rapidement. J'ai la satisfaction de vous annoncer que la face qui
n'est pas revêtue en planches vient d'être crépie : ce qui est un
grand luxe pour le pays. J'en aurai le quart, il y aura deux
poêles dans les trois autres quarts, et, comme je n'en ai pas, je
compte beaucoup sur le peu d'épaisseur des cloisons pour me
chauffer gratis. Il y a plus, c'est qu'on a eu la galanterie de
me céder le côté du midi pour cette raison, de sorte que je suis
persuadé que c'est chez moi qu'il fera le plus chaud, tout en
conservant le droit de dire que je suis un militaire à ce point
féroce que j'ai passé deux hivers en Russie et sans feu. Du
reste, comme, l'hiver dernier, sous la tente, je n'ai jamais eu
bien froid et que l'hiver dernier était, à ce qu'il paraît, un hiver
très rude, à en juger au moins par les commencements de celui-ci, je me crois sûr de pouvoir vous écrire et faire des bons-

hommes tout l'hiver, sans souffler sur mes doigts. C'est à peu de chose près tout ce que j'ai à faire ici. Notre chef d'escadron, qui est marié, ayant besoin pour se distraire de beaucoup travailler, dévore à lui tout seul toute la besogne, de sorte que des deux capitaines qui sont garçons, l'un, qui est votre serviteur, est heureux d'avoir une manie, et l'autre passe son temps à essayer de faire un bon déjeuner à Kamiesch, chose à laquelle il n'a réussi encore qu'une fois, à ce qu'il dit. C'est du reste un homme qui s'est formé le jugement et le palais par un très grand nombre d'inspections générales ; ce qui lui procure l'avantage de ne rien trouver de bon à notre popote, qui est cependant dirigée avec un talent remarquable (toujours par le même chef d'escadron). Mais je m'y lèche les doigts et maintenant que je n'ai plus la concurrence des cuirassiers, je suis renommé pour mon bon appétit.....

Kamiesch, 3 décembre 1855.

..... Le temps a été très mauvais toute la semaine dernière. Bien nous a pris de nous installer dans notre baraque, où nous sommes maintenant tous : la salle à manger et le bureau ont été aussi inaugurés, et nous sommes tous très contents de notre installation.

J'ai deux petites tables, une chaise, un tabouret, une natte et plusieurs caisses à biscuit ; de sorte que je suis installé beaucoup mieux qu'un général de brigade l'année dernière. Mon ordonnance s'est donné le luxe d'un magnifique balai de crin, qu'il a trouvé, prétend-il, dans la plus belle maison de Sébastopol. Quand j'étais sous ma tente, il balayait avec une branche de fagot, mais maintenant que je suis dans une maison, il se pavane avec son balai et balaie toute la journée.

L'autre ordonnance, que m'ont donnée les chasseurs d'Afrique, s'est trouvée par bonheur être un charpentier et nous a construit les trois quarts de notre installation, de sorte que pour le quart d'heure je suis très bien monté.

J'ai acheté, la semaine dernière, mon quatrième cheval, que je devais avoir depuis ma nomination de capitaine (deux fournis par l'État, deux par moi); mais j'ai commencé modestement par un cheval turc qui sera uniquement un cheval de bât, sauf à le vendre plus tard pour acheter un cheval de selle, ce qui est plus rare et beaucoup plus cher.

Je suis content d'être au complet et ne redoute plus les voyages; toutefois, je désire passer le plus mauvais temps dans notre baraque; ce qui est du reste infiniment probable, à moins qu'on ne nous envoie à Constantinople, comme la cavalerie d'Eupatoria.

Mais personne n'y croit, car les mêmes causes (la difficulté de ravitaillement) n'existant pas et comme il faut toujours de la cavalerie ici, c'est nous qui resterons, au moins jusqu'à la belle saison. Car on commence à parler beaucoup d'un rembarquement partiel, mais je crois que rien n'est encore décidé. Le général Martimprey, chef d'état-major général, qui est maintenant en France, rapportera probablement une solution. S'il est avéré qu'on ne peut déboucher sans désavantage, ni par Baïdar, ni par Eupatoria, et si du reste on ne juge pas convenable de conquérir le reste de la Crimée, il faut bien aller ailleurs. Les Anglais tirent, je crois, tant qu'ils peuvent du côté de l'Asie et finiront probablement par aller y faire leur petite affaire. Quant à nous, quand nous aurons suffisamment guerroyé, nous finirons par nous ennuyer, et nous rentrerons chez nous, les mains nettes, suffisamment satisfaits d'avoir rétabli pour quelque temps l'équilibre européen.

Quant à moi, non moins intéressé que les Anglais, je fais des vœux, s'il faut rester en Orient, pour ne pas les quitter, afin de voir la légion allemande, la légion italienne, la légion turque, les Albanais à cheval, etc., et autres choses curieuses, qui manquent encore à ma collection. Après quoi, suivant mon plan immuable, je désire rentrer en France par la vallée du Danube et le pont de Kehl, et à la tête de toute ma smala, avec mon cheval blanc, mon cheval gris, mon cheval jaune et mon cheval noir, pour aller bivouaquer sur la place de Grève, si toutefois il est permis d'y faire des trous.....

..... J'ai eu le plaisir de rencontrer hier, à Kamiesch, un jeune officier d'artillerie fort barbu, qui marchandait des choux et des pommes de terre avec le même air consciencieux et embarrassé que je dois prendre dans les mêmes circonstances. Lequel jeune officier barbu n'était autre qu'O.... Ayant de plus raccroché un de mes compagnons de misère au 39ᵉ, lequel se trouve maintenant adjudant-major au 11ᵉ léger et décoré, nous avons fêté cette rencontre de trois compatriotes, en allant nous prélasser sur les tabourets du plus beau café de l'endroit. Ce café, intitulé pompeusement cercle de MM. les officiers et qui est en effet honoré de la pratique de tout ce qui porte l'épaulette, depuis le général de division jusqu'au sous-lieutenant, attendu que c'est le seul où on ne rencontre ni pékin (et il y a des raisons pour cela) ni mercanti (c'est le nom générique de tout ce qui commerce à Kamiesch), deux espèces, comme vous savez, — les pékins et les mercantis — fort désagréables au véritable militaire, ce café, dis-je — car je ne sais plus où j'en suis dans ma phrase — est arrivé à un haut degré de splendeur depuis la prise de Sébastopol. D'abord, il y a un poêle, ce qui est rare, à ce qu'il paraît, ensuite une grande quantité de pièces d'ameublement ramassées dans différentes maisons et qui ne sont pas trop écornées. Enfin, on vient de tendre les murailles, qui sont en planches, avec de la toile à matelas qui fait un assez joli effet. Moyennant tout ce luxe, on a l'avantage de consommer là de l'eau sale — comme toute l'eau de Kamiesch —

en grog, absinthe, etc., le tout pour des prix assortis à la localité.

Enfin, au comptoir il y a une belle dame avec une belle robe de soie, couleur claire, qui, à ce que disent les gens qui posent en vieux Africains, a été très jolie à Oran, lors de la campagne d'Isly.....

———

Kazatch, 8 décembre 1855.

. . . .

Quant à l'argument de la nécessité de ma présence ici, j'avoue que, si le ministre y était sensible, il m'enverrait en congé tout de suite, car il n'y a vraiment rien à faire, mais ce pauvre ministre a bien d'autres chats à fouetter. Il s'est ému de ce qu'on avait raccourci mon stage de cavalerie, ce qui est une chose grave dans les circonstances actuelles, et en écrivant pour avertir qu'il me confirmait dans mon grade de capitaine, il a en même temps déclaré que je ne devais pas cesser d'appartenir au 6ᵉ cuirassiers, et que, puisqu'on pouvait m'employer réglementairement partout ailleurs, il devait au moins observer que cela ne me compterait pas pour mon stage.

De sorte que j'ai encore sept mois de cuirassiers forcés à faire, car ce cher ministre m'y compte comme présent depuis le 1ᵉʳ juin et me fait cadeau de deux mois. Je voudrais bien connaître la forte tête qui se donne tant de mal à mon endroit, tandis que j'ai des camarades qui n'ont jamais paru au régiment et n'en font pas moins leur petit stage ; mais j'ai probablement tort de lui en savoir mauvais gré, car il est possible que ce soit précisément le 6ᵉ cuirassiers qui me fasse vous revoir plus tôt.

. . . .

J'ai dîné cette semaine chez nos deux généraux de brigade, dont le premier, le général Cassaignole, m'a beaucoup plu et me rappelle le général de Failly, qui continue à rester mon type. Le second, le général Feray, m'a semblé aussi aimable et de bonnes façons, mais n'a obtenu que le n° 2 et me parait beaucoup trop gourmet pour ressembler à mon ex-chef. Je ne suis plus du reste au milieu de la simplicité, générale dans l'infanterie, car ces deux messieurs ont de la vaisselle plate et chez le général Feray il y a, s'il vous plait, un cuisinier-pâtissier qui nous a servi des petits pâtés, une tourte, une tarte et une croquande, qui aurait pu représenter la tour Malakof. Où est le beefsteak du général de Failly après lequel il demandait sa pipe pour attendre que j'aie expédié les autres plats? Il est vrai, du reste, que le comte Ferey est le mari d'une dame d'honneur de l'Impératrice et le gendre du maréchal Bugeaud...

Kamiesch, 11 décembre 1855.

. . . .

Je dessine un peu, je lis un peu, quoique les livres, surtout les livres intéressants, nous manquent beaucoup; on se lève tard et on se couche tôt, et on reste indéfiniment à table après le café. Mes deux collègues s'absorbent dans leur pipe turque, et ne soufflent mot; moi, je fais tourner mes pouces. L'intendant, qui est le plus bavard des quatre et celui qui sait le plus d'histoires, est malheureusement indisposé depuis quatre ou cinq jours et garde la tente, de sorte que la conversation s'en ressent. J'ai peur que cela n'aboutisse à l'installation d'une partie de n'importe quel jeu, dont je tâcherai cependant de me défiler, car si on se laisse prendre une fois, c'est une tyrannie de tous les soirs, au lieu qu'avec un gros *non* on en est quitte pour longtemps.

Notre baraque devient très bonne, depuis que nous y brûlons Sébastopol en détail.....

. . . .

Dès que j'ai assez de temps, je monte à cheval et je vais flâner dans les camps anglais les plus près, qui sont malheureusement à six bons kilomètres au moins (je crois fort même qu'il y en a plutôt dix que six), de sorte qu'avec les mauvais chemins, il faut partir de suite après le déjeuner et ne rentrer que pour diner.

. . . .

Kazatch, 1ᵉʳ janvier 1856.

. . . .

J'ai eu ici du reste des étrennes d'une autre nature. Le général Morris m'a donné les planches d'une superbe théorie russe d'infanterie, trouvée je ne sais où, et renfermant une cinquantaine de bonshommes russes de tous grades, dessinés avec beaucoup de soin. C'est actuellement la plus belle pièce de ma collection et je lui rêve une place d'honneur dans le cabinet dont vous me parlez.

Ce matin, j'ai de plus reçu dans mon lit les visites matinales de mes deux ordonnances, infanterie et cavalerie, qui sont venues successivement me souhaiter une bonne année, beaucoup de prospérités et tout ce que je pouvais désirer. Vous voyez que la formule est la même en Crimée qu'en France. Puis le cuisinier s'est présenté à une heure un peu moins indue, suivi de son aide, qui est des environs de Neufchâteau. Après les avoir accueillis avec ma dignité habituelle, j'ai procédé à mon lever et j'ai été serrer la main du commandant ; ensuite j'ai été donner deux coups de poing à la porte de mon voisin de Montigny qui *respirait* encore fort bruyamment dans son lit (il était 10 heures), quoiqu'il eût déjà été .dérangé pas mal de fois par les souhaits de sa smala. Et, à défaut de serrure, je lui ai crié mon compliment par les fentes de sa porte. Après quoi, j'ai pris mon papier à lettres, et vous voyez ce qui en est résulté. Il me semble difficile que, malgré l'ordre, nous ne fassions pas une visite quelconque au général, mais, à mon grand contentement, je crois que toutes les cérémonies se borneront là. Voilà notre commensal le sous-intendant qui entre avec sa dernière bouteille de bordeaux, qu'il apporte pour boire à la santé de l'année 1856. Nous avons de plus un pâté du meilleur faiseur de Kamiesch, grand comme une assiette, renfermant des viandes inconnues et coûtant 12 fr.

————

Kazatch, 5 janvier 1856.

. . . .

J'ai été interrompu bien mal à propos par les cérémonies du jour de l'an, lors de la dernière lettre que je vous écrivis. Cependant elles ont été assez réduites cette année ; seulement, elles sont arrivées mal à propos. Demain, nous sommes tous invités à faire les Rois chez le général Morris. Il y aura un double motif de gala, car on a reçu hier la nouvelle que le général Feray, qui commandait la 2e brigade de la division, était nommé général de division. Grand bien lui fasse ! On ne sait encore si cette nomination amènera quelque changement dans les généraux de division, mais je ne le pense pas.

. . . .

Je dois vous rassurer sur les privations auxquelles nous sommes exposés, spécialement à l'endroit des miroirs. Maintenant surtout, on en a d'aussi grands et d'aussi ornés qu'on veut ; mais dussé-je paraître avoir plus de plaisir à me considérer que

je n'en ai réellement, j'avouerai que, depuis le commencement
de la campagne, j'ai toujours eu un petit miroir de soldat, grand
comme deux pièces de cent sous et qui a même trouvé place
dans mon sac, quand, en débarquant en Crimée, j'ai été obligé
de porter tout sur mon dos, y compris ma maison et mes
vivres, ce qui, j'espère, ne recommencera pas. Je me hâte du
reste d'ajouter que je crois que tout le monde en fait autant
et que c'est un objet qui fait partie des effets réglementaires du
soldat. Les hommes ont, à ce qu'il parait, tant d'affection pour
eux-mêmes qu'ils ne pourraient rester longtemps sans se voir.
Quant à savoir de quelle couleur je suis, l'hiver nous blan-
chit, à tous, le teint d'une façon assez prononcée ; et quant à
moi en particulier, je n'ai pas encore eu le loisir de me voir
acquérir une mine bien féroce, quoique j'y tienne beaucoup
pour rentrer en France.....

———

Kazatch, 8 janvier 1856.

..... Rien de nouveau ici ; dimanche, nous avons fait, comme
je vous l'avais annoncé, les Rois chez le général Morris avec
les trois autres généraux de cavalerie de l'armée d'Orient et
leur état-major. Nous étions dix-neuf. Le diner était très brillant pour l'endroit.

Du reste, son chef est une des célébrités gastronomiques de
Crimée (c'est un hussard). Sa réputation s'était étendue jusqu'au grand quartier général. L'officier chargé de ce détail
important chez le maréchal Pélissier, qui y tient beaucoup plus
que le général Canrobert, écrivit, il y a six semaines, au général
Morris que le maréchal, ayant perdu son cuisinier, lui serait
très reconnaissant de lui octroyer son hussard, puisque ce hussard n'était alors ici qu'aide de cuisine.

Le général Morris heureusement n'est pas honteux et rétorqua le calembour, en écrivant au maréchal que, trop heureux de lui être utile, il s'empressait de mettre à sa disposition non pas son aide de cuisine, ce qu'il ne se permettrait pas, mais bien son propre cuisinier en chef. Qui fut attrapé ? le maréchal ; mais on prétend cependant qu'il trouva le tour très bon.

Et voilà comment nous avons fait le dîner le plus *fort* qui se soit encore produit en Crimée.

Kazatch, 12 janvier 1856.

. . . .

Depuis quelque temps, je lis les quelques journaux que j'attrape afin d'y découvrir de quoi il retourne. Mais j'y perds mon latin et m'en tiens à ma propre opinion : à savoir que la guerre continuera. J'ai encore une autre opinion, que je vous dirai en cachette, c'est que, si elle continue, je crois que tout le monde aura tort, spécialement les Russes et nous. Enfin, une troisième opinion, c'est que, si elle continue et qu'on en transporte le théâtre loin d'ici, sur le Danube par exemple, la majeure partie de l'année se passera en embarquement, débarquement, préparatifs et marches. Mais, comme en 1853 j'avais aussi l'opinion qu'on ne ferait pas la guerre en 1854, et, en 1854, qu'on n'irait pas à Sébastopol aussi tard qu'en septembre, je laisse mes opinions actuelles pour ce qu'elles valent. Nous avons reçu hier la nouvelle organisation de la Garde. Il est étonnant de voir augmenter autant la cavalerie, qui jusqu'à présent n'a pas de rôle dans cette guerre-ci. Mon ex-lieutenant-colonel du 20e, le colonel Douay, des voltigeurs de la Garde, vient d'être nommé général de brigade.

. . . .

Demain, grand diner de réjouissance chez le général Feray, nommé général de division. Décidément, j'aime mieux l'infanterie ; ici, il y a trop de grands diners.

———

Kazatch, 15 janvier 1856.

..... Nous sommes allés, comme je vous l'avais annoncé, fêter les trois étoiles du nouveau promu, qui a été plus aimable encore qu'à l'ordinaire, ce qui prouve un bon naturel. Cette fois, je ne vous donnerai pas le menu ; vous devez être au courant, maintenant, et pouvez l'imaginer. Je me rappelle que dans une de vos précédentes lettres vous me demandiez des renseignements sur notre manière de vivre, à nous. Voici le fond de la chose.

L'État fournit aux troupes en campagne, officiers et soldats, les vivres en nature qui consistent en : 1° viande fraiche, ou lard, ou viande salée, ou conserves de viande ; 2° pain de munition ou biscuit ; 3° riz, sel, sucre et café. Le riz est quelquefois remplacé par d'autres légumes secs.

Chaque soldat a par jour une ration de chaque espèce, dont je ne vous dirai pas la quotité, parce que je ne me la rappelle plus au juste. Suivant moi et suivant ceux qui ont même appétit, « il n'y a pas gras », pour employer une locution spéciale. Ce qui le prouve, c'est qu'ils ramassent, n'importe où, n'importe quoi pour augmenter l'ordinaire. En outre, les ordinaires achètent, avec la partie de la solde à ce destinée, des suppléments de vivres, spécialement en légumes, sucre et café. Ici les troupiers prennent comme en Afrique au moins deux, et presque toujours trois grands bols de café assez étendu d'eau, mais où ils mettent autant de sucre qu'ils peuvent. On y fait tremper du biscuit, et cela constitue la soupe au café. C'est l'aliment préféré, en marche surtout. On ne fait pas une halte d'une demi-heure sans que le café ne soit sur le feu.

Passons aux officiers. Les règlements allouent aux officiers un certain nombre de rations de soldat, qui augmente en raison du grade : un capitaine d'état-major en a trois, un chef d'escadron quatre, un sous-intendant quatre. Nous avons, à nous quatre, quatorze rations de soldat à dévorer. Mais d'autre part il faut considérer que le cuisinier et l'aide-cuisinier y puisent eux et leurs amis ; qu'en outre, dans les distributions de viande, on sacrifie un peu de la quantité pour gagner de la qualité. Enfin la monotonie est une chose si dure en cuisine que toutes les popotes, même les plus modestes, achètent de quoi faire diversion de temps en temps.

Ajoutez à cela la question des assaisonnements et des liquides et, en tenant compte du prix exagéré de toutes les denrées à Kamiesch, vous comprendrez comment, tout en étant nourris par le gouvernement, nous payons cependant nos pensions plus cher qu'à Paris, le tout pour manger beaucoup plus mal. Mais ce dernier point dépend, il est vrai, beaucoup du talent du cuisinier et de la direction plus ou moins habile de l'officier-chef de la popote. Ce sont ces importantes fonctions dont je vous ai déjà parlé comme m'étant très antipathiques. Le commandant les occupe ici, et c'est pour moi un des grands avantages de la division de cavalerie. Puisse cet heureux état se prolonger longtemps !

J'espère que vous voilà renseignés ! Ah, j'oubliais cependant de vous dire que les soldats reçoivent presque tous les jours, mais seulement comme gratification, une ration d'eau-de-vie ou une ration de vin, quelquefois les deux. Les officiers ne reçoivent jamais de liquides, mais sont admis dans cette campagne à en acheter dans les magasins de l'État, au prix de revient : ce qui est un assez gros avantage.....

Kazatch, 18 janvier 1856.

. . . .

..... On vient de poser à Kamiesch des becs de gaz, mais le gaz n'est pas encore arrivé. En attendant, on le remplace par des bouts de bougie, la chandelle n'étant pas connue dans ce pays-ci. Si vous trouvez l'éclairage peu économique, rassurez-vous. Les habitants sont riches et d'ailleurs, à $9^h 30^m$ du soir, tout doit être éteint à l'extérieur comme à l'intérieur des maisons. Je ne plaisante pas : les plus gros négociants sont obligés de souffler leur chandelle au roulement du tambour de garde, ni plus ni moins que le dernier des militaires français en France, sinon, la visite du gendarme et 25 fr. d'amende. Il y a cependant exception en faveur d'une espèce de théâtre ou café chantant ; mais à heure fixe (à $10^h 30^m$, je crois) on expulse le public, le propriétaire de l'établissement éteint immédiatement ses quinquets et va probablement se coucher à tâtons, lui et ses garçons, tandis que le public regagne, comme il peut, ses baraques et se couche sans chandelle. Que pensez-vous de cette discipline pleine de couleur locale, et croyez-vous qu'un grand-prévôt russe ferait mieux les choses ? — Voilà, voilà les excès du sabre !

Il paraît cependant qu'il y a des compensations, puisqu'il arrive tous les jours des amateurs et que deux de nos marchands de vin de Gallipoli viennent de liquider les affaires de leur *maison* (ils sont devenus des *maisons*) et de rentrer en France avec 300 000 ou 400 000 fr. de bénéfices, à ce que disent les gens modérés. Il faut en tout cas qu'ils aient la poche assez bien garnie, puisqu'ils se déclarent satisfaits.

. . . .

Kazatch, 22 janvier 1856.

. . . .

Le général Duhesme, qui remplace le général Feray, est arrivé hier. On assure ici qu'un conseil de guerre a dû se tenir le 9 janvier, à Paris, sous la présidence de l'Empereur.

S'il en est ainsi, nos destinées sont probablement décidées à l'heure qu'il est, et nous saurons bientôt de quel côté nous irons guerroyer en 1856. Il est probable qu'on ne le publiera pas tout de suite, mais il est toujours possible de deviner ces choses-là à différents préparatifs. Ceci nous préoccupe davantage que tous les canards diplomatiques, qui probablement n'aboutiront pas plus cette année que l'an dernier.

J'ai là, dans la poche, un article du *Morning-Post* que vous avez peut-être remarqué et qui est incroyable de violence, à l'égard de ce bon roi de Prusse. Il y a ici un officier de spahis qui est Prussien. Il en est furieux et prétend que les Prussiens vont nous manger tout crus. Mais je souhaite de tout mon cœur qu'on les laisse tranquilles; et j'y compte bien, car à moins qu'on ne rembarque une partie de cette armée-ci, on pourrait à peine former en France une armée égale à la nôtre en infanterie et en artillerie. Et puis la Prusse est trop près de chez nous, et quoique je ne fasse pas l'injure à nos camarades de France de croire qu'ils les laisseraient entrer, le cas échéant, j'aime mieux voir la guerre se continuer par ici.....

———

Camp de Kazatch, 26 janvier 1856.

. . . .

..... Il me paraît incontestable que la nouvelle de l'acceptation des conditions autrichiennes n'est pas un canard. Seulement, ces conditions sont-elles bien ce qu'on dit, sont-elles bien sincères, ou ne cachent-elles pas seulement l'intention de gagner du temps et désarmer l'Autriche, qui, prétend-on, a montré les dents? C'est ce que la suite nous apprendra, comme disent les grands journaux. Quoi qu'il en soit, cette nouvelle a fait ici pas mal de sensation. Les mercantis de Kamiesch sont dans la consternation, et, le premier jour, ils formaient dans les rues boueuses de la localité des groupes semblables à ceux qu'on forme, je suppose, à Paris, la veille d'une révolution. Cependant, ils ne se sont point révoltés et, le lendemain, ils n'en ont repris qu'avec plus d'acharnement leur commerce, mais il parait qu'il faut se presser d'écouler.

Quant au militaire français, je dois à la vérité d'avouer, dussiez-vous en être surpris, qu'il s'est rencontré généralement assez satisfait, car décidément cette pauvre Crimée, l'hiver, n'est pas un pays délectable. La nouvelle a fait son chemin avec une rapidité incroyable, et la vivacité non moins grande de l'esprit français a fait qu'on a été, je crois, presque étonné de ne pas suspendre, au premier moment, les travaux de fortification de Kamiesch. Mais la première fièvre est déjà calmée, et maintenant on est un peu dégrisé. Cependant, maintenant viennent des idées plus sérieuses et tout en protestant qu'on ne croit pas à la paix et se répétant que c'est une seconde représentation de la pièce diplomatique de l'an dernier, on commence à discuter les garnisons à choisir, les souhaits qu'on va pouvoir bientôt réaliser, etc. En somme, la soif de nouvelles est extrême. Le maréchal a, dit-on, envoyé la dépêche au général Luders, qui commande en l'absence du prince Gortschakof; mais ces farouches guerriers n'en ont tiré que plus fort aujourd'hui sur Sébastopol, où heureusement ils ne font pas grand mal. Nos amis les Anglais se montrent au moins aussi joyeux que nous, quoique je suppose que la nouvelle soit moins bien accueillie en Angleterre qu'en France,

John Bull étant un assez désagréable bouledogue, une fois qu'il est fâché, et le nombre des familles intéressées étant relativement beaucoup moindre de l'autre côté de la Manche que chez nous.....

Kazatch, 2 février 1856.

. . . .

Du reste, on ne parle pas plus d'évacuation qu'avant l'acceptation, quoique les gros bonnets paraissent croire ferme à la paix. Il est évident qu'elle dépend de l'Autriche et que tous les États allemands (petits, moyens et gros) doivent faire au tsar des exhortations bien sincères pour éviter le grand branle-bas que paraissait nous réserver le printemps.

Vous avez pu voir que les cosaques du Sultan viennent de se transformer en division polonaise, avec infanterie, cavalerie, etc. En outre, la légion italienne commence à faire acte de vie, en envoyant un jour de solde à l'armée piémontaise et en parlant beaucoup d'armée italienne et de bravoure italienne. Si une fois les Anglais, qui sont plus hardis et moins scrupuleux que nous, se lancent dans cette voie-là, avec leurs banknotes, cela pourra aller loin. Moi, je me borne à désirer beaucoup voir les Polonais, dont on dit des merveilles ; vous savez bien que j'ai toujours un faible ridicule pour les lanciers polonais, comme on disait autrefois.....

Kazatch, 5 février 1856.

. . . .

Le courrier arrivé dans la nuit d'avant-hier est un courrier extraordinaire, qui a, dit-on, apporté la nouvelle de l'ouverture des conférences pour le 14 février, à Paris. Hier, nous avons fait sauter le fort Saint-Nicolas, qui était resté seul intact du côté de la baie que nous occupons et qui garantissait une portion de la ville en la couvrant. Tout cela fait penser beaucoup de gens à un rembarquement, mais j'aime mieux attendre un peu, pour tirer mes plans, comme disent les soldats.

Les quatre ou cinq jours de février que nous venons de traverser ont fait regretter le mois de janvier. Cependant aujourd'hui, mardi gras, il fait beau, tandis que, l'an dernier, nous avons eu la plus grosse bourrasque que j'aie essuyée en Crimée : c'est ce jour que nous sommes allés rechercher aux monts Fédioukhine les Écossais et la cavalerie anglaise qui, n'ayant pas reçu le contre-ordre, s'en étaient allés bravement y passer la nuit.

Cette année, rien de pareil, et, quoique le carnaval ne soit pas brillant, il parait cependant qu'on danse à Kamiesch et autres lieux. Je n'ai pas eu la curiosité d'y aller voir.

J'ai été hier dîner au 3ᵉ de chasseurs d'Afrique, à l'occasion de la nomination d'un capitaine. La chose a été aussi gaie et aussi bruyante que peut être une fête de cette espèce chez les chasseurs d'Afrique. J'y ai retrouvé un capitaine qui avait fait à peu près tous les frais du punch que j'avais donné à Bougie, en arrivant au 20ᵉ C'est un homme inappréciable dans une circonstance pareille, et cette fois il s'est surpassé, parce qu'il avait l'avantage d'être doublé d'un vieux capitaine alsacien, qui lui donne la réplique.

. . . .

———

Kazatch, 12 février 1856.

..... Nous avons fait sauter hier le fort Alexandre, et les Russes tirent toujours sur la ville et sur les troupes de la Tchernaïa. Le théâtre de Kamiesch va être fini, et la boue rend

les courses, même par le beau temps, très fatigantes pour les
chevaux et quasi impossibles à pied.....

On parle beaucoup maintenant d'occupation provisoire, au
cas où la paix se ferait, et la grande question est de savoir, le
cas échéant, quels seraient les corps qui resteraient. Il ne faut
pas se dissimuler que les chasseurs d'Afrique ont beaucoup de
chances pour partir les derniers de la cavalerie. Mais tout cela
est dans un avenir encore si incertain, que je pense qu'il vaut
mieux ne pas s'en tracasser d'avance.

. . . .

Je m'amuse à mettre en ordre mes notes sur l'armée anglaise
et à les compléter, quand j'en trouve l'occasion; mais c'est
rare. Quoi qu'il en soit, j'ai déjà pas mal de choses et je crois
que j'enfoncerais très facilement le premier officier anglais
venu, sur l'article uniforme, bien entendu.

Je me réjouis à l'idée de vous montrer tout cela, puis de
partir de là pour commencer une collection des uniformes
anglais de l'Empire, au sujet desquels il y a un document précieux à la Bibliothèque impériale. Vous savez qu'avant de
partir, j'étais possédé du désir de retrouver les uniformes vrais
de l'Empire; je crois que pour l'armée anglaise ce sera moins
difficile que pour la nôtre.

Vous voyez que pour le genre d'idées qui m'occupent, maintenant que nous sommes dans le *statu quo* de faits et d'idées
aussi complet que possible et à cause du peu d'occupations que
nous avons, on m'envie généralement ma manie; mais à cela
je réponds qu'il *faut être pris tout petit*.

Le capitaine Montigny s'acharne, tous les soirs, après dîner,
à la poursuite de la même *paliverne*. Vous savez sans doute ce
que c'est. C'est une espèce de jeu de cartes qui se joue tout
seul, et dans lequel cependant on ne gagne pas toujours; ce
qui en fait le chic.....

Kazatch, 15 février 1856.

. . . .

Vous voyez que la paix commence à faire sentir son influence civilisatrice. Toutefois, ce n'est point, là, celui de ses bienfaits qui m'a touché le plus sensiblement cette semaine. Mon ordonnance, M. Maridé, m'a gratifié d'un autre genre de douceur, dont le récit va détruire, je le crains bien, le reste d'intérêt que ma position guerroyante peut inspirer encore aux cœurs sensibles et patriotiques. Je veux parler d'un superbe *oreiller,* qu'il a confectionné lui-même et rempli de plumes de je ne sais quelle volaille et pour lequel il est en train de coudre des taies. Je n'ai pas osé dire que j'aurais préféré du crin, pour rendre la transition moins brusque, et me voilà maintenant, grâce à mon oreiller et au plumeau de Sébastopol, dont je vous ai déjà parlé, meublé de manière à rendre jaloux le capitaine Montigny lui-même, lui qui a hérité du lit d'un général de la Garde.....

..... Il y a bien encore un nouveau procédé de chasse au renard (sans renard) que les Anglais ont inventé, mais il a déjà probablement été éventé par quelque journal. Vous savez ou vous saurez que se casser le cou en courant après un renard, ou en faisant semblant, est, pour un Anglais quelque peu gentleman, le plus enviable des plaisirs. En conséquence, l'hiver dernier même, pendant qu'ils n'avaient plus de chevaux pour le service, nos alliés avaient encore quelques méchants bidets, sur lesquels ils poursuivirent, deux ou trois fois, un renard importé en Crimée à cette seule fin. Mais le renard ne dura pas longtemps ; un ou deux chiens lui succédèrent. Ce moyen était faible, on vient de trouver mieux. Un gentleman de la bande part une demi-heure d'avance, avec son cheval et une grande carnassière remplie de petits morceaux de papier. Ce monsieur adopte un itinéraire aussi fantastique que le lui permet sa monture, en répandant sur son passage, à l'instar du petit Poucet, des morceaux de papier. Une demi-heure après son départ, tous les chasseurs, guidés par cette piste blanche, s'élancent à sa poursuite avec l'obligation de franchir à fond de train tous les obstacles qu'il a surmontés lui-même. Celui qui l'attrape le premier a gagné, et ceux qui tombent ont perdu.

———

Kazatch, 19 février 1856.

..... Il m'est tombé une tuile sur la tête. On va établir des norias aux puits qui alimentent nos abreuvoirs, et je suis chargé de diriger le travail de maçonnerie. Il était écrit, à ce qu'il paraît, que je n'échapperais pas à une corvée de ce genre. Je vous dirai quand elle sera finie. Rien du tout, du reste, de nouveau ici. Nous attendons. Les Russes tirent sur nous un peu plus fort que de coutume, mais heureusement ne nous font pas grand mal. Cependant, le très petit nombre d'hommes qu'ils atteignent est encore trop, car ce tir ne peut avoir aucun but et aucun résultat. C'est montrer un acharnement peu digne d'une armée, puisque nous ne tirons pas et qu'ils savent aussi bien que nous où en sont les affaires. Après tout, comme ils sont les battus, il est peut-être naturel qu'ils prennent les choses moins philosophiquement, et c'est moi qui ai tort.

Je suis maintenant en possession d'un cinquième cheval qui ne me coûte rien. Par suite de la prévision du départ et de la disette des fourrages, les chevaux ne se vendent plus : le maréchal avait ordonné d'abattre les chevaux de réforme au lieu de les vendre.

J'en ai sauvé un qui n'est pas mauvais du tout. C'est un

cheval arabe qui avait été réformé pour une blessure, actuellement guérie. Il est noir comme du jais, avec une grande crinière qui balaie la terre et une toute petite tête, avec deux gros yeux. Il est maintenant fort occupé à s'engraisser dans *mes écuries* et n'a jamais été si heureux de sa vie, puisque, de cheval réformé de chasseur d'Afrique, il est passé cheval d'officier.....

Kazatch, 21 février 1856.

J'ai reçu hier votre lettre du 3 février 1856, dans laquelle vous m'accusez réception de mes bonshommes qui sont, à ce qu'il parait, arrivés en bon port, grâce à Girardeau. Les dessins que vous avez pris pour des produits turcs sont persans; je les ai achetés à raison de deux sous la pièce, au bazar de Constantinople, chez le fameux Ludovic, le brocanteur universel. Comme il ne tranche pas mal du grand seigneur et que j'étais allé avec le général flaner dans sa boutique, à l'instar de tous les gens du bel air qui passent au bazar, il voulait m'en faire cadeau gratis, mais mes habitudes mesquines s'y sont opposées. Je crois que j'avais mis aussi dans le paquet un petit compliment turc qu'avait écrit pour moi le gendre du muchir Zarif Moustapha Pacha, le commandant de l'armée de Kars, chez lequel nous dînâmes le général et moi. Il n'y a qu'un malheur, c'est que je ne me rappelle plus ce que veulent dire les trois ou quatre mots turcs. Vous ne m'avez pas dit si les dessins revenus de chez M. Bour étaient au complet; rassurez-moi à cet égard.

Rien de nouveau ici, si ce n'est l'arrivée des généraux Martimprey, Vinoy et Espinasse, débarqués aujourd'hui. Je suis au beau milieu de mes maçons, très pressé d'avoir fini.

. . . .

Kazatch, 1er mars 1856.

Je ne puis placer aujourd'hui mon commencement ordinaire « rien de nouveau ici », car on nous a assuré que le général Martimprey avait tracé hier une ligne de démarcation qui devait séparer nos postes des postes russes pendant l'armistice, qui aurait été, dit-on, conclu avant-hier.

Il peut vous paraître étrange que nous soyons si mal informés, mais on parle depuis si longtemps de cet armistice, il change si peu à l'état de choses actuel et de plus nous nous méfions tellement des canards, que je n'ose vous donner aucune assurance à ce sujet. Ce serait du reste inutile, car vous le connaîtrez, s'il existe, longtemps avant que ma lettre ne vous arrive. J'aime mieux vous dire que les travaux dont j'étais chargé sont terminés à ma grande satisfaction, sauf à recommencer dans quelque temps.

. . . .

Vous me demandez si j'ai encore beaucoup de dessins en portefeuille. Je vous ai envoyé ce que j'avais de mieux dans ce que j'avais à ma disposition à cette époque, les autres étant un peu trop grands pour le carton ; mais je suis heureux de vous annoncer que le nombre de ceux qui me restent, *tant bons que mauvais,* n'est pas inférieur à deux cents. Du reste, avec mes notes, j'ai de quoi en faire toute ma vie, si, ce qu'à Dieu ne plaise, c'est la dernière occasion pour moi de voir quelque chose. Je voudrais bien pouvoir y joindre quelques Russes, car jusqu'à présent je n'ai vu que les uniformes des morts de l'Alma, les seuls que j'aie pu étudier à mon aise, et quoiqu'il faille remarquer encore qu'il est de beaucoup plus agréable de regarder sur des vivants.

. . . .

Kazatch. 10 mars 1856.

..... Comme je suis retombé dans la construction des norias, je crains de n'avoir pas le temps de vous écrire dans la matinée et je m'y prends d'avance.....

..... On s'attend toujours à apprendre d'un instant à l'autre quelque grande nouvelle, et le capitaine de Montigny chantonne toute la journée :

> La paix, fruit de son courage,
> Le ramène dans son village...

sur tous les airs que lui fournit son riche répertoire ; ce qui cependant ne l'empêche pas de déplorer amèrement l'état de marasme dans lequel paraît être tombé le bétail, à en juger du moins par les côtelettes et les beefsteaks de l'administration. Nous faisons demain, au comptable des vivres, la gracieuseté de lui donner à dîner, et le comptable reconnaissant et du reste bien avisé nous a envoyé à ce sujet un quartier de veau, qui, vu la rareté de cet animal, est le plus gros événement culinaire du mois. Ce n'est pas tout, on espère (horreur et infamie !) que, le veau étant mort, sa mère résistera à sa douleur et nous donnera son lait pendant au moins quatre ou cinq jours. Du reste, le dîner de demain réunissant deux hommes spéciaux et distingués, l'un comme fournisseur et l'autre comme consommateur, la conversation ne peut manquer d'être très instructive.....

..... Le théâtre de Kamiesch continue à attendre un décorateur, et les premiers rôles doivent être maintenant très forts dans l'art de faire la soupe et autres talents d'agrément assez utiles dans ce pays. A part les progrès qu'ils pourront faire dans cette voie, je doute fort que les pauvres gens réussissent dans leur spéculation, bien qu'ils aient le patronage du gou-

vernement ; et je doute encore plus que, malgré leur superbe
salle, ils puissent beaucoup pour la distraction de l'armée. Les
camps sont beaucoup trop éloignés pour cela. C'est une idée
applicable au camp de Saint-Omer, mais là seulement.....

· ·   ·   ·   ·   ·   ·   ·   ·   ·   ·   ·   ·   ·   ·   ·   ·   ·

———

· ·   ·   ·   ·   ·   ·   ·   ·   ·   ·   ·   ·   ·   ·   ·

Vous voyez donc que je n'ai pas été malheureux cette semaine. Pour la terminer dignement, j'ai été hier à Traktir
assister à la conférence des quatre armées. Les Russes s'étaient
mis en grande tenue, et la cérémonie a été fort brillante. Il y
avait des officiers de toutes armes et des cosaques de différentes couleurs. Un cordon de zouaves et de hussards anglais
maintenait à une trentaine de pas les curieux, dont j'étais,
avec une infinité de gros bonnets.

Les parlementaires des quatre nations avaient l'air de s'a-
muser beaucoup et de boire à proportion. Mais ce qui m'a
paru avoir l'aspect le plus particulier dans cette circonstance,
ce sont les masses de soldats russes et français qui accourent
les uns vers les autres des deux côtés de la Tchernaïa, malgré
quelquefois les consignes et les cosaques. La Tchernaïa, quand
il fait beau, n'est qu'un large fossé à peu près impossible à
franchir d'un bond, mais permettant très bien de se parler,
pour peu qu'on élève la voix. Or, tout le monde criait dans
toutes les langues possibles. On échange avec les Russes
toutes sortes de bibelots français, entre autres et spécialement
des pièces de monnaie (fussent-elles même de cinq centimes),
pourvu qu'elles soient à l'effigie de l'empereur actuel. Ils nous
rendent en échange tout ce qu'ils peuvent, car le soldat russe
n'est pas riche. Je ne connaissais pas ce petit trafic et, ne

m'étant pas muni de la pacotille nécessaire, je n'ai pas pu faire mes affaires. J'en eusse été empêché, du reste, par la grande foule et le décorum de ma grande tenue. Mais, si je puis, j'y retournerai pour vous rapporter quelque chose.

Il paraît que les parlementaires échangent des invitations à dîner, à condition, toutefois, que la paix se fera. Il s'en est fallu de bien peu que j'entre avec le général Vinoy, qui était lui-même en contrebande (c'était le seul, du reste). Mais je ne le regrette pas trop, parce que la crainte de recevoir une observation désobligeante du gros état-major français m'eût gâté mon plaisir. Les Russes de toutes les armes sont maintenant en tunique, et j'ai trouvé leurs uniformes assez jolis.....

———

Kazatch, 18 mars 1856.

. . . .

Nous avons maintenant deux chattes qui font les délices de la maison. Il y en a une qui est très méchante et l'autre est douce comme un mouton. Leurs scènes d'intérieur et leurs rapports avec les différents chiens qui nous honorent, de temps en temps, de leur visite, occupent un bon tiers de nos journées. Grâce à leur présence, les souris sont aussi devenues moins audacieuses : elles ne font plus autant de tapage la nuit.

Je perds aujourd'hui mon ordonnance du 20e, qui est définitivement libéré et rentre en France. Je le regrette, car c'est un homme qui m'a rendu de vrais services et qui paraissait attaché à moi et à mes chevaux.

J'ai été chercher hier, à l'état-major du 1er corps, seize cents médailles anglaises pour la division. On en donne à tous les militaires présents ici avant le 8 septembre, et il est ordonné de les porter constamment.

La médaille, que vous connaissez déjà sans doute, est très bien frappée, mais elle ne fait pas très joli effet. Comme décoration, on dirait une pièce de cent sous avec un long ruban bleu clair à lisérés jaunes. Les Anglais enfilent dans le ruban des agrafes qui indiquent les actions auxquelles se sont trouvés les porteurs; mais on n'a pas adopté cet usage pour les nôtres. C'est à la fois moins rationnel et moins joli.....

. . . .

————

Kazatch, 22 mars 1856.

. . . .

..... Lundi, il y a à la Tchernaïa de grandes courses données par les Anglais et auxquelles les Russes assisteront, à ce qu'il parait. Je voudrais bien y aller, mais j'ai peur que le commandant et mon collègue de Montigny ne sortent, à ce propos, de leur indifférence habituellle; aussi je n'y compte pas et, si je suis surpris, ce sera en bien.

Mon vieil ordonnance du 20ᵉ, Maridé, s'est embarqué ce matin; Montigny et moi lui avons donné des lettres pour Marseille, afin de tâcher de lui procurer une position. En partant, il m'a dit que, sans des affaires de famille qu'il voulait régler, étant absent de France depuis six ans, il se serait rengagé pour deux ans; en tout cas, s'il le fait plus tard et si je puis le reprendre, je ferai pour cela mon possible, car c'est une véritable perte que je fais là. Les hommes sur lesquels on peut compter dans toutes les circonstances possibles, surtout dans les mauvaises, sont rares, et j'ai vu celui-là dans la Dobrutscha et dans l'hiver 1854-1855.

Je vais tâcher de le remplacer par un chasseur d'Afrique. Mais il faut faire pour cela beaucoup plus de cérémonies dans la cavalerie que dans l'infanterie, au moins dans cette division-ci, l'état-major de la division ayant été composé, au début de la campagne, de *Français* qui n'ont pas mis la chose sur un bon pied.

Mes cinq chevaux me forcent à avoir trois ordonnances, deux pour eux et un pour moi. Tout cela fait en effet un assez gros état de maison, mais qui est nécessaire, si on veut toujours se tenir prêt à marcher.....

Du reste, tout le monde est sur ce pied-là : Montigny a six chevaux, le commandant neuf, le général onze ou douze. Mon nombre réglementaire est pour moi de quatre et le cinquième est nourri sur la portion des quatre autres, ce qui est possible, les chevaux ne faisant rien l'hiver et ayant comme supplément du vert pendant la belle saison.....

. . . .

———

Kzatch, 25 mars 1856.

..... Nous avons appris avant-hier la naissance du prince impérial. J'étais allé à Kamiesch avant déjeuner pour tâcher d'entendre la messe à l'occasion du jour de Pâques. Et en arrivant près de l'église, j'ai trouvé tout le monde en émoi : le général Sol, ses aides de camp, la gendarmerie, riaient et gesticulaient ; et l'aumônier sortait de l'église précipitamment. Comme je ne suis pas très questionneur de ma nature, j'ai supposé que c'était fini. Seulement, je trouvai que le général Sol faisait beaucoup de bruit pour remonter à cheval. Je m'en suis donc tranquillement retourné au camp ; mais en arrivant chez nous, c'était un autre tableau.

Le commandant était au quartier général ; le capitaine Montigny avait été dérangé dans son sommeil du matin, qui est, dit-il, le meilleur, par une dépêche arrivée à 9ʰ 30ᵐ, qui annonçait la chose et ordonnait de monter à cheval à 11 heures, en grandissime tenue. Tout étonné d'être tout seul, il était en train de se lever avec précipitation, deux ou trois ordonnances lui présentant tous ses effets. Vous ne comprenez pas pourquoi cette précipitation, quand on a une heure et demie devant soi pour monter à cheval. Mais le déjeuner?.. et tous les officiers qui étaient absents et les troupes en corvée, etc., etc. En outre, depuis le moment où un ordre part du quartier général d'une division jusqu'à celui auquel il arrive au simple soldat, il y a au moins une bonne demi-heure. Aussi mon collègue tempêtait-il. Pour augmenter la fête, arrive l'intendant avec un invité. Concert, grand embarras pour faire déjeuner l'invité. Heureusement qu'arrivant à ce moment-là, j'ai beaucoup insisté pour qu'on déjeunât néanmoins, observant, ce qui s'est trouvé juste, que le général Morris se gênerait probablement encore moins que nous pour déjeuner et que, par conséquent, nous serions encore prêts avant lui, ce qui était l'essentiel. En effet, nous ne sommes montés à cheval qu'à 11ʰ15ᵐ et nous sommes arrivés très facilement les premiers, au moyen d'un simple temps de galop, au rendez-vous général, qui était à une petite lieue, au quartier général du 1ᵉʳ corps.

Là, on a chanté un *Te Deum,* au centre d'un carré de troupes : les musiciens de la légion étrangère ne l'ont pas mal chanté ; mais en plein air, les voix sont loin de produire ce puissant effet du *Te Deum* de cathédrale. Après quoi, on a défilé.

Hier, autre fête : dans ma dernière lettre, je vous parlais des courses de la Tchernaïa et de la crainte que j'avais de ne pouvoir y assister. Mais Montigny a eu la délicatesse très grande de vouloir tirer au sort avec moi et j'ai gagné.

Quoique les Russes n'aient pas passé la rivière, comme on

l'espérait, j'ai eu cependant beaucoup de plaisir. Le spectacle était splendide. La plaine commence à verdir, le ciel était magnifique; de chaque côté, les positions en amphithéâtre des différentes armées russe, française et piémontaise; et, dans la plaine, au pied d'une plate-forme avec tribune placée entre deux redoutes et qui était garnie de tout l'état-major des trois armées, un énorme cercle formé de milliers de soldats de toutes les couleurs; des tentes, des bannières, une dizaine de musiques dispersées de tous côtés. Je ne crois pas qu'on ait jamais vu un pareil champ de courses. Deux des principaux prix ont été gagnés par des Français, qui étaient, parmi les coureurs, en très grande minorité, comme toujours.

Mais l'essentiel pour moi était de voir les Russes; aussi ai-je passé la plus grande partie de mon temps le long de la Tchernaïa. J'y ai vu un petit escadron de cosaques, des sentinelles d'infanterie, une trentaine d'officiers de toutes armes, et 1 500 hommes environ de fantassins russes, mais sans armes, plus deux popes et une douzaine de palicares du bataillon de volontaires grecs. Le spectacle qu'ils ont sous les yeux ne devait pas les réjouir beaucoup. C'était visible du reste à leur mine, quoiqu'ils soient restés toujours très polis. Une foule d'amateurs est passée, malgré la consigne, de leur côté, pour les accabler de poignées de main, à la faveur d'un petit gué, où les chevaux n'ont de l'eau que jusqu'au haut des jambes; mais aucun officier anglais n'est passé, et les quelques soldats des leurs qui se sont aventurés ont été punis en repassant et mis sous bonne garde. Les soldats russes qui étaient là avaient, malgré leurs habits neufs, l'air assez misérable et assez fatigué. Comme tournure et même comme taille, je les ai trouvés inférieurs aux nôtres. Les cosaques étaient d'assez beaux hommes, mais ils étaient en petite tenue, c'est-à-dire avec leur immense capote jaunâtre; et cela n'était pas propre à les faire valoir. Leurs chevaux sont ridicules, quoiqu'il y en ait dans le nombre qui ont une vitesse remarquable eu égard à leur petite taille.

J'ai fait trafiquer des soldats pour avoir un souvenir ; mais mes mandataires ont été presque tous carottés. La faute est, prétendait-on, aux nôtres qui ont donné l'exemple. Quoi qu'il en soit, le fait existe : l'objet renvoyé est souvent censé tombé dans la rivière. J'ai eu cependant une petite médaille de cuivre, ressemblant beaucoup à une médaille de l'archiconfrérie, mais elle est française. Leur avait-elle été donnée dans un truc précédent ? l'avaient-ils prise sur un cadavre ? Je l'ai néanmoins gardée. Il y a d'un côté, une sainte à genoux avec la légende : « Sainte Germaine, priez pour nos soldats » ; et de l'autre, la Sainte Vierge et « Secours des chrétiens, protégez nos armes ! »

Les napoléons n'ont plus autant de faveur qu'au commencement, ce commerce ayant été très actif dans les premiers jours (il n'y a là, du reste, qu'une division russe, la 11e). On échange des pipes et des couteaux, ou bien encore de petits christs en cuivre. Ce sont les deux seuls mots qu'on entende crier : Christ et Napoléon, parce que ce sont les deux seuls compris des deux côtés ; le reste se traite au moyen de la pantomime.

On m'a raconté, à l'état-major de la 2e division, qu'ils avaient imaginé, pour empêcher de passer de leur côté, de mettre ces jours derniers, au gué et au pont de Traktir, des écriteaux portant en français, en anglais et en italien, l'inscription : *On est prié de ne pas passer la rivière.* Pour des Russes, le moyen n'est pas mal, mais, malheureusement et à notre honte, il n'a pas eu de succès. Notre corps, le 1er, porte depuis avant-hier la médaille anglaise, que j'ai étrennée, par conséquent, au *Te Deum* de Pâques. Mais je me propose bien de ne la porter qu'en tenue tout à fait officielle.....

Kazatch, 5 avril.

. . . .

..... Vous avez su avant nous la conclusion de la paix ; je ne vous en parlerai donc que pour vous dire ce que vous devez imaginer facilement : qu'elle a fait ici très peu d'effet, chacun à tort ou à raison s'en croyant certain d'avance.

On est beaucoup plus préoccupé de la question du départ et de celle de la destination. On parle, depuis quelques jours, d'envoyer pas mal de monde en Afrique. Je ne sais ce qu'il y a de vrai dans cette nouvelle, mais elle préoccupe un peu, car on ne manque pas d'amateurs.

Nous allons probablement avoir à subir trois ou quatre revues, et j'intrigue depuis quelques jours pour me faire faire un pantalon.....

..... Nos deux chattes se portent très bien, et la jaune a pris un ascendant marqué sur la noire, ainsi que sur tous les autres quadrupèdes qui nous honorent de leurs visites plus ou moins intéressées. Aussi, quoiqu'elle soit beaucoup moins bien peignée et moins soigneuse d'elle-même que sa compagne, elle est maintenant en grande faveur, à cause du toupet qu'elle déploie dans les circonstances critiques.

Son ennemi le plus redoutable est une grande chienne de chasse, qui a commencé par lui faire peur, à cause de sa taille et de sa voix formidable. Mais, depuis un certain jour où la jaune a marché résolument dessus et lui a envoyé un grand coup de griffe sur le nez, au moment où l'autre ne faisait qu'entrer et était occupée à remuer la queue et la tête en signe de salutation à la société, les rôles sont complètement changés.

Du reste, la noire est dans une situation très intéressante et elle dort toute la journée. Seulement, elle choisit mal ses places et tient beaucoup à s'asseoir au beau milieu du papier sur lequel on écrit, ou bien encore sur la tête de l'écrivain lui-même ; et, quand on la chasse, elle revient cinq ou six fois de suite à la même place, avec un flegme et une persévérance remarquables.

Nous sommes très heureux, comme vous voyez, d'avoir ces deux intéressantes bêtes, en attendant que nous puissions voir arriver à Kamiesch les popotiers russes, suivis de leurs cosaques portant les sacs à distribution ou les cantines à provisions. Ils constituent maintenant le désespoir des mercantis, et les dames de l'endroit ne rêvent que princes russes ; mais, jusqu'à présent, il n'a paru personne.....

———

Kazatch, 8 avril 1856.

. . . .

Les Russes arrivent en masse dans nos camps : j'entends les plus rapprochés des leurs, et je ne désespère plus d'avoir quelques uniformes russes à ajouter à ma collection, pourvu toutefois que le soleil les force à dépouiller leurs grandes vilaines capotes qui se ressemblent toutes.

J'ai été dimanche, à Kamiesch, près de deux officiers de la Garde, très jeunes et très aimables. Par exemple, pour ne rien exagérer, pas même l'amabilité des ennemis, ils ne sont pas tous de ce calibre-là, et il y en a qui sont pas mal cosaques.

J'héberge dans ce moment-ci un de mes anciens de l'état-major, qui a été fait prisonnier à Eupatoria et qui rentre de captivité. Je lui ai offert le lit et la table, car il n'a plus ni feu ni lieu, et il paye son écot en histoires plus ou moins russes. Il a été jusqu'à Karkof, la capitale de l'Ukraine, à 200 verstes dans l'intérieur. Il se loue, du reste, de la manière dont il a été traité, surtout au quartier général du prince Gortschakoff, à la table duquel il a vécu dix jours à Baktchisaraï. Il se loue aussi

beaucoup des attentions des Français résidant en Russie, qui se
sont, à ce qu'il parait, très bien montrés pour nos soldats prisonniers.....

. . . .

Camp de Kazatch, 11 avril 1856.

. . . .

Quant aux officiers russes, nous en voyons beaucoup depuis
quelques jours ; nous avons eu à déjeuner l'un deux, ancien
officier d'ordonnance du prince Mentschikoff, puis du prince
Gortschakoff, et enfin, actuellement, au quartier général du
général Luden. Il est très aimable et très intéressant à entendre.
Je l'ai promené un peu, à cause d'un service qu'il avait rendu à
un de mes anciens. Je lui ai fait visiter hier le *Napoléon* et un
vaisseau à voile, *le Trident,* et finalement j'ai été forcé d'accepter
son diner à Kamiesch, à l'hôtel où il logeait.

Cela m'a un peu contrarié, mais comme il était assez souffrant
d'une ancienne fièvre, je n'ai pu l'esquiver. Du reste, tous
ceux que j'ai vus sont d'une philosophie parfaite à l'endroit de
la partie qu'ils viennent de perdre. Ils en discutent volontiers
les détails et sont généralement très convenables à cet égard-là,
sans fausse modestie comme sans arrogance. Il est vrai qu'on
prétend que nous ne voyons guère que la fleur des pois, et
c'est aussi mon opinion. J'ai piloté aussi chez les modistes de
Kamiesch (on en a deux maintenant), deux officiers de cosaques,
qui faisaient des emplettes pour leurs femmes et leurs filles,
mais il n'y a guère moyen de les empêcher d'être écorchés ; du
reste, toutes les femmes de Kamiesch trouvent là une occasion
magnifique de revendre leurs vieux chapeaux.

Quant à aller chez eux, c'est assez difficile pour nous qui en sommes très loin. Moi, je n'en perds pas l'espoir. Ils n'ont du reste à nous montrer que des camps d'infanterie, d'artillerie et de cosaques. Le reste est déjà parti.....

. . . .

19 avril 1856.

Ma lettre ne sera pas longue, par suite d'un concours de circonstances que vous expliquera la présente ; mais elle vous portera la meilleure nouvelle que je puisse vous annoncer, tout en continuant à rester en Crimée. J'espérais très peu le bonheur qui vient de m'arriver, et je n'ai pas voulu, pour cette raison, vous parler des chances que je savais avoir depuis deux ou trois semaines.

Le maréchal m'a fait la très grande faveur de me comprendre dans les croix d'honneur distribuées à l'occasion de la fin de la campagne. Je suis si étourdi du coup, que je ne m'en suis pas encore réjoui à mon aise et complètement ; ma meilleure pensée, jusqu'à présent, est celle de la joie que vous causera, je n'en doute pas, cette nouvelle. Elle ne diminue pas, comme vous pouvez le penser, le désir que j'ai de me retrouver auprès de vous, et, Dieu aidant, on peut espérer maintenant que ce sera bientôt.

Je crois devoir le bonheur qui vient de m'arriver à mon chef d'état-major qui m'a proposé, au général Morris qui a bien voulu signer sa proposition, et au général de Failly, qui, sur une lettre de ma part, l'a appuyée poste pour poste d'une façon extrêmement aimable et dont je lui serai toujours reconnaissant.

C'est une nouvelle faveur ajoutée à celles que nous avons déjà reçues du Ciel dans cette campagne, en nous conservant tous bien portants. J'espère qu'il daignera nous la continuer jusqu'à ce que nous puissions nous revoir, et c'est dans cet espoir que je vous embrasse.....

———

Camp de Kamiesch, 26 avril 1856.

Je viens d'aller dire adieu sur la plage à cinq des bataillons de mon ancienne division qui se rembarquent. Le reste part après demain lundi. Pour nous, nous croyons toujours en avoir pour environ six semaines, la division d'Allonville, qui revient d'Eupatoria ici par terre, devant probablement s'embarquer avant nous, ainsi que les cuirassiers.

Du reste, nous avons maintenant une foule de distractions, et, vraiment, s'il faut être arrêté dans le Midi ou ici avant de vous revoir, j'avoue à ma honte que j'aime autant que ce soit ici.

Mercredi j'ai été coucher à la Tchernaïa, chez un camarade, pour assister au bal donné par la division Herbillon ; je voulais voir un bal en Crimée, puis j'espérais y rencontrer beaucoup de Russes dans leurs plus beaux atours. Mais il parait que cette semaine est leur semaine sainte, et c'est ce qui les a empêchés d'y venir. C'est du moins ce que disaient les quatre ou cinq qui étaient là.

Le lendemain, j'ai déjeuné à mon ancienne division ; puis je suis monté à Mackenzie, où je me suis arrêté une heure chez un officier dont j'avais fait la connaissance ; et enfin je suis revenu par la chapelle d'Inkermann et le pont rétabli par les Anglais à l'embouchure de la Tchernaïa.

Tout le paysage de ce côté-là est assez joli et m'a fait plaisir, comme diversion aux cailloux de notre bivouac actuel.

. . . .

Autre histoire, qui n'est pas la moins jolie. Un officier russe, le baron de Rozen, que j'ai hébergé pendant deux jours, m'a envoyé de Baktchisaraï, en souvenir, un beau sabre du Caucase, qu'il portait ici. Ce procédé de prince russe m'a un peu confusionné, mais il était accompagné d'une lettre si aimable qu'il n'y avait pas moyen de s'en fâcher.

Vous voyez que l'entente cordiale marche bon train : nos ennemis me paraissent même y mettre un peu d'affectation. Mais je fais exception pour le mien, qui — même avant le cadeau — nous avait paru à tous très distingué et d'un tact que n'ont pas tous ses compatriotes. Aussi c'est, jusqu'à présent, le seul que je n'ai pas vu tomber à bras raccourci sur les Anglais... quand ils causent avec des Français.

Enfin nous leur avons fait assez de misères pour leur pardonner quelque chose.....

Kamiesch, 6 mai 1856.

. . . .

..... Trois des régiments de notre division ont été en grande partie embarqués aujourd'hui, ainsi que les 6e et 9e cuirassiers ; nous restons ici avec les chasseurs de la Garde et le 4e chasseurs d'Afrique, qui n'est pas encore licencié. Le général Morris compte partir de sa personne mardi prochain, c'est-à-dire d'aujourd'hui en huit. Quant à l'état-major de la division, il restera, selon toute probabilité, jusqu'à l'entier embarquement des troupes de la division. Je ne pense pas que cela dépasse la première quinzaine de juin, et je compte toujours être en mer pour ce moment-là.

. . . .

Vous paraissez croire que j'aurai terminé avec le 6e cuirassiers le 1er juin : je suis fâché que vous soyez dans l'erreur à ce sujet. Mon stage de cavalerie a été arrêté au moment où j'ai quitté le régiment. Le ministre me compte cinq mois de faits ; il m'en reste donc encore à faire sept ou bien dix-neuf, si, comme on le prétend, notre stage va être reporté à deux ans. Retourne-rai-je au 6ᵉ cuirassiers ? C'est ce que je ne sais pas encore posi-tivement. On m'avait conseillé de demander la Garde, mais j'y ai renoncé. Outre que je n'étais pas sûr de l'obtenir, parce qu'il y a beaucoup d'amateurs, j'ai redouté le genre *chicard* (pardon-nez-moi l'expression) d'une réunion aussi brillante ; et enfin j'ai pensé que, me trouvant très largement payé de ma campa-gne, il fallait montrer un peu de pudeur.....

. . . .

———

Samedi, 17 mai 1856.

Nous n'avons pas encore reçu la réponse à notre demande de départ, mais nous comptons toujours sur la semaine pro-chaine.

On m'a proposé de rester ici comme aide de camp du général qui reste pour commander les deux régiments de hussards et les huit dépôts de cavalerie (chaque régiment laisse 100 hommes). Mais j'ai remercié. Quoique nous ne sachions pas du tout ce qu'on fera de nous à Marseille, j'aime mieux me réserver, deux mois plus tôt, la chance d'une petite permission qui me permette de pousser jusqu'à Nancy pour vous embrasser.....

. . . .

———

Marseille, le 2 juin.

Je n'ai pu vous avertir du départ que l'en-tête de ma lettre indique, parce que je suis parti inopinément et sur le courrier même.

Mais ce courrier, le *Lycurgue,* étant un mauvais marcheur,
il est possible que le courrier, qui part après lui de Crimée, l'ait
précédé à Marseille.

En tout cas, je suis arrivé en bon port et je m'empresse de
vous en avertir. Quant à la direction que je vais prendre maintenant, j'en suis très incertain, ayant reçu, la veille de mon
départ, l'ordre de rejoindre le 6e cuirassiers, qui est en route
ou déjà arrivé. Je vais, comme vous pensez, faire tous mes
efforts pour obtenir un petit congé, ne fût-ce qu'une permission
de quinze jours, mais il m'est impossible de rien prévoir.....

. . . .

Marseille, 4 juin 1856.

Vous savez maintenant, sans doute, comment toute communication entre Lyon et Marseille se trouve suspendue. Jugez
si nous avons tous été contrariés. La ville est encombrée de
troupes et d'officiers isolés qui n'osent se mettre en route,
car, par une négligence que je ne m'explique pas, il n'y a encore
rien d'organisé officiellement, et il faut faire de' grands détours
et se livrer aux spéculateurs pour atteindre Avignon, moyennant pas mal d'argent, surtout pour nous qui perdons notre
avantage de la demi-place.

J'ai vu ici le colonel du 6e cuirassiers, qui a été assez aimable
pour me donner une permission expirant le 1er juillet. Elle est
tout à fait irrégulière, mais enfin je tâcherai de ne pas me
mettre mal avec la gendarmerie. J'ai intrigué toute la journée
d'hier pour arriver à ce résultat qui me permettra de vous
revoir tous ; ce qu'il m'eût été dur de différer.....

Toutefois il m'est difficile d'être catégorique sur les dates.
Voici tout ce que je puis vous dire. Je pars demain en chemin

de fer pour Nîmes avec mon lieutenant-colonel et un capitaine ; là, nous nous débrouillerons pour gagner par un moyen quelconque Avignon ; et à Avignon le chemin de fer nous reprend jusqu'à Paris.

. . . .

ITALIE

AVRIL — AOUT 1859

Lyon, le 24 avril 1859.

Je viens d'arriver à Lyon, où j'ai trouvé M. le maréchal[1] qui va peut-être rester ici quelques jours. Nous sommes tous logés dans le même hôtel que lui, sur la plus belle place de Lyon. Jusqu'ici, mon voyage s'est passé très heureusement, sauf qu'on ne trouve à Paris que peu de chose en fait d'équipement et qu'on le paye à des prix fabuleux.

. . . .

Il pleut depuis mon arrivée ici, mais j'ai cependant trouvé Lyon embelli. Je viens de voir La Veuve qui part ce soir pour Briançon. Je ne sais rien jusqu'à présent des mouvements de l'armée ; on est ici moins belliqueux qu'à Paris.

..... Vous allez donc avoir le maréchal Pélissier ; j'espère que Nancy est une ville favorisée.....

. . . .

Lyon, le 26 avril.

Je vous écris toujours de Lyon, mais je compte partir d'ici demain soir pour Suse avec M. le maréchal et la plus grande partie de l'état-major. Mon cheval est arrivé ici en bon port.

---

1. Le maréchal Canrobert, commandant le 5e corps de l'armée d'Italie.

Nous resterons probablement un certain temps à Suse; adressez-moi donc votre réponse là.....

..... Vous n'avez pas idée du mouvement de toutes choses qui se fait ici. Si les Autrichiens et autres nous voyaient, ils s'apercevraient bien que nous n'étions pas, comme ils le disaient, massés derrière les Alpes, prêts à nous élancer au premier signe. Presque personne n'a son équipage de campagne et nous nous trouvons dans cette singulière situation d'officiers ne pouvant trouver, dans les deux plus grandes villes de France et en payant double, les objets les plus indispensables en campagne : peaux de mouton, bâts de mulet, cantines, etc. Nous sommes obligés de partir avec nos malles, en nous en rapportant à la Providence du soin de les voiturer à notre suite. Une de nos divisions a dû entrer en Savoie hier à 10 heures du matin. Quant aux nouvelles, je n'en sais pas; nous n'avons pas le temps de lire les journaux.

. . . .

Parle-t-on beaucoup de l'arrivée du maréchal Pélissier à Nancy? Je disais hier au maréchal qu'on avait mis à l'ordre, à Lyon, que le commandement de l'Est était supprimé; il m'a répondu : « Ah ! bah, nous y serons peut-être revenus d'ici à deux mois, à Nancy. » Vous voyez donc qu'il ne faut pas désespérer.....

. . . .

Turin, le 29 avril 1859.

Je vous écris d'une chambre du palais du roi Victor-Emmanuel, dont je suis l'hôte depuis ce matin.

Nous sommes partis de Lyon mercredi à 11 heures du soir; nous avons traversé le Mont-Cenis dans la journée d'hier, en poste et nous sommes arrivés à Suse, vers minuit.

Aujourd'hui le maréchal est reparti avec le commandant Berthaut et moi pour venir à Turin, d'où nous repartirons probablement demain pour Suse.

J'ai vu un pays bien pittoresque et qui n'est analogue à rien de ce que j'avais vu encore. Tout notre voyage s'est très bien passé ; il faisait malheureusement nuit, quand nous avons atteint le sommet du Cenis ; mais il parait qu'on y a rarement une vue étendue. Il y avait encore près de deux mètres de neige à beaucoup d'endroits.

Turin, dans lequel j'ai beaucoup trotté aujourd'hui pour préparer les logements de nos premières troupes, qui y arrivent demain, est une belle ville très régulière et assez animée.

Le palais, très ordinaire comme extérieur, contient de fort beaux appartements ; l'intérieur ressemble aux Tuileries ou à Versailles ; il y a une très belle salle d'armes.

J'ai vu le roi, qui est en effet assez moustachu. J'ai vu à déjeuner le comte Cavour, qui a la figure d'un bon et paisible commerçant. Le roi n'y était pas. J'étais à côté du ministre de la guerre, le général de La Marmora. Vous voyez que je suis dans les honneurs.

On nous regardait à Turin comme des bêtes curieuses ; et, quand nous entrions quelque part (le maréchal n'était pas avec nous), il se formait un attroupement, à la porte, d'une cinquantaine de personnes. On prétendait que de la cavalerie légère autrichienne avait passé la frontière aujourd'hui, ce qui nous rendait doublement intéressants. A l'arrivée du maréchal à la gare de Turin, ç'a été une ovation complète. Tout le monde ici le salue, et beaucoup nous saluent nous-mêmes, en qualité de premiers représentants de l'armée française.

Les cloches des petites villes de Savoie carillonnaient au passage du train qui portait le maréchal. La Savoie est un pays pauvre, pittoresque, mais dont les habitants, quoique assez laids, ont généralement un grand air d'honnêteté. Je ne trouve pas une différence énorme entre le type des Turinois et celui des Français.

Le maréchal est logé à Suse, à l'évêché, qui a l'air fort ancien et ressemble plutôt à une maison de cure de petite ville qu'à un évêché.

..... Écrivez-moi à l'état-major général du 3ᵉ corps de l'armée des Alpes, à Suse ; on fera suivre.....

Je viens de rentrer à Suse avec M. le maréchal..... L'entrée de nos troupes a eu lieu ce matin et a été aussi chaude que possible. C'est à ne plus savoir où se mettre et à décontenancer le moins modeste.

. . . .

———

Suse, ce 4 mai 1859.

Je vous écris toujours de Suse, quoique le maréchal soit parti depuis hier pour Alexandrie. Le colonel l'a suivi avec Bourgeois, nos chevaux, nos ordonnances et nos bagages.

On m'a laissé avec le commandant Clément pour pousser le départ par le chemin de fer des troupes du 3ᵉ corps, dont plus de la moitié est encore en arrière. Le chemin de fer n'a qu'une voie et manque à la fois de matériel et de personnel, de sorte que l'opération ne se fait que lentement et difficilement. Suse est un petit trou extrêmement pittoresque situé au pied même des montagnes, mais où, à ce qu'il parait, on jouit d'un affreux climat, car, depuis notre arrivée, nous sommes littéralement inondés : la pluie ne cesse pas. C'est très triste pour nos régiments qui arrivent mouillés après la longue et pénible étape du Mont-Cenis, et qui n'ont pour bivouaquer que quelques prés inondés le long de la Doire.

L'évêque a offert son palais..... et la plus grande partie du séminaire. Malgré cela, la santé des troupes est bonne et, si le soleil venait nous sécher un peu, tout irait bien. Quant à nous, nous mangeons et couchons à l'auberge et sommes très bien, mais à nos frais.

Le ministre m'a refusé le cheval que j'étais allé choisir à Sampigny, sous prétexte que ce serait onéreux pour l'État de me le faire conduire de Sampigny à Lyon. C'est monstrueux. Du reste, il a tout préparé dans cet esprit-là. Certainement, il a été surpris par la précipitation des derniers événements, mais c'est là son tort. Tout manque à la fois et j'ai entendu des gens très haut placés dire qu'il méritait de passer devant un conseil de guerre. Ce ne serait d'ailleurs qu'une raison de plus pour que maintenant il nous aide à sortir du pétrin où il nous a mis. Le maréchal renouvelle, d'ailleurs, la demande en ma faveur, en demandant la même chose pour lui et le colonel ; nous verrons si le ministre refusera encore. — Notez que c'est un cheval que je *paye* et que, s'il y en avait ici, je ne m'amuserais pas à en demander un de loin, puisque je ne pourrai l'avoir avant longtemps et que j'aurai à craindre les risques du voyage.

. . . .

Je n'ai pas besoin de vous dire que nous sommes très bien reçus et en général pas trop écorchés, quoique le pays soit pauvre. Les prix de l'auberge sont ceux de France. Ce n'est pas bon, mais il y a à manger, pour les amateurs de fromage surtout : on en fourre partout. Je comprends maintenant la méfiance du maréchal, en déjeunant la première fois chez le roi. A chaque plat qu'on lui présentait, il demandait d'un air inquiet : « Y a-t-il du fromage ? » Cela m'avait d'abord scandalisé ; maintenant je me l'explique..... Chez le même roi, on m'a fait, bien que mal, déjeuner dans mon lit, ce qui ne m'était pas arrivé depuis longtemps. Un vieux valet de chambre tout de noir habillé, culottes et bas de soie, et figure très obséquieuse, m'a réveillé à *5 heures du matin,* en me mettant sous

le nez un grand plateau, où il y avait du café au lait, des petits-
pains d'une douzaine de formes différentes, etc. J'ai d'abord
protesté, mais, à force de me répondre : Si, signor! (je crois
même qu'il a dit : Si, excellenza !), il m'a forcé de me laisser
faire. Je n'ai pas osé lui faire cirer mes bottes.....

. . . .

— — —

Alexandrie, le 7 mai 1859.

Je suis arrivé ici depuis hier matin ; j'y ai trouvé mon logis
préparé dans un vieux palais appartenant au roi et où est installé le maréchal.....

. . . .

Alexandrie est une assez belle ville, qui dans ce moment-ci
est, comme vous pouvez le penser, extrêmement animée. Elle
ne renferme guère qu'une trentaine de mille âmes et nous
sommes concentrés, dans ou près des murs, six divisions d'infanterie françaises et une division piémontaise. Le pays, de
Turin ici, paraît très riche ; malheureusement le brouillard nous
le cachait aux trois quarts. Quant aux Autrichiens, je vous en
dirai peu de chose, car, absorbés que nous sommes par le
détail du service de bureau, nous ne sortons pas et ne lisons
pas de journaux. J'ai vu hier cinq chasseurs à pied autrichiens,
que les Piémontais ont pris et amenés au maréchal. Ils n'avaient
pas mauvaise mine, et faisaient bonne contenance malgré la
foule qui les entourait.

. . . .

Le colonel me montre, à l'instant, une dépêche qui arrive du
ministre et qui m'accorde, d'après la seconde demande qui en
a été faite, le cheval que jai vu à Sampigny. Seulement, ce bon
ministre me prévient que les frais d'envoi sont à ma charge.
J'aime encore mieux cela que de rester à pied, mais il faut un

fier toupet pour faire payer à un malheureux capitaine comme moi les frais d'envoi du cheval par chemin de fer, de Sampigny à Suse, et le *prix du voyage de retour du cavalier-conducteur par les mêmes voies.* Que vous semble de cette générosité?

Je ne puis vous donner de grands détails sur la ville, attendu que nous n'avons guère le temps de sortir, excepté pour aller nous faire écorcher et empoisonner chez le traiteur. On nous montre le village de Marengo depuis une lucarne du palais.

. . . .

— · —

Alexandrie, le 13 mai 1859.

. . . .

..... Nous continuons d'habiter le palais du roi à Alexandrie, en attendant que l'empereur nous en déloge : ce qui arrivera d'un moment à l'autre, car il a débarqué hier à Gênes. Ce palais est du reste bien inférieur, comme extérieur et comme intérieur, à celui que le maréchal occupait à Nancy, et l'ameublement des petits appartements que nous occupons et qui sont ordinairement destinés aux officiers généraux, aides de camp du roi, est même quasi-misérable, c'est-à-dire qu'il y a de vieux fauteuils éraillés et des glaces dont la moitié du tain est parti. Mais les lits sont bons et larges, et c'est ce qu'en campagne on apprécie le plus par comparaison.

Notre besogne est maintenant moins considérable, et j'ai fait deux ou trois promenades intéressantes. Avant-hier, j'ai été visiter la villa de Marengo. Elle est tout entière démeublée, sauf heureusement ce qu'il y a de plus intéressant pour moi, c'est-à-dire les débris de toute espèce provenant du champ de bataille et qui consistent en casques, sabres, fusils, dont une certaine quantité paraît assez authentique.

Le lendemain, c'est-à-dire hier, je suis repassé, sans m'y attendre, par le même endroit, parce que le maréchal m'a envoyé en reconnaissance à Tortone, avec un capitaine d'état-major piémontais.

..... Cette course m'a beaucoup amusé. Tortone est une ville de 6 000 à 7 000 âmes, située de l'autre côté de la Scrivia et dont, il y a huit jours, les Autrichiens sont venus brûler les ponts. Les avant-postes piémontais étaient à 2 ou 3 kilomètres en deçà, mais hier ils se sont portés en avant, en partie pour couvrir notre reconnaissance ; et maintenant la ville est occupée par un bataillon de bersaglieri et un escadron de chevau-légers. Les habitants ont paru enchantés de voir arriver des défenseurs, et, comme ils n'avaient pas encore vu d'uniformes français, j'ai eu force coups de chapeau, sans compter les vivats et les battements de mains, que je m'empresse de transmettre à la nation française tout entière ; ainsi, prenez-en votre part. On attend ici l'empereur de jour en jour et presque d'une heure à l'autre ; toutes les rues qu'il doit traverser sont pavoisées, comme je n'ai jamais vu de villes pavoisées en France. Les murs sont littéralement tapissés de draperies aux couleurs françaises et italiennes. A l'entrée de la principale rue est un arc de triomphe avec cette inscription : « A l'héritier du vainqueur de Marengo. » La ville regorge de troupes, quoique quatre divisions d'infanterie se soient déjà échelonnées d'ici au Pô, dont les Autrichiens continuent de border la rive gauche. Alexandrie est une place très forte. On l'a crue un instant fort menacée, mais maintenant elle ne risque plus rien : les Autrichiens ont laissé échapper le bon moment et nous commençons à être parés, sauf, bien entendu, un revers, qui est toujours possible mais qui franchement ne me parait pas probable. C'est, du reste, le maréchal qui a eu l'idée de courir de suite sur Alexandrie, au lieu d'occuper la ligne de la Doria-Baltea, ce qu'avaient commencé à faire les Piémontais. J'ai écrit moi-même la dépêche télégraphique dans laquelle il rendait compte au ministre de l'initiative qu'il prenait à ce sujet : les événements lui ont donné raison .....

P.-S. — ..... L'empereur arrive, nous déménageons en toute hâte, je n'ai que le temps de vous embrasser.

Ponte-Curone, le 22 mai.

Nous avons quitté Tortone hier matin pour suivre un petit mouvement en avant causé par un engagement d'une des divisions du 1er corps (la 1re) avec les Autrichiens.

L'affaire a eu lieu près de Montebello et a été très chaude. C'est un bon début, qui a donné beaucoup de confiance aux troupes du 1er corps. Nous avons fait 140 prisonniers, dont un colonel. Malheureusement, on a à déplorer la perte du général Beuret, ancien colonel du 39e (tué) ; plusieurs officiers supérieurs sont très grièvement blessés. Il n'y a pas eu plus de 5 000 hommes engagés de notre côté contre une douzaine de mille Autrichiens. Depuis quelques jours nos différents mouvements nous ont donné beaucoup de besogne et ont détraqué d'autant notre service des postes qui ne bat que d'une aile.....

J'ai rencontré hier Bénier qui arrivait ici avec sa compagnie et paraissait très bien portant. Il doit aller aujourd'hui jusqu'à Voghera rejoindre la division d'Autemarre à laquelle il est attaché. J'ai vu aussi Hepp, l'ancien aide de camp du général Ambert, qui est venu me voir à Tortone. Il était à deux lieues de là, à la division Bazaine (1er corps).

Nous étions à Tortone assez mal logés, mais ici nous sommes dans une splendide maison de campagne. Nos bureaux et notre salle à manger sont dans des espèces de grands salons dorés, pleins de très beaux tableaux.

Ponte-Curone est un simple village, qui est littéralement pavé de troupes, l'armée étant actuellement très concentrée. J'ai fait le logement dans nos deux dernières marches, c'est-à-dire qu'en arrivant j'ai été chargé de prendre les meilleures maisons le plus vite possible, car ici chacun s'installe comme il peut. On est de cette façon beaucoup plus confortablement abrité que sous la tente, mais en revanche l'établissement au bivouac se fait beaucoup moins vite et surtout moins régulièrement.

Tout ce qu'il y a de gens un peu comme il faut s'est sauvé, de sorte que nous ne voyons pas le pays en beau, quant aux habitants. Le climat ne soutient pas non plus sa réputation et on se croirait à Nancy, dans une année pluvieuse.....

..... Les corps de volontaires, que compte actuellement l'armée piémontaise, se composent de deux légions d'infanterie, dénommées chasseurs des Alpes et chasseurs des Apennins et commandées par les généraux Garibaldi et Ulloa. Elles agissent en dehors du cercle d'opérations de l'armée et il est difficile d'en rien dire de précis.

Quant aux volontaires italiens qui servent dans la cavalerie, ils se sont simplement engagés dans la cavalerie régulière sarde, où l'avancement est naturellement aussi très régulier et qui, je ne le pense pas du moins, ne peut offrir des chances d'avancement bien rapide à un Français qui n'a pas encore servi. Dans ce moment-ci ces régiments regorgent de jeunes gens de famille. L'un d'eux (les chevau-légers de Novare) a pris part avant-hier à l'affaire de la division Forey; ils se sont conduits d'une manière très brillante; ils ont perdu beaucoup de monde, car tout ce pays-ci est beaucoup plus favorable à l'infanterie qu'à la cavalerie.

. . . .

L'empereur vient de décider que les mulets de bât seront remplacés par des voitures; de sorte que nos bâts, qui nous ont coûté très cher à cause de l'urgence et des distances, vont nous devenir inutiles. Il faut maintenant acheter une voiture à deux roues qui servira pour un certain nombre d'officiers.

Avant-hier, l'empereur, passant en voiture près de Tortone, m'a appelé pour me charger d'une commission pour le maréchal Canrobert, qu'il n'avait pu rencontrer. Sa Majesté parait très bien portante.....

Ponte-Curone, le 27 mai.

..... Nous sommes toujours à Ponte-Curone, dont nous n'avons pas bougé depuis ma dernière lettre, à l'exception toutefois d'une petite alerte qui nous a fait aller jusqu'à Voghera, mais en pure perte.

Je viens de voir passer une portion d'équipage de pont allant dans cette direction. Presque toute notre cavalerie est arrivée et, à part nous, qui ne sommes pas encore complètement montés (grâce à nos chefs), l'armée commence à s'outiller. Le temps est beau, et il est à présumer que nous serons bientôt délivrés de la saison pluvieuse. Nous allons tous bien, ainsi que nos chevaux. L'aumônier du 3ᵉ corps est arrivé et mange avec nous.

Depuis que nous vivons dans le calme relatif de notre petit village, ce sont les journaux de France qui nous apprennent les nouvelles. Notre chef d'état-major est d'un mystérieux que je me permets de trouver exagéré vis-à-vis de nous. C'est un travers ou une qualité qui n'est pas sans inconvénient pour le service et qui du reste n'a rien de flatteur pour nous.

Voghera, que j'ai vue par suite de l'alerte, est une jolie petite ville. J'y ai rencontré plusieurs de mes camarades, qui sont du 2ᵉ corps, entre autres La Veuve, que j'ai vu chez le général Mac-Mahon.

Les journaux autrichiens confirment ce que je vous disais du dernier engagement, au moins quant au résultat. On pensait d'abord ici qu'ils contesteraient l'avantage que nous avions remporté, parce qu'il n'avait pas été suivi d'un mouvement immédiat en avant ; mais ils l'avouent, assez maladroitement, en l'attribuant à une grande supériorité numérique : ce qui est manifestement contraire à la vérité. Il n'y a eu d'engagée de notre côté que la division Forey, moins deux bataillons, plus quelques escadrons sardes, ce qui malheureusement ne fait pas même 5 000 hommes ; or j'ai compté de mes propres yeux, dans leurs prisonniers, des hommes appartenant à huit régiments d'infanterie différents, sans compter les bataillons de chasseurs, l'artillerie, la cavalerie, etc. Or, leur prétention est d'avoir des régiments de 3 000 hommes. Il s'ensuit donc qu'en supposant que ces régiments n'aient pas été tous complets à l'affaire, en évaluant leur nombre de 10 000 à 12 000 hommes, on est en dessous de la vérité. D'ailleurs, d'après leur aveu même, ils étaient en marche pour faire une forte reconnaissance, quand ils ont rencontré nos avant-postes. Ils avaient donc fait leurs préparatifs et devaient être en force, tandis que nous ne nous attendions pas à un engagement aussi sérieux. Les prisonniers m'ont paru d'assez bonnes gens, très contents d'être si bien reçus. Les officiers sont très commodément mais très peu élégamment vêtus : un petit shako recouvert entièrement de toile cirée ; une espèce de tunique en toile grise, ayant pour toute distinction une étoile brodée au collet, et par-dessus une capote grise semblable à celle de la troupe. Pour toute distinction, outre les étoiles du collet, un sabre d'officier attaché à un petit ceinturon doré et une ceinture en soie jaune et noire. Il y avait un certain nombre de Hongrois avec leurs culottes collantes et leurs brodequins.

. . . .

Palestro, le 31 mai 1859.

..... Nous avons passé ce matin la Sesia, qui est une beaucoup plus grosse rivière que je ne le supposais. Les Autrichiens
ont voulu, à ce qu'il parait, gêner la fin de l'opération, mais ils
ont reçu une frottée complète, dont malheureusement ce n'est
pas notre corps qui a eu les honneurs. Le 3ᵉ zouaves, arrivé ce
matin et prêté par l'empereur au roi de Sardaigne, a terminé
brusquement l'aventure par une charge à la baïonnette, qui
nous a valu toute une batterie autrichienne et un nombre de
prisonniers que j'évalue *de visu* à 600 hommes et 7 officiers.
Encore c'est une *évaluation modérée*. Les troupes vont très
bien et ont, comme vous le pensez, le moral très monté.....

Le temps est beau, malgré de petits intervalles de pluie. Le
pays est magnifique et d'une richesse remarquable. Cependant,
l.s provisions commencent à devenir rares, ce pays-ci ayant
été occupé par les Autrichiens.

L'empereur vient d'arriver avec ses cent-gardes et parait
rayonnant. Je ne passe pas une heure sans regretter de ne pouvoir photographier tout ce que je vois, tant tout ce petit cercle
est pittoresque.....

Casale, le 31 mai 1859.

Je suis à Casale depuis trois jours. C'est une jolie ville, où
il y a un mouvement énorme. Toute l'armée y passe dans ce
moment-ci. Je suis pour la première fois logé chez un particulier, et réellement on y est mieux que dans les palais. Ce qui
prouve une fois de plus la justesse du proverbe : Mieux vaut
être le premier dans son village que le second à Rome.

Il paraît que les Autrichiens nous abandonnent la Sesia.....

..... Un ordre de l'empereur réduit de beaucoup les moyens de transport.

La ville présente un aspect de plus en plus italien, mais aussi on parle de moins en moins français, ce qui fait bien compensation.....

— — —

Novare, le 4 juin 1859.

..... Nous sommes arrivés à Novare hier à midi. C'est, après Turin, la plus jolie ville que j'aie encore vue ici. Comme nous ne l'avons vue qu'en courant et qu'elle était fort animée et toute pavoisée quand nous l'avons traversée (l'empereur y est), je me doute un peu que je l'ai vue en beau.

La campagne marche très bien et on dit que les Autrichiens se sont fait encore prendre deux pièces hier. Ils paraissent donc, là-dessus, de meilleure composition que les Russes.

Depuis ma dernière lettre, j'ai, en accompagnant le général Bourbaki, visité le théâtre du combat de Palestro, illustré par le 3ᵉ zouaves. Il est impossible d'imaginer un plus beau fait d'armes d'infanterie. Les deux passages, le gué profond traversé en face d'un fort talus garni d'artillerie et d'infanterie à vingt-cinq pas, et le pont large pour deux hommes de front et également placé à la bouche des canons et en face de bâtiments sapés par les Autrichiens, sont deux obstacles extrêmement forts, et qui ont été emportés en courant par un seul régiment. Il est effrayant de voir ce qu'il reste de débris autrichiens tout autour des deux points et tout le long du chemin, pendant 3 à 4 kilomètres.

Outre les 7 ou 8 pièces et les 700 ou 800 prisonniers, on a pris également une vingtaine de chevaux d'artillerie, mais je n'ai pas été assez heureux pour en attraper un. Il y a un lieutenant de notre état-major, qui était resté au camp et qui a eu la bonne fortune d'acheter un cheval hongrois tout sellé, appartenant à un officier d'artillerie autrichien, à 150 fr. La selle est maintenant prêtée à notre aumônier qui la trouve assez peu commode. C'est M. l'abbé Castaing, vicaire de Sainte-Marguerite de Paris et qui était aumônier de la 1re division dans la Dobrutscha.

. . . .

Ce que disent les bulletins autrichiens de la force engagée à Montebello est de toute fausseté, vous pouvez en être sûrs. Il n'y a eu qu'une division moins deux bataillons ; ce qui ne fait pas sûrement plus de 6 000 hommes. De même, à Palestro, les zouaves seuls ont chargé. Ils étaient à la gauche de la division piémontaise Cialdini, qui a tenu bon, mais sans marcher, et derrière eux, deux divisions du 3e corps qui ont été si peu engagées qu'elles ne les voyaient même pas, et que moi qui avais été envoyé à plus d'un kilomètre en avant de nos batteries pour avoir des nouvelles, je ne les voyais pas non plus. Seulement j'entendais la charge de l'autre côté d'un petit bois qui, avec une petite rivière infranchissable pour mon cheval, m'en séparait. Les zouaves se plaignent même de n'avoir pas été soutenus et disent qu'on aurait tout pris. Mais nous étions dans ce moment-là embarrassés par notre passage de la Sesia, et l'important était de le terminer. Le maréchal a remarqué avec plaisir que les premiers coups de canon ont donné des jambes à toute la colonne et qu'à partir de ce moment-là, l'infanterie a marché deux fois plus vite.

Nous aurions bien du malheur si avec tous ces commencements heureux et la confiance des troupes la première bataille n'était pas pour nous. Il me faudrait une voiture pour porter toutes les armes et tous les effets que les soldats vendent pour rien, mais je n'en achète pas pour le quart d'heure ; je ne saurais qu'en faire. Palestro, le soir de l'affaire, était une vraie foire. Les habitants se sont fournis de bons souliers et de bons habits autrichiens pour longtemps. J'ai reçu avis que ma selle était à Gênes.....

Ponte di Buffalora, le 5 juin.

Ces quelques mots n'ont pour but que de vous rassurer sur ma santé, qui est très bonne. Hier a eu lieu une bataille(¹), où nous avons fait éprouver des pertes sérieuses aux Autrichiens, mais qui ont été chèrement achetées.

Le pauvre colonel de Senneville y a reçu une balle en pleine poitrine ; nous le pleurons tous. Ne dites rien de cette mort, afin que Mᵐᵉ de Senneville ne l'apprenne qu'avec des ménagements. Tout le reste de l'état-major va bien. Je n'ai, pour ma part, pas eu l'honneur d'être engagé : on ne prévoyait aucunement un combat de ce genre et on m'avait laissé quatre ou cinq heures après les autres à Novare pour voir mettre en marche tout le corps d'armée et empêcher d'intervertir l'ordre des troupes. Il faisait un orage violent, de sorte que le canon, qu'on aurait sans cela entendu de Novare, se confondait avec le tonnerre.

On a fait des masses de prisonniers. Actuellement, nous nous reposons et nous concentrons : on dit les Autrichiens en retraite.....

Milan, le 9 juin 1859.

Nous sommes définitivement entrés à Milan hier, et nous y séjournons aujourd'hui, malgré que nous ayons beaucoup mis en doute cet honneur pour notre corps d'armée.

C'est il y a deux jours que nous avons vu la première ville

---

1. Bataille de Magenta. Voir page 229.

lombarde, Abbiategrasso. Nous avons pu nous convaincre dans ce bourg, comme dans l'ancienne capitale du royaume d'Italie, que décidément la haine de l'Autrichien et l'amour de l'indépendance italienne n'étaient ni un rêve ni une invention de journaliste. Vous n'avez pas idée des applaudissements frénétiques et surtout de l'expression de jubilation des gens qui nous regardent passer. Les femmes les mieux mises sont les plus remarquables sous ce rapport. Il est vrai que, pour apprécier ces démonstrations à leur juste valeur, il faut se rappeler que l'Italien a la réputation d'être aussi expansif que variable dans ses sympathies, et que tel crie beaucoup qui n'est pas du tout disposé à se mêler aux coups de fusil pour la cause de l'indépendance ; mais en tout cas il est impossible d'être mieux reçu.

J'ai eu par hasard la bonne fortune de voir ce matin l'empereur, se rendant en cérémonie à un *Te Deum* chanté dans la cathédrale de Milan. Il est impossible de voir une ovation plus complète ; la haie de la Garde était toute couverte de fleurs. Toutes les femmes criaient : *Viva la Francia ! viva le liberatore de l'Italia ! viva l'armata valorosa !* etc.

J'ai accompagné M. le maréchal à son entrée dans le palais Sormani, qui lui est destiné. Le propriétaire était absent ; mais sa femme, qui est une comtesse du meilleur air, sa fille et ses fils ont fait les honneurs avec une vivacité tout italienne, et il faut entendre comme elles parlent des Autrichiens et comme elles remercient de les en avoir délivrées.

Du reste leurs raisonnements politiques ne sont pas longs : Les Autrichiens sont des monstres, parce qu'ils ont plusieurs fois fait donner des coups de bâton à des femmes. Après cela, tout est dit.

Tout le monde ici et les prêtres également portent la cocarde italienne, à laquelle on a joint des rubans bleus, pour qu'on y retrouve aussi les couleurs françaises.

Ces habitations sont splendides et remplies de beaux tableaux. Quant à nous, nous sommes, comme toujours, dans une petite auberge d'un faubourg, afin d'être près des troupes qui campent hors de la ville.

On regrette dans ces jours de fête l'absence de ceux qui ont payé de leur vie nos succès. La mort du colonel nous a laissé un gros vide : je n'ai pu voir son corps, tant nous avons été pressés ce jour-là. Le maréchal a manqué lui-même être pris et a été chargé, avec quelques officiers qu'il avait autour de lui, par des hussards hongrois. C'est à ce moment que M. de Senneville, qui était à quelques pas de là, a mis le sabre à la main pour entraîner à sa suite une centaine d'hommes du 73ᵉ et dégager le maréchal, et c'est en avant qu'il a reçu une balle en plein cœur. Le colonel Cornély a eu son cheval tué, et plusieurs de ces messieurs leurs habits tout déchirés. Nous n'avons eu qu'une brigade du 3ᵉ corps engagée, mais elle a beaucoup souffert et a sauvé la journée, à la droite du moins, qui était le point important. Le maréchal s'est d'autant plus prodigué qu'il avait moins de forces à sa disposition.....

. . . .

— — —

Borgo Poncevale, le 19 juin 1859.

. . . .

Nous sommes, depuis hier, dans un petit village des environs de Brescia, où nous avons heureusement trouvé une grande maison, spacieuse et commode, où nous sommes très bien, hommes et chevaux.

Je suis allé ce matin voir Brescia, dans la voiture du propriétaire. La ville n'a rien de bien remarquable, — relativement parlant — car presque toutes ces villes renferment pas mal de curiosités. Il faut citer cependant la place de l'hôtel de ville, dont les monuments remontent, dit-on, au quinzième siècle, et qui a un cachet très original. La citadelle, qui domine la ville et qui est historique, est également à voir. Enfin, il y a une belle église moderne. Je n'ai pas vu les autres ; mais il doit y en avoir beaucoup d'anciennes. Brescia est au pied des montagnes, qui m'ont fait plaisir à voir, car l'éternelle plaine que nous traversons est d'une fertilité bien monotone, et elle est continuellement aussi plate qu'un tapis de billard.

Que vous dirai-je de la guerre ? Nous en savons peu de chose et nous nous bornons à exécuter, tous les matins, les ordres de mouvement qui nous arrivent généralement assez tard dans la soirée.

M. l'abbé Blanc, de Nancy, nous est arrivé, il y a quelques jours, et a été placé comme aumônier à la 2ᵉ division d'infanterie (général Trochu), où il se trouve, je crois, très bien. J'ai eu du plaisir à le voir.

Nous recevons nos nouveaux chefs. Le successeur du colonel de Senneville, le colonel Besson, que j'ai connu en Crimée, est arrivé. Le lieutenant-colonel Faure, sous-chef d'état-major, est en route pour venir. Je ne le connais qu'un peu ; il est très jeune et passe pour un très bon officier.

. . . .

J'ai maintenant..... un des chevaux du colonel de Senneville, de sorte que je suis au complet. On a renvoyé son cheval favori, sur lequel il a été tué, à Mᵐᵉ de Senneville. J'ai recommandé à son ordonnance d'aller vous donner verbalement de mes nouvelles ; j'ai pensé que cela vous ferait plaisir.....

. . . .

Les populations sont ici moins belles qu'aux environs de Milan ; elles paraissent plus ignorantes et nous prodiguent beaucoup moins les vivats et les bouquets.

Brescia, malgré sa réputation, m'a paru très calme à cet égard. Il est vrai qu'à Milan et dans les petites villes environnantes, nous avions été gâtés. Les prêtres, contrairement à ce qu'on croyait, paraissent tous fort patriotes et ont tous de gros nœuds de rubans aux trois couleurs. Il faut ajouter qu'en général ils n'ont pas bonne mine.

Le curé du village où nous sommes chante dans ce moment-ci au piano; il a une voix de tonnerre. C'est un ancien soldat de Garibaldi, en 1849, et il parait fou de musique. Mais il est loin d'être propre, et notre aumônier, qui est fort soigné, s'en amuse beaucoup; ce qui ne les empêche pas d'être les meilleurs amis du monde.....

. . . .

Medole, le 24 juin.

On s'est canonné aujourd'hui toute la journée. Tout l'état-major va bien et je vous embrasse de tout mon cœur. L'avantage est pour nous.....

Solferino, le 26 juin 1859.

Je vous écris pour faire suite aux quelques lignes que je vous ai adressées de Medole.

Comme je vous l'ai dit, la journée a été décidée en notre faveur. Notre corps n'a eu d'engagé que ses deux premières divisions et sa cavalerie; notre 3e division faisait face à un corps autrichien qui avait été signalé comme sorti de Mantoue pour tourner l'extrême droite. La bataille a été très longue et s'est livrée sur un très grand front. C'est certainement un des plus grands champs de bataille du siècle (le premier Empire compris).

Nous avons passé la nuit de la bataille à Rebecco, dans une petite église où nous nous sommes couchés assez douillettement sur des bancs. Hier soir, nous sommes arrivés ici à Solferino ; c'est le champ de bataille illustré par les voltigeurs de la Garde, qui y ont fait merveille et ont pris, dit-on, treize pièces de canon et un drapeau.

L'empereur François-Joseph était ici avant-hier matin, et, au rapport des prisonniers, il aurait jugé la bataille perdue, dès le commencement, après avoir vu enlever le premier mamelon ; ce qui du reste n'a pas empêché de se battre toute la journée. Un orage épouvantable l'a terminée de notre côté vers six heures du soir ; mais de ce côté-ci, elle a duré jusqu'à la nuit.

Nous sommes actuellement dans un pays mamelonné et sans beaucoup d'eau, ce qui est tout le contraire de ce que nous avons vu jusqu'à présent. Depuis les collines on a une vue admirable : le lac de Garde, toute la chaine des Alpes, les gorges de l'Adige, etc. Depuis le clocher du village, on voit, dit-on, Mantoue très distinctement et par conséquent toute la fameuse ligne du Mincio, qui nous reste à forcer ; mais je n'ai pu encore y monter : je le ferai, si j'ai le temps.

Nous paraissons vouloir nous diriger vers Peschiera et Mozabasso. Tous les hameaux de ce pays-ci sont ruinés et remplis de débris : nous sommes obligés de donner du pain ou du biscuit aux paysans chez lesquels nous couchons.

Le maréchal va bien et est vraiment de fer. Il est à cheval toute la journée et toujours le premier levé.....

. . . .

Gorto, le 30 juin 1859.

. . . .

Depuis quelques jours, les choses sont provisoirement plus calmes. Nous sommes arrivés ici avant-hier, venant de Solferino, et nous sommes fort commodément installés dans un grand château délabré, mais vaste et orné d'un parc, ce qui a son importance par le soleil qu'il fait.

Nous y avons justement remplacé l'état-major du 3e corps autrichien qui l'a occupé assez longtemps. Les noms des officiers sont encore sur les portes. Quant à Gorto même, c'est un gros village sur le bord du Mincio.

Les Autrichiens ont fait sauter deux ou trois arches du pont; on le rétablit actuellement. La rivière n'est pas large, mais elle est très rapide.

Le 4e corps a du reste commencé à passer à Valeggio, à deux lieues en amont. Il paraîtrait donc que l'ennemi n'a pas l'intention de défendre le Mincio et qu'il se réserve pour l'Adige et ses trois places fortes: Peschiera, Vérone et Mantoue. Nous sommes ici à quatre lieues de Mantoue, dont on voit fort bien le dôme depuis le clocher du village.

. . . .

Grâce à Dieu, aucun de nous n'a été touché, à l'exception d'un lieutenant qui n'a eu qu'une égratignure insignifiante.

. . . .

————

Valeggio, le 3 juillet 1859.

. . . .

Il continue à faire très chaud; nous sommes probablement à Valeggio pour quelques jours, peut-être afin de couvrir le siège de Peschiera, dont nous entendons et voyons le feu (la nuit, s'entend).

Nous continuons tous à nous bien porter. J'ai été ce matin à la messe de l'empereur, qui ne ressemble guère aux messes des Tuileries.

Il n'était accompagné que d'une dizaine d'officiers ; le reste de l'église, qui est assez grande, était bourrée de soldats en capotes grises et dans un négligé de tenue assez complet. Les grenadiers de la Garde de service commencent à avoir des bonnets qui ressemblent à de vrais manchons, et il est à espérer qu'à leur rentrée à Paris ils seront assez détériorés pour obtenir l'approbation des Parisiens.

. . . .

————

Valeggio, le 9 juillet 1859.

Le vent a tourné tout d'un coup, et nous sommes passés de la guerre à la paix, au moment où nous nous y attendions le moins. Que résultera-t-il de l'armistice et qu'y a-t-il de fondé dans les idées plus ou moins exagérées qui se sont tout de suite propagées ? c'est ce que la fin de l'ouverture nous apprendra.

En tout cas, nous voilà dans le *statu quo* pour trente jours, dit-on. Nous sommes déjà en train de nous desserrer, pour les passer plus à notre aise et avec le moins de chaleur et le plus d'eau possible, ce qui n'est pas facile dans ce gueux de pays.

Nous partons incessamment de notre personne pour Volta, où le maréchal aura son quartier général pendant l'armistice. Il ne garde avec lui qu'un régiment d'infanterie et un escadron pour le service du quartier général. Nous allons donc être là dans une solitude relative, et chacun se demande comment on fera pour passer ces trente jours, qui auront certainement chacun beaucoup plus de vingt-quatre heures. Si encore il n'y avait pas tant de mouches !

La Garde, le corps du prince et les Sardes sont les plus favorisés : ils sont cantonnés sur les bords du lac ; toute la cavalerie est sur la Chièse.

Volta est un village situé sur une éminence ; il y a une espèce de château, où le maréchal sera bien. Quant à nous, nous tâcherons de dénicher les maisons les moins malpropres. Les Toscans y sont actuellement et j'ai été les voir ce matin. Ils ne sont pas beaux et ressemblent à des Autrichiens mal habillés.

On dit que l'empereur part demain pour Paris. Ses équipages et les cent-gardes vont à Brescia. A tout seigneur, tout honneur !

Tout cela va peut-être consoler le maréchal Pélissier. Notre chef a sa part de déboires et a vu avec peine, à la suite de la dernière bataille, que la position d'observation qu'il a dû faire garder à la moitié de son corps d'armée a diminué de beaucoup les résultats de la bataille, en morts et en prisonniers. Les Autrichiens *accusent maintenant 50 000 hommes de pertes* pour cette seule journée et l'expliquent par le fait de notre nouvelle artillerie. Cela peut être regardé comme suffisant, mais il est sûr que, si tout le 3ᵉ corps s'était ébranlé à la fin de l'orage, il prenait et tuait beaucoup de monde. Mais ces choses-là ne se jugent bien qu'après coup, et d'ailleurs le maréchal avait des instructions et des indications qui ne lui ont guère permis d'agir autrement.....

— —

Volta, le 18 juillet 1859.

. . . .

Le service du pays n'est pas réorganisé depuis le départ des Autrichiens ou ne l'est que très imparfaitement, de sorte que nous sommes depuis quatre jours sans nouvelles de France et sans moyens sûrs d'en envoyer nous-mêmes. Cet état de choses est intolérable et tout le monde jette les hauts cris.

Mais laissons là la poste et parlons un peu du changement si brusque de la situation. Qu'en pense-t-on en France ? Ici, nous ne savons rien ; les Italiens ne doivent pas être complètement satisfaits. En somme, l'affaire est une énigme pour tout le monde. Mais en général on se résigne gaiement à revenir en France.

On dit notre corps d'armée destiné à rester plus longtemps que les autres en Italie ; je ne sais ce que ce bruit a de fondé. Nous devions d'abord rester six semaines à Volta. Il y a cinq jours, nous avons reçu avis que nous étions destinés à aller occuper Parme et enfin, depuis avant-hier, nous avons l'ordre de nous rendre à Casalmaggiore pour y stationner jusqu'à nouvel ordre. C'est une déception, car Parme promettait un séjour assez agréable et Casalmaggiore n'est qu'un bourg situé sur le Pô. Nous nous consolons en espérant n'y être pas pour longtemps. Depuis la conclusion de l'armistice, notre vie est tout autre : les troupes sont dispersées et nous n'avons presque rien à faire. Aussi nous faisons de forts progrès en italien. Quant à moi, je suis étonné de l'intelligence que montrent les naturels du pays pour comprendre notre langage. Le fond de notre système est de parler nègre en français, mais avec des terminaisons en *o* ou en *a,* à la volonté de chacun, et des inflexions de voix plus ou moins agréables, à l'instar des Italiens ; exemple : « Moi amore molto le vino bono », cela veut dire : « J'aime beaucoup le bon vin. » Ce n'est pas plus difficile que cela. Tous les soirs, après dîner, nous faisons des conversations de deux heures, dans la maison où nous sommes logés ; au bout des deux heures, on en a assez.....

Stradella, le 29 juillet.

Nous sommes arrivés ici par Crémone et Plaisance. Le maréchal est à Milan ; nous pensions le revoir aujourd'hui et savoir à quoi nous en tenir sur l'époque de notre départ pour Gênes, mais il n'est pas revenu. Il fait toujours une chaleur énorme ; cependant, nous continuons tous à nous bien porter.....

Il semble du reste que, depuis que la campagne est finie, on n'ait plus rien à dire. Je ne puis cependant encore me persuader que le 12 du mois prochain nous serons tous à Paris. Cependant, rien n'est plus positif.

. . . .

Je vais aujourd'hui au chemin de fer à Voghera porter un ordre, et je reviens ce soir. J'espère que nous partirons pour Gênes dans deux ou trois jours.

Malgré la perspective du mal de mer, je suis content de revenir par Gênes et Marseille.

. . . .

———

Gênes, le 4 août 1859.

Le colonel vient de m'annoncer que nous partions d'ici après demain et que nous serions probablement à Paris le 9.

Là, nous attendrons jusqu'au 15 la fête qu'on prépare. Je vous écrirai de Marseille, si nous nous y arrêtons, ou bien de Paris. Je ne puis me figurer que nous allons rentrer en France dans si peu de temps. En attendant, nous passons notre vie assez tranquillement à Gênes, ce qui serait charmant, sans une chaleur accablante qui parait extraordinaire même aux gens du pays. Vous pouvez penser si nous cuisons dans nos uniformes de drap.

M. le maréchal est parti avant-hier. Il m'a dit qu'il pensait que nous retournerions à Nancy, mais qu'il n'en avait aucune certitude.

Nous sommes logés dans un hôtel. Gênes regorge de palais, mais on se débarrasse, autant qu'on peut, des militaires, en les mettant dans les auberges, qui sont vides.

Je suis content d'être repassé par ici. Les constructions ont un cachet tout différent de ce que j'ai vu jusqu'ici. Ce n'est presque plus le même pays.....

. . . .

———

N'ayant pas eu pour sa part, comme il le dit, l'honneur d'être engagé à Magenta, le capitaine Vanson ne donne, dans la lettre écrite à ses parents le lendemain de la bataille, aucun détail sur la grande journée du 4 juin. Les jours suivants, jusqu'à l'entrée triomphale à Milan, furent bien remplis, et il ne put évidemment trouver le temps d'écrire entre le 5 et le 9 juin.

Nous essayerons de combler cette lacune en rapportant un épisode pittoresque qui nous paraît bien dans le ton habituel de ses lettres et que nous nous rappelons avoir jadis entendu conter par le général. En voici le récit tel qu'il l'a écrit lui-même dans le *Carnet de la Sabretache* de décembre 1897 ; cet article accompagnait une belle planche en couleurs : « Un tambour de grenadiers de la seconde Garde impériale », offerte à la *Sabretache* par son président :

Le tambour d'Édouard Detaille réveille tant de souvenirs qu'on me pardonnera peut-être d'en citer encore un autre, bien qu'il me soit personnel pour une très petite part : Le lendemain de Magenta, après l'alerte causée, au petit point du jour, par le retour offensif réglementaire correctement exécuté par les Autrichiens pour couvrir leur retraite, M. le maréchal Canrobert, en selle au premier coup de fusil, s'arrêta, en revenant, sur un pont du chemin de Ponte-Vecchio, jeté sur la voie ferrée parallèlement au Naviglio, que cette voie traversait tout à côté ; il y mit pied à terre et prescrivit de lui adresser les comptes rendus sur ce point élevé, signalé par son fanion. Le pont étant encore jonché de bonnets à poil de grenadiers de la

Garde, quelques soldats eurent l'idée d'en faire le long du parapet une sorte de lit de fourrure, sur lequel le maréchal, qui avait passé en courses la première partie de la nuit, s'étendit un instant à l'ombre ; puis, la retraite de l'ennemi se confirmant, le commandant du 3ᵉ corps remonta à cheval, se bornant à laisser au pont un capitaine de son état-major ; cet honneur m'échut et dura longtemps.

Je n'eus pas, cependant, comme bien on pense, l'impertinence de goûter à mon tour du lit d'un maréchal de France, mais je m'amusai à écouter les récits et les saillies des soldats venus là, à quelques pas de leurs faisceaux, prendre une vue d'ensemble. « Figure-toi, disait un grenadier du 3ᵉ régiment à un camarade de la ligne, en montrant du doigt les bonnets à poil, on tâchait de se défiler derrière le parapet, mais sitôt qu'on levait la tête pour ajuster son coup de fusil, ce coquin de *gabion* dont nous étions coiffés commençait à se montrer d'abord et pif, paf, les balles des Kaiserlicks sifflaient tout de suite. Alors, tu comprends.... » Je compris aussi et fus en partie consolé du grand nombre de bonnets, restés non loin des cadavres autrichiens qu'on apercevait encore un peu partout sur les rives du Naviglio, surtout aux abords de Ponte-Vecchio où ils barraient par endroits le chemin. Mais les pertes de la Garde n'en avaient pas moins été très considérables (46 officiers et 1 005 hommes de troupe tués, blessés ou disparus).

Comme on retrouve bien le fondateur du musée historique de l'armée dans la réflexion qui termine ce souvenir de sa jeunesse :

Cette halte matinale du maréchal Canrobert ne pourrait-elle pas fournir à un peintre un intéressant sujet de tableau ?

MEXIQUE

DÉCEMBRE 1864 — AVRIL 1867

Décembre 1864.

Je viens d'arriver à Cherbourg ; il est 10 heures du soir, et j'ai appris en arrivant que nous nous embarquions demain, au lieu du 10. Rodet et mon cheval n'arrivent que demain matin, juste à temps pour l'embarquement qui commence à 10 heures du matin. Le temps parait assez favorable.

J'ai été très bien reçu à Paris et reconduit au chemin de fer par quatre ou cinq bons camarades, ce à quoi l'on est toujours très sensible dans les circonstances où je me trouve.....

Oran, mardi soir 21 décembre 1864.

Je suis arrivé ici dimanche dans l'après-midi, bien content d'avoir terminé la première et probablement la plus mauvaise partie de ma traversée. Nous avons été assez secoués pendant les quatre ou cinq premiers jours ; mais, comme j'avais été assez heureux, grâce à mon ancienneté, du reste, pour obtenir une couchette dans ma cabine, j'en ai beaucoup moins souffert, et j'en ai été quitte pour rester ces quatre ou cinq jours au lit ; maintenant j'espère que je serai un peu plus brave et que mon estomac se comportera mieux. Mon cheval a été lui aussi assez fatigué, mais lui aussi se remettra, je pense, bientôt, et de plus j'ai profité de son mauvais état passager pour émouvoir en ma faveur le commandant du bord et obtenir de lui qu'il m'embarque un second cheval. Un aide de camp du maréchal de Mac-Mahon m'en avait fait proposer un ici, que j'ai pu monter deux fois et que je viens d'acheter et de payer. Je l'embarque demain. J'espère que, de cette façon, je ne serai pas obligé d'aller à pied de la Vera-Cruz à Mexico, car sur les deux il m'en restera toujours bien un d'intact. Rodet débarquera demain pour venir chercher ce nouveau cheval, sans quoi il n'aurait pas obtenu la permission de descendre à terre, ce qu'il paraissait désirer beaucoup.....

Nous avons eu la bonne fortune d'avoir beau temps en passant le détroit de Gibraltar, de sorte que nous avons très bien vu la baie d'Algésiras et Gibraltar lui-même, ce qui est fort intéressant. Nous avons vu sur la côte d'Afrique les possessions espagnoles et, dans le lointain, le théâtre de la dernière guerre de l'Espagne contre le Maroc. Actuellement, le thermomètre est au beau, et tout nous fait présager que nous aurons beau temps pour sortir de la Méditerranée. C'est jeudi que nous levons l'ancre et notre prochaine relâche sera Sainte-Croix-de-Ténérife, où nous arriverons probablement dans une huitaine de jours. Nous y resterons vingt-quatre ou quarante-huit heures, ensuite nous filerons sur la Martinique, où il nous faudra, à ce qu'il paraît, une vingtaine de jours pour arriver. Nous y passerons huit jours, pour laisser respirer les hommes et les chevaux ; enfin de là nous nous rendrons en douze ou quinze jours à la Vera-Cruz. La traversée de Ténérife à la Vera-Cruz est toujours très belle dans cette saison-ci.....

. . . .

Oran m'a beaucoup plu, quoique ce soit moins joli qu'Alger, et surtout qu'on n'y voie presque plus d'indigènes ; mais le climat est, dans cette saison-ci, charmant.....

. . . .

Sainte-Croix-de-Ténérife, le 27 décembre 1864.

Nous sommes arrivés aujourd'hui en rade de Ténérife ; je viens d'aller passer quelques heures à terre et j'y ai appris que le paquebot anglais y était de passage et partait demain pour l'Europe ; je me hâte donc de profiter de ce qu'il y a encore pour quelques minutes de la lumière dans le carré des officiers de marine, pour vous écrire ces quelques lignes qu'on ira mettre chez le consul avec les autres lettres du bord.

Notre navigation depuis Oran a été aussi heureuse que possible et assez prompte, car nous ne pouvions pas arriver plus tôt à Ténérife. Mon cheval arrivé de France est rétabli et celui que j'ai embarqué à Oran va très bien.

. . . .

Nous avons fêté dimanche la fête de Noël, comme on peut la fêter à bord d'un navire où il n'y a pas d'aumônier, c'est-à-dire avec des chœurs chantés par les Allemands de la légion étrangère, et en faisant exécuter au gros orgue de Barbarie qui compose tout l'orchestre de l'équipage son répertoire complet. Après cela, il y a eu une surprise. Deux Italiens de la légion étrangère, napolitains de naissance, ont exécuté des pasquinades à l'italienne, à l'aide d'un vieux costume d'arlequin et de quelques nippes trouvées par-ci par-là. Ils s'en sont remarquablement tirés. Ajoutez à cela qu'on organise un théâtre, et vous pourrez juger que nous aurons de quoi occuper les loisirs que nous laissera notre navigation sous les tropiques.

Sainte-Croix-de-Ténérife est une assez jolie petite ville qui rappelle Malte, sans être tout à fait aussi jolie et aussi intéressante. La garnison espagnole se compose d'un bataillon de chasseurs et d'artillerie à pied. J'ai été très content de voir des troupes espagnoles : elles sont propres et ont beaucoup de physionomie. Demain, de grand matin, je descendrai à terre avec le canot qui va aux provisions et je tâcherai de voir une manœuvre, si c'est possible.

Les habitants ont le type espagnol très prononcé ; mais les hommes ont eu le mauvais goût d'adopter nos modes et les femmes n'ont conservé que la mantille, qui suffit cependant pour leur donner un aspect un peu moins banal qu'à l'autre moitié de la population. La corvette-école de la marine prussienne était en rade ; je ne m'attendais guère à voir ici pour la première fois des marins prussiens.

. . . .

———

Fort-de-France (Martinique), le 19 janvier 1865.

Je vous écris de la Martinique, où nous sommes arrivés samedi 14 janvier au soir.....

..... je profite des derniers moments que je suis sûr de passer encore à terre pour vous raconter en peu de mots notre voyage depuis Ténérife. Il n'a pas été très rapide, mais en revanche il a été heureux et fort calme. Le seul inconvénient est la chaleur, mais il est bon de s'y habituer peu à peu avant d'arriver à la Vera-Cruz.

. . . .

Nous n'avons rien eu de particulier, pendant notre traversée, que la cérémonie du passage du tropique : il y a là une fête traditionnelle, qui consiste dans le baptême des passagers et dans une espèce de mascarade maritime, laquelle fait oublier pendant vingt-quatre heures la monotonie de la vie du bord.

Mais la véritable compensation de notre voyage, nous l'avons trouvée ici. La Martinique m'a surpris, en bien, de la façon la plus complète. C'est réellement charmant et tout à fait en dehors de tout ce que j'avais vu jusqu'à présent. C'est

un vrai petit paradis. La ville de Fort-de-France, qui est la
capitale administrative de l'île, et la ville de Saint-Pierre, qui
en est la cité commerciale, ne présentent rien de particulier
comme constructions : les maisons sont petites et peu anciennes, en raison des tremblements de terre, mais cette population de mulâtres et de nègres est extrêmement curieuse. C'est
un bariolage très comique et très pittoresque, encadré par la
nature la plus riche qu'on puisse imaginer. J'ai fait deux des
principales excursions, l'une en bateau à vapeur, à Saint-Pierre,
ville de 30 000 âmes, qui possède le plus riche jardin botanique
du monde, à ce que l'on dit ; et, en effet, quand on le voit, on
est assez disposé à admettre la vérité de ce mot peut-être hyper-
bolique ; pour moi, j'ai été renversé. L'autre excursion je l'ai
faite sur un de mes chevaux, à 12 kilomètres dans l'intérieur
de l'île. L'une et l'autre sont charmantes. Enfin, le bouquet,
c'est que, deux jours après nous, nous est arrivé un navire
anglais chargé de 1 200 Autrichiens de toutes armes, dans
des costumes assez pittoresques.

. . . .

Paso del Macho, le 6 février 1865.

Je suis arrivé à la Vera-Cruz samedi dernier ; j'y ai séjourné
le dimanche et j'en suis parti ce matin par le chemin de fer
qui, en trois heures, m'a conduit à Cameron. Là nous sommes
montés à cheval et, après trois heures de route, nous sommes
arrivés dans le petit village d'où je vous écris et qui est appelé
à prendre une certaine importance, parce que, d'ici à quelques
semaines, il formera la tête de ligne du chemin de fer. Nous
repartons demain matin et nous allons coucher à Cordova,

puis à Orizaba, etc., jusqu'à ce que je rencontre le maréchal Bazaine, à l'état-major duquel je suis définitivement attaché. J'aurais dû commencer par vous apprendre cette bonne nouvelle, car tout le monde m'en félicite, et je pense qu'elle vous fera plaisir. Un de mes compagnons de traversée, le capitaine Mieulet, a la même destination, et nous voyageons tous deux pour cela avec le détachement de la légion étrangère, que nous sommes allés prendre à Oran, lequel par parenthèse est commandé par un de mes anciens de Saint-Cyr.

Nous ne savons encore où nous trouverons le maréchal ; et l'ordre qu'on nous a remis à Mieulet et à moi porte que nous devrons, s'il n'est pas, d'ici à quelques jours, en route pour rentrer à Mexico, aller le chercher à Oajaca, où se trouve actuellement une partie de l'état-major général. La fin de notre traversée s'est passée assez paisiblement, et j'ai eu la joie de débarquer mes deux chevaux sains et saufs et mes effets au grand complet et sans avaries.

Vera-Cruz n'est pas aussi laide qu'on veut bien le dire et, cet hiver, elle a l'avantage inappréciable d'être exempte presque absolument de cas de vomito. Du reste, depuis hier, il y règne un vent du nord-est assez fort, qui a toujours pour résultat de chasser la maladie et qui, lorsque la maladie n'existe pas, a néanmoins encore l'avantage, pour de nouveaux venus comme nous, d'abaisser beaucoup le niveau de la température. Aussi notre marche d'aujourd'hui a été fort agréable ; demain nous sortons des terres chaudes et nous entrons dans les terres tempérées. Le pays jusqu'ici n'est pas beau, sauf deux ou trois ravins torrentueux fort pittoresques. Nous avons sous les yeux un premier amphithéâtre de montagnes, que nous commencerons demain à gravir.

Le pays est curieux et les troupes aussi. J'ai déjà vu des Autrichiens, des Belges, des créoles et même des Mexicains, puis encore des Égyptiens, qui sont superbes.....

Je ferme ma lettre à Cordova, le mercredi 8 février, après un séjour nécessité par la question des attelages. Nos chevaux en avaient aussi besoin. Je viens de voir le général Douay, mon ancien lieutenant-colonel, qui rentre en France.....

———

Téhuacan, 12 février 1865.

Je vous écris ces quelques lignes pour vous annoncer la prise d'Oajaca, que nous venons d'apprendre en arrivant ici. Nous étions en marche pour rejoindre le maréchal au siège de cette ville. Cette nouvelle va probablement changer notre itinéraire, et peut-être allons-nous aller directement à Mexico. Nous attendons des ordres à ce sujet : on les a demandés par le télégraphe.

Je vous écris au son du carillon de toutes les cloches de Tehuacan, et Dieu sait s'il en reste, malgré le dernier tremblement de terre. En même temps, une musique indienne parcourt la ville en exécutant des fanfares qui sentent leur cru, pendant qu'une demi-douzaine de messieurs barbus, avec de grands chapeaux, tirent des coups de pistolet derrière. La ville elle-même a un cachet très original et le pays aux alentours est couvert d'une végétation toute nouvelle pour moi. Le tout ne laisse pas de produire un certain effet.

Je suis logé dans le logis réservé aux généraux de passage, attendu que je suis le plus gros bonnet de notre petite colonne.....

. . . .

Porfirio-Diaz est pris avec toute la garnison ; nous n'avons pas d'autres détails.....

———

Puebla, le 22 février 1865.

Je t'écris du cercle des officiers du régiment étranger à Puebla, où je suis venu chercher une table et ce qu'il faut pour
écrire, car, dans cette grande et belle ville, nous sommes logés
entre quatre murs entièrement nus : ce qui ne nous est pas
arrivé jusqu'à présent dans les moindres villages, où nous trouvons au moins un banc et une table de bois blanc. Il est vrai
qu'en revanche toutes les autorités desquelles ces choses-là
dépendent sont magnifiquement installées ; mais peu importe,
puisque nous partons demain.

Nous sommes arrivés ici avant-hier lundi, venant de Tehuacan ; et demain matin nous nous dirigeons sur Mexico. Nous
n'avons plus, dans cette dernière partie de notre route, la chance
de voyager avec les 400 hommes du régiment étranger, dont
les officiers nous offraient leur table.

Je pars simplement d'ici avec un lieutenant-colonel d'état-
major, mon collègue le capitaine Mieulet, douze soldats belges, deux boulangers, deux voitures du train et nos cinq ordonnances ; mais de cuisiniers, point. Nous vivrons en route à la
mexicaine, ce qui ne m'effraie point, vu la complaisance de
mon estomac.

. . . .

Nous avons six jours de marche d'ici à Mexico ; nous y arriverons donc le mardi de bonne heure, à moins que notre colonel, qui est, je ne sais pourquoi, fort pressé d'y arriver, ne
parvienne à nous y faire aller en cinq jours, ce à quoi je m'op-
pose de mon mieux, attendu que ce que je trouve de plus agréable dans ce pays-ci, c'est de voyager, quand les marches ne sont
pas trop fortes.

Puebla est une jolie ville fort animée, quoique les habitants s'y
plaignent de l'état des affaires, exactement comme en France.

Le nombre des églises y est très grand, et parmi elles la cathédrale, surtout à l'intérieur, est splendide.

Du reste, dans tous les endroits gros et petits que nous avons traversés, les seuls édifices remarquables sont les églises ; on en voit quelquefois trois de grandes dimensions dans un village, avec de grands espaces clos de murs autour. Malheureusement, presque partout, elles ont énormément souffert du dernier tremblement de terre. L'intérieur et l'extérieur sont presque toujours fort chargés d'ornements : il y a de superbes boiseries ou plâtres dorés à l'intérieur. Les tableaux sont nombreux, quelquefois bizarres, mais généralement médiocres. Les statues sont très nombreuses et toutes habillées et peintes, ce qui produit un effet singulier ; les plus riches sont enfermées dans des châssis de verre. Certaines églises ressemblent à un vrai cabinet de cire. Le Christ et généralement les martyrs sont couverts de plaies et de sang ; les têtes sont garnies de cheveux naturels : c'est quelquefois d'un effet atroce.....

. . . .

Mexico, le 27 février 1865.

..... Je m'empresse de saisir cette occasion de vous annoncer mon arrivée en très bon port à Mexico. Elle a eu lieu hier, dimanche gras, après quatre fortes étapes qui nous ont amenés de Puebla ici.

Le maréchal y était rentré la veille ; je suis décidément placé à son état-major général et je reste par conséquent à Mexico même. J'ai déjà un logement à peu près assuré et je vais m'établir comme en garnison, peut-être pour assez longtemps. La ville est vaste, et hier elle présentait à peu près le mouvement d'une capitale. L'installation des officiers d'état-major (logement, pension, bureau, etc.) est très *confortable*.....

..... Un de mes compagnons de voyage est envoyé à Mazatlan, sur le Pacifique, et l'autre au nord, à la frontière des États-Unis, à Paso-del-Norte. Ce dernier a au moins six cents lieues à faire à cheval pour atteindre sa destination. C'est un voyage intéressant, mais un peu long.

..... Je viens d'employer ma journée à étudier un peu les registres et les papiers de cet état-major, où tout est nouveau pour moi. Demain ou après je saurai quelle est la partie du service de l'état-major général qui me sera spécialement confiée. J'y suis actuellement le capitaine le plus ancien de grade, mais en même temps le plus novice comme Mexicain.

. . . .

Le troisième de mes compagnons de voyage reste ici avec moi, pour s'occuper de topographie. C'est le capitaine Mieulet. Cela tombe bien, car c'est celui dont le caractère me convient.....

———

Mexico, le 10 mars 1865.

. . . .

Me voici enfin installé, non sans peine, car les logements sont rares et chers, et j'en suis déjà à mon troisième, y compris l'hôtel. Je suis décidément casé à Mexico, et on m'a mis sur le dos, dès le jour de mon arrivée, toutes les affaires mexicaines, c'est-à-dire la bouteille à l'encre de l'état-major général. Ainsi je compose à moi tout seul les bureaux d'un petit ministère de la guerre. Heureusement que cette armée est microscopique, sans quoi vous pensez bien que je n'y suffirais pas. Mais elle n'en est pas moins très embrouillée, parce qu'elle comprend une foule de corps irréguliers et de gardes nationales, plus ou moins armées, au milieu desquels il faut se dépêtrer comme on peut. J'y gagne d'avoir une certaine indépendance dans mon service et de n'être plus un simple secrétaire ; mais je ne suis qu'au début et je ne puis prévoir encore complètement comment cela marchera. Le maréchal commande, comme vous le savez sans doute, les troupes mexicaines comme les autres : c'est ce qui vous explique mes fonctions, le ministère de la guerre de ce pauvre empereur Maximilien n'existant encore, pour ainsi dire, que de nom, au point que moi, arrivé depuis dix jours, je suis déjà en mesure de redresser les situations qu'il m'envoie.

Tout cela vous paraitra sans doute aussi bizarre qu'invraisemblable, mais ce pays-ci est le pays des étonnements pour nous autres Français.

..... Je ne connais encore rien que l'aspect général de la ville. Les quartiers riches sont assez beaux, les autres sont fort sales ; toutefois le soleil égaierait tout, si la poussière n'en était la suite obligée.

Quant aux habitants, beaucoup de luxe et de flâneurs des deux sexes, mais les rapports avec eux, même avec les Français, sont nuls, à quelques rares exceptions près.....

Mexico, le 10 mars 1865.

. . . .

Je vous ai raconté qu'on m'avait confié le bureau des affaires mexicaines, c'est-à-dire tout ce qui a rapport au personnel, etc., des troupes mexicaines de toute nature.

Jusqu'à présent, ce service était fait par un ancien capitaine d'état-major français démisionnaire, qui était venu ici tout exprès avec l'empereur. Mais il ne s'est pas entendu, à ce qu'il parait, avec les Mexicains, ou n'a pu faire adopter toutes ses idées par l'empereur, s'est fâché et est parti.

Je n'ai, heureusement pour moi, pas les mêmes difficultés à vaincre ; mes fonctions sont moins hautes, ma personnalité disparait derrière celle du maréchal. Mais cependant, comme ces affaires-là ennuient tout le monde, attendu qu'elles sont fort embrouillées et ne marchent pas, on me laissera me débrouiller tout seul tant qu'on pourra, c'est-à-dire, bien entendu, faire des projets de lettre que le maréchal signera. Tout cela n'est pas encore bien clair, ni mes attributions bien définies, mais cela me donne beaucoup à étudier et à travailler, d'autant plus que personne ne m'a mis au courant et que presque tous les dossiers sont en espagnol. C'est, m'a-t-on dit, mon ancienneté qui me vaut cet honneur ou plutôt ce fardeau.....

— — —

Mexico, 10 avril.

..... Voilà cinq ou six jours que je n'ai pas un moment à moi. On m'a chargé à l'improviste de faire au ministre de la guerre de France un rapport sur l'état actuel de l'armée mexicaine, qui m'a demandé beaucoup de besogne et que j'ai eu relativement peu de temps pour préparer et rédiger, d'autant plus qu'il fallait y joindre trois grands états de situation et que tout cela est en sus de ma besogne courante. Le tout devait partir par le courrier d'aujourd'hui, et le maréchal vient seulement de le signer. Je commence à me faire à la latitude qu'on me laisse dans ces affaires-là, et cette fois-ci j'ai dit ma pensée aussi librement que si j'avais parlé pour moi, quoiqu'il y eût des choses assez délicates et qu'on ne m'eût en aucune façon indiqué quelle couleur je devais leur donner, puisqu'on s'était borné uniquement à me dire le *titre* du rapport que j'avais à faire. Aussi étais-je assez incertain de l'accueil qu'on y ferait ; or, le colonel d'abord et le maréchal ensuite l'ont endossé, sans

y changer une syllabe. Cela m'étonne toujours, mais cependant cela m'a fait plaisir, quand ce ne serait que pour ne pas
l'avoir eu à recommencer.

J'ai maintenant le cheval qui m'a forcé à vous quitter un peu
trop vite la dernière fois. C'est, comme je vous l'ai dit, un des
chevaux du général mexicain Porfirio Diaz, qui a rendu au maréchal la place d'Oajaca. Me voilà par conséquent à la tête de
quatre chevaux, dont trois au moins sont fort agréables. Le
quatrième, le cheval arabe que j'ai acheté à Oran, est peut-être
le plus fort, mais il a de moins jolies allures et il est un peu
froid ; ce qui fait que le gaillard ne s'usera pas vite, tandis que
j'ai un petit cheval mexicain qui est vif comme un oiseau,
mais aussi qui a des tares aux jambes, quoiqu'il n'ait que six
ans.

C'est un cheval du sud, qui est bien plus léger que les
chevaux des plateaux.

. . . .

Il ne serait pas impossible que nous fissions d'ici à un mois
une petite tournée avec le maréchal. Je le désire vivement, car
ce serait une belle occasion de voir un peu de pays, et, en restant à côté du chef, je serais sûr de voir mes lettres de France
arriver et partir aussi régulièrement qu'ici, puisque le paquebot
ne part jamais sans la permission du maréchal. Mais cela n'est
pas encore décidé ; il y a même une forte raison contre : c'est
que notre grand chef va, dit-on, se remarier ici contre une
Mexicaine. Cela fait, comme vous pensez, du bruit dans Landerneau.....

———

Mexico, 28 avril 1865.

..... On peut dire qu'ici on n'a jamais froid, au moins dans
le sens qu'a ce mot en Lorraine, excepté sur quelques points

très élevés. Seulement, l'habitude de la chaleur fait que tout le monde se plaint, s'enveloppe et même s'enrhume, dès que la température baisse un peu.

Il n'y a rien de nouveau, pour moi du moins, depuis ma dernière lettre, mais on a reçu hier des nouvelles d'Amérique assez graves : le président Lincoln et son ministre des affaires étrangères auraient été assassinés, et en même temps l'armée de Lee, le dernier espoir du Sud, serait prisonnière. Le Mexique touche de près à l'Amérique, et par conséquent tout cela occupe beaucoup les esprits ici. Mais il est bien difficile de prévoir encore les conséquences des deux événements qui, sans se contre-balancer, paraissent peut-être devoir agir en sens opposé l'un de l'autre. Les derniers succès du Nord auraient relevé ici les espérances du parti juariste. Cela s'est produit par une reprise de la lutte dans le Michoacan, province très montagneuse et très difficile, où on avait espéré pouvoir laisser le régiment belge tout seul avec des troupes mexicaines. Heureusement la population avait, à cette nouvelle, exprimé si haut ses inquiétudes, que contre-ordre avait été donné et qu'un colonel français avec un bataillon et un escadron y avaient été laissés. Cela n'a pas empêché trois compagnies belges d'être surprises de nuit dans un village et faites prisonnières par Regules, après avoir perdu la majeure partie de leurs officiers.

Mais, il y a quatre jours, la petite colonne française, à laquelle on avait adjoint, pour leur donner une occasion de prendre leur revanche, une centaine de Belges, a fini par rattraper le nommé Regules, malgré sa vélocité (il fait avec sa troupe quinze à vingt lieues par jour), et on lui a donné une bonne raclée.

Malgré tout, l'affaire fera probablement beaucoup de bruit en Belgique et par suite en France. Les Belges ont sans doute autant de courage que les autres, mais les soldats sont jeunes ou inexpérimentés, et les officiers sont comme leurs soldats.

Ils s'attendaient à garder le palais de l'empereur, à Mexico, et quoique ayant de la bonne volonté, ils trouvaient le début un peu rude, surtout les longues marches de ce pays-ci, où l'infanterie trime réellement beaucoup. On a bien imaginé mille moyens de venir en aide un peu à ces pauvres jambes qui commencent à s'user : beaucoup de corps d'infanterie ont des compagnies montées sur des mulets ou sur de petits chevaux mexicains ; en outre, on fait porter le plus de sacs qu'on peut par des mulets ou des voitures. On m'a fait faire à moi-même, la semaine passée, un petit voyage assez intéressant où j'étais escorté par douze zouaves montés sur des mulets. C'était, comme vous pensez, une escorte d'honneur, mais elle n'en a pas moins fait ses dix-sept lieues dans la journée, de Mexico à Toluca, et, moitié à pied, moitié à cheval, zouaves et mulets sont très bien arrivés. Le pays est très beau ; on est, pendant une douzaine de lieues, dans la montagne, et cela rappelle positivement les Vosges, sauf l'eau, qui est pour le moment absente. J'allais inspecter, ne vous déplaise, un bataillon mexicain, dont on veut faire le bataillon modèle de l'infanterie ; mais, à la suite de la mésaventure des Belges, il avait marché la veille au secours d'une autre compagnie de la même nation, et je n'ai malheureusement trouvé que le dépôt, qui m'a reçu avec les honneurs dus à mon rang et qui était commandé par un ancien officier de l'armée espagnole, fort dégoûté de ses soldats. Il faut tenir ces gens *modèles* enfermés toute la journée pour qu'ils ne se sauvent pas. Cependant, ils ne se battent pas trop mal, mais ils sont sales, toujours en guenilles ; et puis, à cause de leur habitude constante de déserter, on ne sait jamais sur qui compter. Je suis revenu en deux jours à Mexico, puisque rien ne me pressait plus.

Actuellement j'ai l'espoir que nous allons entreprendre bientôt une tournée un peu plus longue. Je vous ai déjà dit que le maréchal avait l'intention de se rapprocher des provinces du nord, où différentes colonnes vont tâcher d'atteindre la frontière des États-Unis, afin d'expulser complètement Juarez et les débris de son gouvernement.

Les mouvements à cet effet étaient déjà commencés, quand Negrete, général juariste, un peu ravitaillé par les Américains, est entré lui-même en opérations et, nous devançant, est allé déporter de Saltillo et de Monterey les Mexicains bien pensants, mais assez peu vigilants et énergiques, qui gardaient ces deux points importants.

Cela va donner un peu d'importance à l'expédition du nord, et cela nous donne aussi par conséquent plus de chances de marcher, le maréchal ne pouvant guère rester à quatre cents lieues du théâtre d'opérations un peu considérables. Les uns disent que nous irons à Durango, les autres à San-Luis-de-Potosi. Ces deux villes passent toutes deux pour assez agréables. L'affaire finie, nous reviendrons ici le plus lestement possible.

Voilà bien des détails militaires, mais c'est qu'en vérité je suis encore à peu près impuissant à en donner d'autres sur le pays. Tu sais que je ne me familiarise pas vite avec les Français; et il faut me rendre cette justice que je serai encore beaucoup plus lent à le faire avec les Mexicains, bien que pas mal de mes camarades cherchent dans ce monde-là leurs distractions.

Je suis donc réduit à ce que je vois dans les rues, et à Mexico l'aspect est beaucoup trop européen pour être bien intéressant. Les quartiers absolument indigènes sont si sales qu'il n'est pas possible d'y aller. Cependant, comme usage local, j'ai vu les cérémonies de la semaine sainte. C'est très bizarre : les églises sont pleines, mais les rues et les abords mêmes des églises sont également remplis de gens qui paraissent s'amuser pour le moins autant que pendant le carnaval. Le jeudi saint, jour où on visite les paradis, qui par parenthèse ne sont que riches sans être curieux, tous les carrefours se remplissent de boutiques improvisées, où on vend toute espèce de rafraichissements et de sucreries ; il s'en fait une énorme consommation ce jour-là. La place de la cathédrale a l'air d'un champ de foire. Les Indiens y dorment après diner ou après boire sur le gazon ; le vendredi saint est le jour où l'on prend le plus de glaces dans les cafés : c'est l'usage. On donne aussi des diners et on prétend même qu'on danse. Par contre, pendant que les cloches sont absentes, on ne peut circuler à cheval ni en voiture ; ce qui fait que les femmes choisissent cette occasion, très rare pour les riches, de parcourir les rues dans de magnifiques robes, avec lesquelles elles balaient superbement beaucoup de choses. Somme toute, dans ce temps-là comme toujours, ce peuple étonne, mais ne séduit pas du tout. L'archevêque a très grand air, quelques chanoines ont aussi de la physionomie, mais la presque totalité du clergé a très mauvais aspect, sous tous les rapports, et les scandales, même publics, ne sont pas rares. J'en ai eu moi-même un exemple ignoble. L'empereur Maximilien a fort à faire : c'est le cri général.....

- - - - -

Mexico, 10 mai 1865.

..... Quoiqu'il se passe encore, par-ci, par-là, dans l'immense étendue de territoire que nous occupons, un certain nombre d'aventures plus ou moins sérieuses, notre vie à nous autres, habitants de la capitale, ne s'en ressent pas, et peu s'en faut qu'on ne suive d'ici les péripéties de l'expédition avec le calme que je pouvais mettre à Nancy à lire les bulletins de la guerre du Schleswig Holstein. Nous espérons, il est vrai, faire bientôt une tournée, mais, outre que cela n'est point encore sûr, la chose n'aura pour objet que de nous rapprocher du théâtre des événements, sans nous y faire arriver. Dans la direction du nord le télégraphe électrique s'arrête assez près d'ici, et dès lors vous concevez que c'est une chose fort importante pour le maréchal de se rapprocher de quatre à cinq jours des colonnes qui opèrent ou vont opérer.

Toutefois, si nous nous mettons en route, ce ne sera que dans les premiers jours de juin. J'aurais, dans ce cas, le plaisir de nous voir escortés par un escadron de hussards hongrois et un escadron de lanciers polonais, ce qui ne me sera pas désagréable. La bigarrure est assez complète, comme vous le dites, dans l'armée combinée commandée par le maréchal ; malheureusement, les Mexicains ne sont décidément pas beaux. Ils ne manquent pas cependant de pittoresque, mais pour cela il faut les voir en dehors de Mexico. Ceux de la capitale sont trop tenus à l'européenne et ne constituent guère que des caricatures. En outre, il y en a trop peu, car l'empereur, et c'est ce qui me renverse, n'a même pas une sentinelle mexicaine à la porte de son palais. On donne à cela fort sérieusement pour raison que les soldats mexicains sont trop malpropres dans leurs habitudes et qu'il aurait fallu balayer et gratter les cours toute la journée. Il faudra bien cependant que sa Majesté Impériale s'habitue à son peuple, ou bien qu'on le ramène à des usages plus dignes. En attendant, l'empereur du Mexique est gardé par des zouaves, des Autrichiens et des Belges, alternativement. Il en est de même un peu partout et il faut avouer qu'il n'est pas possible de traiter plus cavalièrement une nation ni d'en trouver une qui ait l'orgueil militaire moins développé. Ainsi les soldats mexicains nous saluent et jamais, au grand jamais, un officier de cette nation n'est salué par un soldat ou un officier européen. On les traite encore plus mal que nous ne traitions les Turcs, qui du reste avaient sur eux l'avantage de s'en soucier fort peu et de continuer imperturbablement à nous tenir de leur côté en souverain mépris. Tout ceci n'est peut-être pas très adroit, mais c'est ainsi. Du reste il faut dire qu'au Mexique l'armée ne jouit pas dans la population de la même considération qu'en Europe. Bandit et soldat, cela se ressemble souvent ici. A part quelques officiers d'ordonnance de l'empereur, que nous tenons d'ailleurs aussi à l'écart que les autres, on ne voit jamais un officier mexicain fréquenter ce que l'on appelle ici la bonne société mexicaine. Je suis d'ailleurs ce noble exemple, mais j'en parle par ouï-dire.

Nous avons eu, la semaine passée, un bien triste événement. Le colonel du 3e zouaves (un colonel de trente-huit ans, le plus jeune de l'armée) a été brûlé dans un incendie avec un clairon de son régiment et un lieutenant du 99e, en essayant d'organiser le sauvetage. L'appartement où a eu lieu ce malheur était habité par une famille française, que le colonel connaissait d'ailleurs un peu et qu'il venait de conduire chez elle, lorsqu'il est revenu et est monté au premier étage, dans une grande pièce minée par les flammes et qui s'est effondrée. On n'a pu le retrouver qu'une trentaine d'heures après ; il est très regretté. On a fait un grand service à la cathédrale (les Mexicains n'abondaient pas), et ensuite on l'a conduit au cimetière de la colonie française, ouvert depuis quelques jours et qui se trouve ainsi inauguré par deux colonels de zouaves : le colonel Martin du 2e, tué d'un coup de canon dans la victoire de l'an dernier, et le colonel Tourre, resté dans les flammes d'un incendie. Un certain nombre de maisons de la grande rue des Plateros, que traversait le cortège, se sont pavoisées de deuil, mais il faut dire que c'est la rue où il y a le plus de Français. La nationalité du brûlé ne faisait rien à l'affaire, car, pour l'officier du 99e en particulier, il s'était déjà fait à demi rôtir à l'incendie précédent qui ne concernait que des Mexicains. Quant à ceux-ci, ils ne se rôtissent jamais..... pour leur prochain. Du reste, les secours, malgré l'abondance de l'eau qui coule sous toutes les rues, sont fort mal organisés. Presque tout le monde a appris l'incendie le lendemain. Quant au co-

lonel Tourre, outre qu'il demeurait tout près, il a aperçu le
feu en venant de prendre une glace au café, à la sortie du
théâtre français, vers minuit. A 1 heure, il était mort et car-
bonisé. Il était, dit-on, sans aucune fortune et laisse une sœur,
supérieure d'un couvent à Montélimar.

Le général Douay, mon ancien lieutenant-colonel du 20ᵉ et
actuellement général de division, que j'ai rencontré rentrant
en France à mon arrivée ici, est déjà en route pour revenir,
depuis le 23 avril. On se demande ce qu'il rapporte. Il n'est
pas impossible qu'on nous renvoie des hommes et des chevaux,
les régiments étant fort réduits par les libérations successives,
et nos pauvres chevaux d'Afrique très éreintés par le métier
qu'ils ont fait depuis trois ans.

Mexico, le 10 mai 1865.

Mon cher Vaulgrenant,

Qui nous aurait dit, l'an dernier, quand nous nous couvrions
de poussière au camp de Châlons, que, quelques mois après,
nous irions continuer le même exercice dans deux parties du
monde différentes ? Je le regrette, pour ma part, mais, puisque
l'empressement si aimable que vous aviez mis à me faire une
place moins loin de vous n'a pu aboutir, je veux du moins
essayer de profiter de mes pérégrinations pour me rappeler à
votre bon souvenir en causant de cet affreux Mexique, que la
présence de MM. les militaires français peut seule rendre à peu
près supportable.....

Il ne me parait pas même possible, tant les cartes sont
brouillées, que l'Empereur, malgré le désir qu'il doit en avoir,
puisse brusquer la fin de l'aventure et nous tirer lestement

d'ici par un tour de son métier. MM. les juaristes n'ont pas
eu la patience de faire les morts assez longtemps pour nous
permettre de déguerpir décemment : ce qui cependant eût été,
ce me semble, plus adroit de leur part ; et actuellement ils
font tout et si bien qu'au lieu de renvoyer des régiments, nous
demandons, à cor et à cris, des hommes et des chevaux. Voici
le général Douay qui revient, presque immédiatement après
son arrivée à Paris. J'ignore ce qu'il apporte dans les plis de
son manteau ; mais tout ce que je sais, c'est qu'en partant il
protestait ne vouloir revenir qu'avec la certitude de conserver
les moyens suffisants pour faire de la besogne solide et aussi
durable que peut le permettre le sol mouvant du Mexique.
Nous verrons bien. En attendant, toutes les lunettes sont bra-
quées sur le nord, où beaucoup de gens croient déjà apercevoir
les rifles et les barbes de bouc des Yankees. J'espère que d'ici à
peu de jours nous serons en route pour aller voir de plus près
ce qu'il y a derrière cet horizon, qui est certainement, je ne
dirai pas sombre, mais obscur.

Le plan de campagne de cet été était tout simplement d'expulser du territoire de l'empire M. Juarez et son gouvernement, en poussant jusqu'à la frontière des États-Unis deux
colonnes, agissant l'une à l'ouest dans la Sonora, l'autre au
centre dans l'État de Chihuahua, dont la capitale était le quartier général des dissidents. Quant à l'est, on le croyait suffisamment gardé par le vieux Mejïa, qui avec les 3 000 Indiens
de sa division occupait Matamoros, avec des détachements à
Saltillo et Monterey. Dès la prise d'Oajaca, le maréchal avait
fait commencer les mouvements préparatoires de cette petite
opération, dont le point extrême était à environ cinq cents
lieues de Mexico, à Paso-del-Norte.

Vous imaginez facilement ce qu'il faut de temps, dans un
pays où il n'y a pas de chemin de fer et presque pas de télégraphe électrique, et où, de plus, les routes ordinaires sont très

souvent affreuses et les courriers assez souvent interceptés, pour qu'un corps d'armée, dont l'*effectif total* n'atteint pas 29 000 hommes, dispersé sur un territoire immense, dont aucun point n'est absolument sûr, change peu à peu le groupement de ses forces, de son matériel et de ses magasins, de manière à passer d'une expédition dans le sud à une expédition dans le nord et du golfe de Tehuantepec au Paso-del-Norte. C'est pendant l'exécution compliquée de ces mouvements préliminaires que l'insurrection s'est rallumée dans le Michoacan et que, dans le Chihuahua, Negrete, ravitaillé d'armes, de munitions et, à ce qu'on prétend, d'hommes par les Américains, a pris l'initiative avec 3 000 à 4 000 hommes bien équipés et, trompant le général Brincourt, qui, à l'avant-garde de la colonne du centre, avait mission de l'observer et de le contenir, s'est jeté dans le Coahuila et, marchant vers l'ouest parallèlement à la frontière des États-Unis, a rapidement enlevé Saltillo, Monterey et Victoria, abandonnées presque sans combat par leurs garnisons mexicaines.

Ceci a naturellement changé le plan primitif : avant de marcher sur Chihuahua, il faut purger les trois provinces de l'ouest ou peut-être encore, ce qui vaudrait mieux, tâcher d'y enfermer Negrete, en le coupant de Juarez.....

———

Mexico, le 27 mai.

.....Ici le temps a changé aussi. Nous avons eu pendant une dizaine de jours un avant-goût de la saison des pluies. C'était même, à ce qu'il paraît, plus ennuyeux que la saison des pluies, parce que c'était moins régulier. Il a plu plusieurs journées entières et cela change bien désagréablement la physionomie de la ville, surtout pour les gens comme moi, qui ne vivent que hors de chez eux. Vous n'avez pas d'idées de ce que deviennent les rues, à l'exception de quelques-unes des principales.

Pendant une huitaine de jours, les grenouilles donnaient concert le soir dans la mienne. On se serait cru au bord d'une grande mare. Le beau temps est revenu et elles s'en sont allées je ne sais où, mais on dit qu'elles reviendront y passer leur été.

Toute chose a son bon côté : cette première épreuve des pluies a rendu moins pénible la déception que j'éprouve, ainsi que quelques-uns de mes camarades, en voyant le maréchal disposé à renoncer à son excursion personnelle dans le nord, car l'expédition se fait tout de même.

La chose n'est point encore très sûre, mais il parait maintenant probable que ni lui, ni nous par conséquent, ne bougerons de Mexico cet été. Si c'est pour voyager l'hiver, ce sera tout profit ; mais, si nous devons rester ici à perpétuité, ce sera triste pour plus d'un motif, dont le principal est qu'un voyage eût été intéressant, tandis que Mexico ne l'est guère. Les seuls quartiers véritablement indigènes sont les quartiers misérables et la misère n'y est pas belle, ni même pittoresque. Quelle différence avec la misère de l'Orient !

A la promenade de las Cadenas, dont j'avais souvent entendu parler par le docteur, sans songer que ce serait mon unique ressource de tous les soirs, on n'entend parler que français, excepté les jours de musique, qui sont au nombre de deux par semaine. Ces jours-là, par exemple, il y a foule. Croirais-tu que les Mexicains, qui ont des voitures, y viennent en voiture et restant assis et restant confinés dans ces vénérables sapins forment un cercle à l'entour des pauvres diables comme moi, lesquels écoutent perchés sur leurs jambes ?

Au milieu de la place, à une centaine de pas du palais, devant lequel se fait la musique, il y a une rangée de chaises d'église ; mais je n'ai jamais vu personne dessus. Quand la musique est

terminée, vers 9 heures, tout ce qui est à pied s'en va d'un pas
de procession arpenter cinq ou six fois trois des côtés d'un
carré qui entoure la cathédrale. On y trouve de larges bancs
de pierre, que saisissent les premiers arrivés et sur chacun desquels une douzaine de personnes s'assoient dos à dos. D'autres
vont tout bonnement étaler leurs robes sur les marches de la
cathédrale. D'autres enfin préfèrent garnir le bas de gros piliers
circulaires qui portent des réverbères. Ceux-là en effet ont le
dos appuyé, tandis que, sur les bancs de pierre, on ne s'appuie
dos contre dos qu'entre amis ou au moins entre Mexicains.
Les inévitables voitures viennent contempler ce joli spectacle
et leurs chevaux trouvent moyen d'aller encore moins vite que
les promeneurs. Tout cela fume ; au bout d'une heure, il n'y
a plus que des Français. Le plus triste pour Mieulet et moi, qui
avons adopté ce genre de divertissement, comme étant encore
le plus... divertissant de l'endroit, c'est que la saison des pluies
interrompt tout cela. J'ai été une fois au théâtre français pour
la représentation donnée au bénéfice de la famille du clairon
de zouaves brûlé dans l'incendie dont je vous ai parlé. Croi-
rait-on que, dans la capitale du Mexique, il ne se soit pas trouvé
cinquante Mexicains ou Mexicaines pour participer à une
œuvre de bienfaisance due à l'initiative de pauvres diables de
comédiens et provoquée par un incident comme celui-là, puisqu'il s'agissait en somme de l'incendie de maisons appartenant
à des Mexicains ? On pourrait supposer que cela tient au peu
de popularité dont nous jouissons, mais l'explication ne serait
pas, je crois, exacte, attendu que certaines familles, qui sont
toujours escortées d'une certaine catégorie de nos camarades,
n'y étaient même pas. La municipalité et le gouvernement
encore moins ne s'y étaient pas fait représenter. La représentation a produit quatre mille francs environ, sortis de poches
françaises. Il me semble que partout ailleurs, toute opinion
politique à part, la population indigène, ne fût-ce que par

ostentation et aussi par honte de voir des étrangers s'exposer
plus qu'elle-même dans ses propres sinistres, aurait tenu à en-
vahir la salle et faire montre de générosité, mais ce peuple-ci
n'a rien sous les côtes ! C'est à Milan qu'il aurait fallu voir une
scène pareille ! Mais nous en sommes loin.....

Mexico, le 28 juin 1865.

Nous avons déjà vu dans les journaux d'aujourd'hui quelques
nouvelles télégraphiques, la lettre de l'Empereur au prince Napoléon et la mort du maréchal Magnan, qui pourra bien faire
changer encore une fois le maréchal qui est à Nancy. Nous
attendons à Mexico, dans trois ou quatre jours, le général
Douay, qui voyage par étapes. Beaucoup de gens voient en lui
le successeur plus ou moins prochain du maréchal Bazaine,
mais je n'en sais pas plus long là-dessus que le commun des
martyrs et j'avoue que la chose m'est assez indifférente. Le
maréchal Bazaine ne peut pas me connaitre encore beaucoup
et d'un autre côté je connais un peu M. Douay, qui a été, pendant les quatre ou cinq premiers mois de mon stage au 20e,
mon lieutenant-colonel.

L'événement de Mexico, la semaine passée, a été la rentrée
de l'empereur, qui était absent de sa capitale depuis le milieu
d'avril. L'impératrice était allée le rejoindre à Puebla, où ils
avaient passé ensemble une dizaine de jours. Les habitants de
Mexico faisaient même courir le bruit que LL. MM. avaient
l'intention de transporter la capitale à Puebla, dont elles trouvaient la population plus démonstrative à leur endroit ; mais
ce n'était naturellement qu'un canard.

Cependant, ce canard a peut-être été pour quelque chose
dans la démonstration *spontanée* que la population de Mexico a

faite samedi dernier au retour de la cour. L'empereur avait
désiré qu'on ne lui fît pas de réception officielle ; il n'y avait
donc pas eu de troupes françaises mises en mouvement pour la
circonstance, sauf un escadron de chasseurs d'Afrique, qu'on
avait échelonné la veille sur la route, faute de gendarmes qui
sont encore à créer, quoique le besoin s'en fasse vivement
sentir. J'ai pu, pour ma part, aller voir la chose la canne à la
main. Les rues que devait traverser l'empereur étaient assez
bien pavoisées, et surtout les balcons fort bien garnis, car le
peuple ici adore les fêtes et les spectacles ; un certain nombre
de Mexicains à cheval étaient allés sur la grande route au-de-
vant des voitures de la cour et étaient accompagnés d'une trentaine de voitures contenant une certaine partie des dames de
la ville, dont beaucoup étaient en chapeaux français, au lieu
d'être en mantilles à l'espagnole (ce qui cependant suivant moi
leur va mieux). Mais il paraît que c'était là la partie sérieuse
de la démonstration, ce dont je ne me serais pas douté, parce
que l'impératrice affectionne et porte presque toujours les
modes d'Europe.

Enfin la foule, empressée d'acclamer ses souverains ou,
comme disent les journaux officieux, les sauveurs du Mexique,
était représentée par tous les balayeurs, tous les porteurs d'eau,
tous les commissionnaires revêtus du costume habituel de
leur profession, qui n'est ni propre ni élégant, et enfin par
les bambins de toutes les écoles, tout cela portant des bannières et une infinité de grands roseaux avec des mouchoirs de
couleur au bout en guise de drapeaux. Joignez à cela trois ou
quatre orchestres dans la même tenue et enfin un cinquantaine
de soldats de cavalerie mexicaine dans leur costume de gala (que,
comme en Turquie, on s'empresse de leur reprendre dès la fin
de la cérémonie).

Tout ce monde-là riait, s'apostrophait et avait l'air de s'amuser beaucoup, tandis que LL. MM. saluaient perpétuellement

d'un air grave et pénétré. On pourrait se demander s'il y avait de quoi. Voilà, je crois, la physionomie de la chose, ou du moins mon impression personnelle.

Une dizaine de jours auparavant, j'avais vu la procession de la grande Fête-Dieu, pour laquelle on avait mis en branle tout ce qu'il y a de troupes françaises, autrichiennes et mexicaines dans la capitale. Il n'y avait guère que cette partie du cortège d'un peu brillante. Le clergé n'est décidément pas beau, et même son attitude dans la cérémonie laissait à désirer, ce me semble, au point de vue du recueillement. Il n'y avait pas de costumes d'ordres religieux, sauf des prêtres, vêtus comme les autres ou à peu près, mais avec des croix de drap écarlate sur la poitrine, et une trentaine de sœurs de Saint-Vincent de Paul, paraissant toutes françaises, qui seules rappelaient par leur maintien et leur aspect nos cérémonies religieuses de France. Elles conduisaient un pensionnat, avec des bannières portées par de jeunes filles vêtues en congréganistes de France, et de plus une centaine d'orphelines ou approchant. Tout cela avait assez l'air européen, même les orphelines, dont beaucoup cependant ont le teint des naturelles du pays. Mais les sœurs avaient évidemment déteint sur la manière de se vêtir, de marcher et de regarder de tout ce petit monde. Ce qu'il y avait par contre de tout à fait mexicain, c'étaient quelques hommes et une foule de jeunes garçons de tout âge, se grattant à qui mieux mieux et sales et déguenillés, comme on ne peut pas se le figurer, mais vêtus d'un chapeau de paille défoncé, d'une chemise et d'un pantalon du même blanc ou plutôt du même noir : tout cela déchiré, déboutonné et tenant, je ne sais comment, sur leur corps. Cette jolie troupe portait soit des croix, soit des lanternes en fer-blanc au bout de grandes perches, soit enfin des roseaux ornés de mouchoirs de poche comme à la rentrée de l'empereur. Après cela venaient les autorités mexicaines, les civils habillés en sous-préfets français, et les militaires

en généraux ou en comparses de cirque, mais de quel cirque !
Quant aux rues, le spectacle était splendide. L'archevêque
portait le Saint-Sacrement sous un dais, mais une voiture à
six chevaux, aux armes du bon Dieu, comme on dit ici, c'est-
à-dire avec des ostensoirs peints sur les glaces, et une foule
d'autres attributs du même genre dorés et peinturlurés sur
toute la voiture, suivait par derrière.

Je ne te raconterai pas avec autant de détails la noce du maréchal, qui a eu lieu avant-hier, parce que je ne l'ai point vue.
On nous a fait la politesse — assez légère — de nous comprendre sur la première liste d'invités et de nous dire, le lendemain, que le nombre des convives fixé par l'empereur ne per-
mettait pas de nous y conserver. C'est en effet l'empereur qui
a donné le déjeuner, et le mariage civil et religieux a eu lieu au
palais. Tout s'est borné là, du moins pour le public, car le
Mexique donne à la jeune maréchale (dix-huit ans, le maréchal cinquante-quatre) en dot le palais de Buena-Vista, qu'occupe actuellement Son Excellence. Mexico le reprend, dit-on,
moyennant 700 000 fr. en cas de départ. Je n'ai rien entendu
raconter de bien particulier de la cérémonie, si ce n'est peut-
être que le déjeuner impérial a commencé par un plat de
harengs.....

Voilà les grandes nouvelles. Pour moi, il y en a une autre,
c'est qu'on m'a adjoint, je ne sais pas pourquoi, un jeune grand
capitaine de hulans autrichiens, appelé le comte de Fünfkir-
chen, qui est Viennois, très doux et gentil. Il est censé colla-
borer à mon travail, mais, quoiqu'il parle bien français, il rédige
beaucoup moins facilement, ce qui est bien naturel. Et, comme
il me l'a dit lui-même, il me donne jusqu'à présent plus de mal
pour lui expliquer ou lui corriger ses lettres, qu'il ne me donne
d'aide en faisant une partie de mon courrier. Mais il se formera,
et de plus j'ai l'agrément de le faire causer Autriche. On nous
a donné un petit bureau pour nous deux, ce qui ne nous em-

pêche pas d'aller causer ou écouter dans le grand bureau voisin, quand nous y entendons éclater des discussions bruyantes,
car c'est là qu'est la jeunesse.....

. . . .

———

Mexico, 10 juillet.

..... Notre chef d'état-major, le colonel Osmont, s'est brusquement décidé à rentrer en France, à l'annonce, je pense, d'un
passe-droit qu'on vient de lui faire, et son successeur, le lieutenant-colonel Boyer (qui était avec moi à l'état-major général
du 3ᵉ corps en Italie), vient d'entrer en fonctions. Ce changement de chef ne s'opère pas sans une perturbation dans le service, très sensible pendant les premières journées. Joignez à
cela que nous sommes un peu en fête à cause de l'anniversaire
de l'empereur Maximilien.....

. . . .

Je regrette que notre ancien chef d'état-major soit parti au
moment où nous commencions, je crois, à nous habituer l'un
à l'autre ; mais il n'y a, comme vous le voyez, que demi-mal,
puisque je connaissais déjà son successeur et que le service
avec celui-ci paraît devoir être aussi commode qu'avec l'ancien.

Le colonel Osmont nous a promis du reste de revenir avec
sa femme et ses enfants ; mais bien peu de ceux qui promettent
de revenir ont exécuté cette promesse.

..... Les fêtes ont jusqu'ici consisté en un *Te Deum,* auquel
l'impératrice s'est rendue en grande pompe, avec le manteau de
pourpre et la couronne impériale. Toutes les troupes formaient
la haie, et la garde palatine, qui remplace nos cent-gardes,
était en grand uniforme : tunique écarlate galonnée d'argent,
culotte de peau blanche, grandes bottes, casque à la prussienne

avec l'aigle du Mexique au sommet. La seule chose originale, c'est que toutes les hallebardes sont différentes, et il y en a des formes les plus capricieuses. Les hommes sont Autrichiens, Belges ou même Français.

Le caporal-sapeur du 3ᵉ zouaves, qui était fort connu à cause de sa grande taille et en raison de l'habitude peu ordinaire qu'il avait de porter en route au-dessous de son sac une *chaise,* qui le dispensait de s'asseoir par terre au bivouac, comme le commun des martyrs, vient d'entrer dans cette garde, avec toute sa rangée de médailles.

On l'appelait ici le zouave à la chaise ; c'était un singulier pendant à la *Vierge* de Raphaël.

Ce soir, il y a *bal* à la cour. J'irai, si le déluge s'arrête, car je n'en ai point encore vu. Enfin, dans deux ou trois jours, on nous annonce une revue de l'empereur, lequel, par un usage assez singulier, se tient soigneusement caché le jour de sa naissance, pendant que sa femme préside à la fête.

L'impératrice a de la tournure, mais ses traits sont un peu forts. Elle passe pour aimer beaucoup le pouvoir et toutes les occasions de jouer son rôle d'impératrice ; cela lui passera peut-être, quand elle sera un peu plus ancienne de grade.....

. . . .

———

Mexico, le 27 juillet 1865.

. . . .

..... En raison de la saison et des routes qui s'embourbent de plus en plus, le maréchal a lancé un ordre général pour que toutes les troupes cessent les petites opérations commencées et se mettent à couvert le mieux possible jusqu'au beau temps. L'expédition du Chihuahua, confiée au général Brincourt....., doit seule continuer, car, d'après les renseignements, la saison actuelle est encore la meilleure pour traverser les déserts du nord.

Il faut ajouter que les Autrichiens qui, depuis le milieu de ce mois, se sont engagés dans des opérations assez difficiles contre les dissidents de la Huasteca, qui viennent de se soulever de nouveau, seront probablement obligés de guerroyer encore quelque temps avant de se reposer ; mais c'est un peu leur faute. La Huasteca est une contrée montagneuse et boisée, située à trente ou quarante lieues au nord-est de Mexico. Elle est habitée en partie par les Tlascaltèques, qui sont les Indiens les mieux bâtis et les plus guerriers de ce pays-ci ; ils furent les plus rudes adversaires de Fernand Cortez.

Nos alliés finiront évidemment par réussir, mais ils ont débuté par une affaire malheureuse causée par l'excès d'ardeur d'un officier de cavalerie. Un capitaine de hulans, ami intime de mon adjoint et nommé le comte Kurzrock, au lieu d'attendre le jour fixé pour l'attaque combinée d'un village, a, deux jours auparavant, attaqué ce poste avec 80 Polonais de son escadron, soutenus seulement de 60 Mexicains plus ou moins médiocres. Le côté incroyable, en même temps qu'héroïque de la chose, c'est que cette opération ne pouvant se faire par une troupe à cheval, il a attaqué, avec ses lanciers *à pied et la lance à la main,* des gens retranchés et armés de fusils. Le résultat de ce trait de chevalerie, qui n'a que le tort de venir quatre cents ans trop tard, a été que cet officier (qui avait, à ce qu'il paraît, un renom en Autriche comme étant un des plus hardis cavaliers de l'armée) a été tué, et que, sur 150 hommes, son détachement en a eu 100 tués ou pris.

Comme tout, à la guerre, est heur ou malheur, presque en même temps, les Belges, sur lesquels on comptait beaucoup moins que sur les Autrichiens, trouvaient l'occasion de prendre une revanche éclatante sur le point même où ils avaient été si malheureux, à Tacambaro. D'après le rapport de leur colonel, ils ont attaqué avec 800 hommes une position défendue par près de 3 000 Mexicains avec 6 pièces de canon, ont pris les pièces et 150 prisonniers, en tuant, disent-ils, plus de 400 hommes. Tout cela ne leur a coûté qu'un lieutenant belge tué, 10 soldats belges tués ou blessés, et autant de Mexicains de notre parti. Vous voyez que ce n'est pas cher, au prix où sont les canons ordinairement.

Cette affaire aura un très bon effet sur le moral de la légion belge, qui était jeune et avait besoin de cela. Il est probable aussi que les Mexicains, qui les avaient en estime médiocre, ne les attendront plus aussi volontiers qu'ils l'ont fait en cette occasion. L'impératrice a été très sensible à ce succès de ses compatriotes ; et le colonel du 81e (un peu Gascon, je crois), ayant eu l'idée ingénieuse d'aller, à cette occasion, et à la tête de son régiment, lui offrir, à la résidence impériale de Chapultepec, ses félicitations et un énorme bouquet, tous les officiers de cet intrigant régiment ont été invités à diner par sa très gracieuse Majesté ; ce dont on a causé dans Landerneau.....

. . . .

Il parait que dans le Michoacan les dissidents se chargent de répondre aux discours philanthropiques de MM. Jules Favre et consorts, car les journaux *mexicains,* depuis une bonne quinzaine de jours, ne sont remplis que de détails et de lettres particulières sur les atrocités de tout genre commises par les bandes sur la population de cette malheureuse province, où le succès des Belges est arrivé bien à propos.....

— — — — —

Mexico, le 3 août 1865.

Ce pays-ci est décidément trop grand pour le peu de monde que nous sommes, en ce sens que des colonnes françaises, même assez faibles, sont toujours sûres de passer partout, mais qu'elles ne peuvent garder tous les points et qu'une fois qu'elles sont parties, cela recommence. Le remède unique, c'est l'organisation du pays, mais cela ne marche pas vite, si cela marche. Il faudrait un peu plus de monde et surtout beaucoup d'argent.

En tout cas, le maréchal a pris ses mesures, autant que nos faibles moyens le lui permettent. Seulement, cette éventualité fait mauvais effet dans le pays, et c'est à cela surtout qu'est due une certaine agitation, dont l'écho arrivera — peut-être ? — en France.

Le secret de toutes ces choses-là est dans l'avenir, toujours incertain, car ce gouvernement-ci a une grosse maladie : sa caisse est vide ou le sera bientôt, et les rentrées sont difficiles, comme disent les commerçants ; mais cette incertitude n'a rien de sérieusement inquiétant pour nous autres.

. . . .

Le paquebot américain vient d'arriver à Vera-Cruz et d'après la dépêche télégraphique les nouvelles sont rassurantes. On licencierait une partie de l'armée du Texas.

En attendant, je crois me rappeler vous avoir écrit avant d'avoir été au bal de la cour et avoir promis d'en parler dans ma première lettre. Je n'étonnerai personne, en disant que cela ne rappelle que faiblement les bals des Tuileries. Ce qu'il y a de plus beau, ce sont les soldats de la garde palatine, que je vous ai déjà cités avec éloge à une autre occasion. Quant aux salons, ils ne sont pas merveilleux ; une particularité, c'est qu'à l'extrémité de l'un d'eux, il y avait une petite boutique de cordonniers pour dames, ou plus exactement une table toute couverte de souliers de satin blanc destinés à celles des dames qui éprouveraient le besoin de changer de chaussures. L'empereur et l'impératrice n'avaient pas l'air de s'amuser beaucoup, ce en quoi ils étaient tout à fait dans leur rôle et dans leur droit. Le maréchal, la même chose, et sa toute jeune femme encore plus. Voilà ce que c'est que d'être maréchale : on ne danse plus.

Le buffet était assez abondant, mais sans une goutte de vin ni de liqueur, ce que certains militaires français ont trouvé dur. Il y en a qui se sont rabattus sur une tasse de chocolat, mais il paraît que cela altère beaucoup. On dit que ce qu'il y avait de meilleur, c'était une espèce de pâtisserie hongroise, qui a l'apparence d'une brioche d'un sou, tandis qu'au contraire elle est pleine d'excellente confiture. Mais on a su cela trop tard. La prochaine fois, on pourra mettre de vraies brioches : il y aura bien des attrapés !

. . . .

Mexico, le 10 août 1865.

. . . .

. . . .

Le général Brincourt, qui marche sur Chihuahua, où Juarez avait établi le dernier siège de son gouvernement, espérait, d'après les dernières nouvelles, y arriver à temps pour faire chanter le *Te Deum* du 15 août. Ainsi soit-il !

J'ai l'honneur de dîner ce jour-là chez l'empereur ; et ce qui m'enchante, c'est que cela me donnera l'occasion de voir l'intérieur de la résidence impériale de Chapultepec, espèce de Saint-Cloud, d'un effet très pittoresque à l'extérieur et qui est à une petite lieue de Mexico. Les chemins qui y conduisent sont le lieu le plus habituel des promenades à cheval : ce sont presque les seuls praticables dans cette saison. On y rencontre assez souvent l'impératrice, à certaines heures ; elle salue d'une façon très aimable ; son auguste époux est moins gracieux, relativement parlant, bien entendu. Il porte quelquefois main-

tenant le costume du pays. Quelques-uns prétendent, à tort
ou à raison, que les Mexicains, loin d'être sensibles à cette attention, trouvent la chose peu impériale. Cela prouverait qu'ils
ont le caractère mal fait, ou qu'ils ont le préjugé de notre
affreux chapeau rond, beaucoup plus qu'on ne pourrait le
croire.

Leur costume de cheval est en effet assez joli, quoiqu'il ait
perdu beaucoup de son pittoresque, comme couleur et comme
détails surtout ; il est incontestablement très commode et très
approprié au pays.

Les nouvelles troupes mexicaines auront du reste des uniformes se rapprochant de ce costume national, quand on aura
décidé où et comment on fera faire lesdits uniformes. Il paraît
que ce sera à Paris. A propos d'uniformes, hier j'ai perdu une
bien belle occasion ; heureusement, ce n'est pas ma faute du
tout. Le général américain confédéré Price est arrivé hier à
Mexico avec une douzaine de ses soldats armés, dont quelques-
uns nègres, à ce qu'on m'a dit. Je crois avoir vu le général ce
matin à l'Alameda, autant du moins qu'on pouvait reconnaître
son grade à sa capote d'uniforme qui était la seule partie militaire de son costume. Il me semble du reste vous avoir dit que
nous voyions passer ici, depuis quelque temps, un certain
nombre d'officiers confédérés venant attendre la tournure que
prendront les événements, au point de vue des relations du
Mexique avec les États-Unis, ou encore allant s'embarquer à
la Vera-Cruz pour l'Amérique méridionale.

D'autres se fixeront évidemment au Mexique, d'autres enfin
pourraient faire de fameuses recrues pour les troupes de Sa
Majesté Maximilien, car il y a là dedans de grands gaillards
qui emporteraient facilement deux Mexicains sous chacun de
leurs bras. Je regrette beaucoup de n'avoir pas vu les soldats,
qui sont toujours bien plus intéressants à voir que les officiers ;
je tâcherai d'en retrouver quelques-uns en ville.

Aujourd'hui a été un jour d'assez grosse besogne pour moi : j'avais à terminer une grosse situation des troupes mexicaines pour l'envoyer au ministre de la guerre de France ; et ce n'est pas peu de chose que d'arracher ces renseignements-là aux chefs mexicains disséminés dans tout le Mexique. J'y travaille depuis que je suis ici, mais, depuis un mois en particulier, j'en ai trouvé 35 000 environ, au moins sur le papier, car tous mes camarades prétendent en riant qu'ils n'y croient pas du tout, et ils n'ont pas tout à fait tort. La seule partie bien sérieuse, en raison surtout du manque d'organisation des autres, c'est un noyau de 6 000 Autrichiens et de 1 200 Belges. Ces derniers se forment et viennent d'avoir une affaire très jolie et très heureuse, à l'endroit même où les dissidents leur ont pris, il y a quelques mois, 200 à 300 hommes.

. . . .

A propos, j'ai bien la médaille du Mexique, ce dont vous paraissez douter dans votre dernière lettre ; et cependant le décret de l'empereur, qui est très clair, a été dans tous les journaux. Vous savez que je l'ambitionnais, et, quand je serai resté assez longtemps ici pour ne plus me sentir conscrit, je la porterai avec plaisir..... en France.

. . . .

———

Mexico, le 27 août 1865.

. . . .

J'apprends sans étonnement le progrès du luxe dans la ville de Nancy et je m'apprête à y ouvrir de grands yeux et à m'y sentir encore bien plus sauvage qu'auparavant, d'autant plus que je vis dans un quartier peuplé d'Indiennes, qui ne peignent jamais leur tignasse, qui sont vêtues de chemises déchirées, de jupons jaunes ou rouges effilés par le bas et qui ignorent tota-

lement ce que c'est qu'un bas ou une chaussure. Des sabots
leur seraient cependant bien utiles dans cette saison-ci, quand
ce ne serait que pour aller en bateau sur les ruisseaux qui enva-
hissent les trois quarts de la rue ; mais ici la boue n'est jamais
froide, et du reste l'eau des susdits ruisseaux offre l'avantage
de les nettoyer de temps en temps malgré elles. Ajoutons que,
depuis huit jours, les journaux français et espagnols s'occupent
beaucoup de ces ruisseaux, peut-être, comme moi, au point de
vue de la propreté des habitants, et qu'ils demandent qu'on
prenne des mesures pour empêcher ceux de la *capitale* de
charrier des ordures trop considérables. Ainsi soit-il !

Je passerai sans transition des mares et de la crotte de la rue
Nueva-Conception aux splendeurs de la résidence impériale de
Chapultepec, où, comme j'ai déjà eu l'avantage de vous l'annoncer, j'ai eu l'honneur de banqueter le 15 août, à 3 heures
de l'après-midi — une drôle d'heure !

La fête était nombreuse, il y avait bien une soixantaine d'officiers français. Pour rendre la galanterie complète, on y avait
transporté gratis ceux de nous qui l'ont désiré, au moyen d'un
omnibus roulant sur un chemin de fer américain. Un des
chambellans de la cour, jeune Mexicain de la plus belle espérance, se tenait gracieusement à la portière, sans se douter que
chacun était tenté de lui faire passer ses quatre sous.

Le panorama qu'on a depuis Chapultepec est magnifique....., d'autant plus que ce jour-là par exception la journée
était splendide. Les tables destinées aux petits bonnets étaient
dressées sous un grand portique, d'où l'on pouvait embrasser
tout le paysage.

Avant le dîner, l'empereur et l'impératrice se sont mêlés à
l'assistance, en cherchant à adresser quelques mots à chacun.
L'impératrice me parait mieux réussir à se garder des banalités
que l'empereur, qui répéta nombre de fois que la journée était
radieuse et de bon augure.

J'échus en partage à l'impératrice, qui ne pouvait me rappeler aucune circonstance passée, attendu qu'elle ne m'a jamais vu (Sa Majesté a, dit-on, sous ce rapport une mémoire remarquable et qui la sert très bien); aussi, après avoir un peu hésité et bien que je m'efforçasse de la tirer d'embarras en me dissimulant derrière mes voisins, elle vint à moi et s'en tira victorieusement, en me demandant si l'on avait des nouvelles du voyage de notre chef d'état-major, parti pour la France le mois dernier. Je répondis que non, mais que j'espérais qu'il arrivait à peu près ce jour-là même en France. Et c'est ainsi que se termina ce mémorable entretien, qui figurera avec honneur dans mes mémoires.

Au moment du dessert, Leurs Majestés revinrent au bout de ma table et portèrent un toast à leur bon ami l'empereur Napoléon III. A quoi le maréchal Bazaine riposta par un autre, suivi de cris : « Vive l'empereur ! vive l'impératrice ! » auxquels l'absorption préalable d'une notable quantité de bouteilles de provenance française avait favorablement disposé les convives. Après cette petite fête, nous eûmes, mon compagnon et moi (car nous n'étions que deux capitaines de l'état-major général) l'infamie d'aller dîner ou à peu près, à 7 heures, avec nos camarades ; mais c'était uniquement par désœuvrement.

Ensuite nous fûmes au bal chez le maréchal. Le bal fut brillant, et on n'eut à regretter qu'un vent contraire qui, en rejetant dans les salons les gaz produits par le feu d'artifice tiré dans le jardin, faillit suffoquer toute l'assistance. Après des quintes de toux de plus en plus violentes, danseurs et danseuses quittèrent la place et se réfugièrent, qui dans les galeries, qui au buffet ouvert prématurément, grâce à cette circonstance. Le reste se passa très bien.....

Mexico, le 9 septembre 1865.

..... Je suis donc obligé de me dépêcher un peu, d'autant plus que, mon collaborateur autrichien s'étant blessé et étant entré à l'hôpital, on vient de m'envoyer pour le remplacer temporairement un sous-lieutenant de la même armée, que j'ai commencé à installer tout à l'heure dans ses fonctions et qui m'occupera passablement pendant quelques jours.

Celui-ci est Hanovrien de naissance, et sa famille est d'origine française (il se nomme Malhortie) ; il a été dans la diplomatie, a passé plusieurs années à Londres et parle anglais et français aussi bien qu'allemand. Il ne paraît pas adorer les Prussiens. Nous faisons ainsi successivement connaissance avec une portion des officiers autrichiens, nos deux convives nous amenant souvent de leurs camarades de passage à Mexico. Quant aux Belges, on les a très bien reçus, quand ils sont arrivés au Mexique, mais depuis lors, eux et nous, sommes restés presque sans aucune relation. Beaucoup d'officiers français les regardent comme appartenant à une espèce de garde nationale (soit dit sans affront) ; et ce sont, en effet, des militaires assez particuliers.

Au moins on peut dire qu'ils se ressentent du régime constitutionnel de leur pays ; ils écrivent dans les journaux pour raconter leurs hauts faits, réclamer, abîmer leurs collègues mexicains, et offrent à propos de bottes leurs démissions, que l'empereur n'ose pas accepter de peur de déplaire à sa femme, à son beau-père, et aussi de peur de se priver du secours futur des volontaires qui pourront encore par la suite s'offrir pour venir ici, si toutefois les Chambres belges le permettent.

Les Autrichiens n'ont pas du tout les mêmes allures que nous, mais en somme toutes les grandes armées ont un fond commun d'idées, de principes et d'habitudes qui les rapprochent à certains égards et qui manquent encore chez les militaires belges. Ajoutez qu'en raison même de l'antagonisme qui a souvent existé entre les deux nations, nous faisons, les Autrichiens et nous, peut-être plus de frais de courtoisie que nous n'en ferions (quant à nous) vis-à-vis d'*amis aussi chers* que les Belges ou les Suisses, lesquels du reste ne nous trouveraient jamais assez aimables.

Actuellement, ce sont les Autrichiens qui ont la corde. Le chef d'escadron qui mange à notre table, voyant notre provision de vin diminuer, nous a proposé de puiser dans les magasins autrichiens, bien fournis en vin de Hongrie. Nous acceptâmes, demandant tout bêtement le prix, et voilà qu'aujourd'hui le colonel Zach, chef d'état-major du corps autrichien, nous avertit qu'il nous envoie 500 *litres,* en nous priant de les accepter comme cadeau et à titre de bonne camaraderie, attendu que ledit vin est un présent de l'empereur Maximilien au corps autrichien et ne leur a par conséquent rien coûté. Nous ne croyons pas pouvoir faire autrement que d'accepter, en nous promettant de riposter par un cadeau équivalent de vins français, que nous tâcherons de nous procurer de bonne qualité à la Vera-Cruz.

. . . .

Si j'avais été à Nancy, entouré de mes bouquins, j'aurais demandé (à M. D.....) s'il serait possible d'avoir à son retour en Russie les noms des nouveaux régiments d'infanterie russes, car vous savez qu'on en a doublé le nombre en formant avec le régiment de réserve de chaque régiment de ligne un nouveau régiment tout à fait indépendant du premier et portant un nom différent, qui est un nom de ville, de fleuve ou de province. Ce sont ces nouveaux noms qui me manquaient presque tous, et ce sont les seuls régiments de l'Europe dont je n'ai pas les noms.

Peut-être n'y aurait-il pas d'inconvénient à les envoyer dans une lettre, en regard des numéros correspondants, car l'existence de ces troupes est bien connue, et même la prudence la plus soupçonneuse ne peut, ce me semble, voir aucun inconvénient à ce qu'on connaisse leurs noms. Mais c'est être indiscret de bien loin, ce qui prouve que le climat du Mexique ne nous change pas le caractère et ne nous fait pas oublier nos dadas favoris.

..... Rien de bien nouveau pour nous, sauf les pluies, et encore je me trompe, elles commencent depuis cinq mois à n'être plus nouvelles. Ce mauvais temps encourage les bandes, qui ont commis dans ces derniers temps d'assez grands désordres. Mais les conscrits qui nous arrivent de France et le beau temps vont nous permettre, je l'espère, de les remettre au pas. Cependant on ne peut se dissimuler que tout ici ne marche pas et que plus d'hommes et plus d'argent ne seraient pas inutiles.....

Mexico, le 16 septembre 1865.

. . . .

Actuellement, il va falloir attendre que les routes sèchent un peu, puisque les contingents de France qui nous arrivent, en partie pour remplacer les libérables, en partie pour renforcer nos maigres effectifs, sont arrivés. Quand tout cela sera fait, c'est-à-dire vers la fin de novembre, peut-être le maréchal se décidera-t-il à se mettre en route lui-même et à emmener quelques-uns de nous. Il ne serait pas impossible non plus que par suite de l'arrivée prochaine de trois ou quatre nouveaux officiers d'état-major, il se produise à l'état-major général quelques changements. J'avoue que je deviens très philosophe et que tout cela m'est provisoirement fort indifférent, car il ne me parait pas possible de deviner d'avance quel serait pour moi le lot qui aurait les suites les plus avantageuses ou les plus agréables. J'ai pris maintenant de Mexico tout ce que je suis susceptible d'en prendre et il ne me serait point désagréable de voir d'autres paysages..... C'est donc dans cet état d'équilibre moral, si rare d'ailleurs, que j'attends les événements, en comptant avec satisfaction chaque semaine qui s'écoule.....

Les officiers d'état-major qu'on attend sont : 1º un chef d'escadron nouvellement promu et sortant de la maison de l'empereur ; le capitaine Magnan, fils de feu le maréchal et qui, parti pour la France en congé, revient avec sa femme ; un capitaine, au Mexique depuis trois ans et qui vient de se brouiller avec le général, dont il était l'aide de camp. Il rentre par suite au bercail, c'est-à-dire à l'état-major général.

Enfin, il vient également d'arriver un jeune lieutenant tout cousu d'or (50 000 fr. de rentes) qui vient ici je ne sais pas pourquoi. Le plus gros changement est le retour de notre chef d'état-major, le général Osmont, qui revient également avec sa femme et trois enfants.

Tous ces gens-là ont l'air de vouloir s'installer ici pour longtemps.

Par contre, le colonel Boyer, qui était notre chef d'état-major général intérimaire et auquel je devais d'être classé sur les propositions du maréchal, rentre, mais avec le désir, à ce qu'il paraît, de revenir.

Enfin, dans la cavalerie, il arrive également quelques personnages ; le prince de Bauffremont, le marquis d'Espeuilles, le marquis de Gallifet, tous membres du Jockey-Club, et qui viennent sans doute importer ici l'élégance française, ce qui ne sera pas complètement inutile. A quoi doit-on cette recrudescence d'ardeur mexicaine parmi la partie la plus dorée de l'armée française ? Je pense que c'est un peu à la bonne habitude qu'on a de ne pas les faire languir ici pour l'obtention, qui d'une croix, qui d'un grade. A tout seigneur tout honneur ! Qui est-ce qui disait donc que la noblesse française était morte? Elle se réveille et elle a, ma foi, fort bon appétit.

On nous promet pour les fêtes de la Toussaint des cérémonies locales, que je tâcherai de voir et de vous raconter, afin de composer une lettre un peu plus intéressante que la présente...

..... On a bien inauguré la statue du curé Morelos, un des fondateurs de l'indépendance, mais elle est médiocre, placée sur une place moins grande que celle du Puits-Content (quoique plus régulière). Et, comme la cérémonie a eu lieu par la pluie, il n'y avait guère que L. L. Majestés et les autorités et dignitaires *de service,* tous sous des parapluies.

. . . .

Mexico, le 27 septembre 1865.

. . . .

Je croyais n'avoir cette année aucune chance d'être bien classé à l'inspection générale, en raison de ma position de dernier arrivant, et j'étais en effet dans le premier travail du colonel Osmont classé le sixième parmi les capitaines proposés pour l'avancement. Mais le maréchal vient de changer bien avantageusement pour moi ce classement, en me donnant le n° 2 : ce qui me laisse l'espoir d'arriver d'ici à la fin de 1866 au tableau d'avancement définitif que forment les maréchaux lors de leur réunion annuelle..... Mon chef d'état-major intérimaire, le colonel Boyer, a été, je crois, pour une bonne part dans ce changement.

Rien autre chose à vous apprendre de ce qui nous concerne. Nous espérons toujours faire une petite expédition ou excursion dans un mois ou deux, mais rien n'est moins certain cependant. On continue également à s'occuper des Américains, mais personne ne peut croire qu'ils fassent la folie de nous chercher noise directement. Cependant, le maréchal a pris et continue à prendre ses précautions, parce que sa position lui en fait une loi. Nous recevons, en attendant, quelques renforts, qui ne sont guère jusqu'à présent que des remplacements, mais qui, s'ils continuent à arriver, nous feront beaucoup de bien, en diminuant les fatigues des troupes, que leur petit nombre oblige à être toujours en mouvement. Aujourd'hui sont arrivés cent superbes turcos faisant partie d'un détachement de trois cents de ces fantassins arabes arrivés par le dernier transport à Vera-Cruz. Ceux-ci viennent chercher ici des chevaux, car on va les transformer en cavaliers pour le service des Terres-Chaudes. Les Mexicains qui les regardaient passer avaient l'air plus étonné qu'eux. Ils venaient de faire une étape de 9 lieues dans de mauvais chemins, car la grande route est coupée par les eaux, mais ne paraissaient guère s'en ressentir.

Les fêtes de l'indépendance, qui ont eu lieu le 15 septembre, ont été peu brillantes et peu animées, bien qu'il y ait eu grande revue et promenade de Leurs Majestés dans les rues, en calèche découverte. J'étais de service au bureau ; ce qui fait que je n'ai vu que la revue et ne puis vous raconter le reste.....

Mexico, le 27 octobre 1865.

..... Il est vrai que la saison qui finit a été très maussade ; il y a très longtemps qu'on n'avait vu ici un été aussi pluvieux. Il y a eu des inondations considérables dans beaucoup d'endroits. Mexico ne l'a été (il l'est encore) qu'en partie, mais on a eu, à plusieurs reprises, les craintes les plus sérieuses, et on n'a pas cessé de travailler aux digues des lacs, où l'on commençait à signaler des fissures.

Tu peux, en effet, t'imaginer facilement quelles pertes énormes causerait une hauteur d'eau de $1^m,50$ recouvrant une ville de 200 000 âmes. Heureusement, nous en sommes quittes pour cette année et il faut espérer que d'ici à l'année prochaine on réparera l'imprévoyance et l'incurie des années antérieures, car les fortes têtes du pays prétendent qu'il est tant tombé d'eau qu'au commencement de la saison des pluies de l'année prochaine les niveaux des lacs seront encore plus élevés qu'ils ne le sont d'ordinaire à cette époque.

Nous voudrions bien profiter de ce beau temps pour voyager un peu, mais l'empereur a décidé que ce serait lui qui voyagerait. Sa Majesté va partir pour le Yucatan, et l'impératrice l'accompagne, au moins jusqu'à Vera-Cruz. Voilà donc le maréchal presque cloué ici, sauf les cas imprévus. Il est vrai que l'empereur doit rentrer dans le courant de janvier et que nous aurons encore trois mois de beau temps devant les mains. Il s'agirait d'aller dans le Guerrero, où personne n'est encore allé ; c'est une province jusqu'ici indépendante située au sud de Mexico, sur le Pacifique.

Comme tout le bruit qu'on faisait des Américains est tombé, ou au moins assoupi jusqu'à la réunion du Congrès en décembre, le maréchal pense faire exécuter cette petite pointe dans le Guerrero, non pour l'occuper définitivement, nous ne sommes pas assez nombreux pour cela, et d'ailleurs le pays est très malsain dans la saison des pluies, mais pour ruiner les dépôts de munitions des dissidents, et aussi pour bien établir que le défunt gouvernement ou ses adhérents n'ont pu tenir en aucun point contre les forces impériales.

Les Autrichiens, qui s'acclimatent lentement et contre lesquels beaucoup de Français crient, viennent d'avoir deux jolies petites affaires de cavalerie. Deux ou trois de nos colonnes ont aussi étrillé des bandes, mais le succès le plus important a été obtenu par une troupe exclusivement mexicaine et conduite

par un chef mexicain. Je veux parler de la prise du général Or-
téaga, le grand chef des guérillas du Michoacan, par le colonel
Mendez. Celui-ci n'y a pas été par quatre chemins et l'a fait
fusiller avec deux ou trois autres des principaux chefs. Quant
à une trentaine de colonels, lieutenants-colonels et comman-
dants ou soi-disant tels, qu'il a pincés du même coup de filet,
on ne sait encore ce qu'il en a fait. Du reste, l'empereur vient
de rendre un décret qui est d'une sévérité draconienne, et le
vent n'est pas à la douceur. Les anciens prétendent que c'est le
seul moyen d'en finir, mais, en tout cas, il est permis de trouver
que c'est une guerre désagréable. Il est aussi très malheureux
que les dissidents aient toujours en leur pouvoir les trois ou
quatre compagnies belges, qu'ils ont prises à Tacambaro, car
il est à craindre qu'ils ne se vengent sur ces malheureux.

..... Le colonel Boyer part dans une quinzaine de jours, mais
il reviendra et reprendra sa position de chef de cabinet du maréchal; je ne perds donc pas complètement l'aide qu'il m'avait
prêtée lors de la formation du tableau d'avancement. J'ai vu
hier les dessins d'un de nos camarades de l'état-major qui est
ici depuis le commencement. Ils sont réellement très jolis
et très intéressants, et je voudrais bien que vous puissiez les
voir. Il y a de tout : paysages et figures, et ni les uns ni les autres ne sont indignes d'un artiste de profession. C'est plus qu'un
talent d'amateur. Pour mon petit compte, je me bats les flancs,
mais je n'arrive pas à grand chose de bon.....

————

Mexico, le 8 novembre 1865.

Nous voici presque en hiver ; ce pays est un peu celui de la
désillusion !

..... Je me croyais enfin arrivé à l'été, et j'avais fait sortir

Contreguerillo Dupin 1866 / Mexique   24 juin

mes pantalons de coutil ; mais, après quinze jours de beau temps, le froid est venu et tous les soirs nous grelottons. J'ai déjà deux chemises l'une sur l'autre comme en Crimée et nous n'allons plus diner qu'avec nos pelisses à la hussarde et nos cabans. Toutefois, rassurez-vous, il ne gèle point encore. Seulement, comme il n'y a de feu nulle part et que depuis bientôt un an je suis accoutumé à la chaleur, je me donne le genre, comme les camarades, d'être aussi frileux qu'un bourgeois de l'équateur

. . . .

Je vous ai promis de vous parler des fêtes de la Toussaint. Les cérémonies religieuses m'ont paru peu remarquables, comme pompe, le jour même de la fête ; mais, le jour des Morts, il y a réellement une grande affluence dans les églises pendant toute la journée. Dans l'après-midi, on vient y prier en famille à voix demi-haute, ce qui produit un bourdonnement général et assez fort. Je n'avais jamais vu les Mexicains avoir l'air de prier d'aussi bon cœur, bien que leur piété soit fort démonstrative, même dans les circonstances ordinaires. On visite les cimetières comme en France : j'en ai vu deux qui sont à l'intérieur de la ville ou à peu près. Ce sont naturellement ceux de la classe riche ; on les nomme, m'a-t-on dit, *panthéons,* pour les distinguer des cimetières ordinaires établis sur le modèle de ceux de France. Ces panthéons se composent au contraire d'une grande cour carrée et dallée, environnée de portiques. Sous ces portiques sont de grands murs blancs, tout couverts de plaques de même dimension, mais plus ou moins ornées et qui sont rangées sur cinq ou six de hauteur. Chacune de ces plaques indique l'emplacement d'un tombeau. Ceux-ci figurent donc des espèces de tiroirs immobiles et scellés dans le mur.

Pour orner ces tombeaux, on fait brûler des cierges ou des bougies, placés sur des chandeliers de métal fixés aux côtés de

la plaque, et on suspend autour de la plaque même des guir-
landes ou des couronnes de jais. Quelquefois, pour celles du
bas, on fait des espèces de petits reposoirs, près desquels se
tiennent les domestiques de la famille (autant, je suppose, pour
garder les objets placés là — précaution sage dans ce pays-ci
— que par étiquette). La photographie d'un enfant était suspendue à la plaque qui portait son nom. Pendant que la foule
plus ou moins civilisée fait le tour des portiques, au centre de
la cour, en plein soleil, on retrouve, comme toujours, les Indiens mangeant, buvant et dormant en famille. Mais ce n'est
pas là le côté le plus étrange de l'octave des Morts à Mexico.
Ce qu'on ne voit qu'ici, j'imagine, c'est une foire qui encombre toute la grande place du palais et qui est composée d'une
espèce de grand cirque, au centre de la place, de deux ou trois
grandes baraques (qui resteront un mois, dit-on), et enfin
d'une infinité de petites boutiques de marchands. Figurez-
vous que dans ces boutiques on ne vend exclusivement que des
objets funèbres ou plutôt des jouets funèbres (car cela ne peut
être fait que pour les enfants) fabriqués en carton, en bois,
en chocolat, en sucre, surtout en sucre, des masses de têtes
de morts, quelques-unes presque aussi grosses que nature
et en sucre, des piles de tibias, etc., des squelettes, des cercueils, des boutiques tout entières de petits cercueils, etc. Je
vous fais grâce du reste de cette pacotille peu joyeuse, et dont
la monotonie funèbre n'est rompue que par des tables, sur lesquelles sont étalées des friandises ou des liqueurs de dernière
qualité. Avec cela, une foule énorme. Le grand cirque du milieu est une institution spéciale : on n'y voit pas tourner en
rond des chevaux, mais bien les merveilleux et merveilleuses
de la ville qui payent cent sous (une piastre) le droit de s'y promener les uns devant les autres. Cela dure trois jours. On assure que la recette sert à des charités ; sans cela, en effet, l'idée
serait assez bouffonne, et l'industriel qui aurait eu l'adresse

d'habituer à son profit ses compatriotes à ce petit manège pourrait passer pour un homme assez ingénieux. Je vous dirai, à ma première lettre, ce qu'on voit dans les baraques, quand je les connaîtrai à fond ; elles sont à très bon marché, et je suppose qu'elles n'ont rien de bien original.....

. . . .

Mexico, le 28 novembre 1865.

..... Si je ne suis pas en France pour le 1er janvier 1867, ce qui n'est guère à espérer jusqu'à présent, je compte bien en tout cas y être avant le 1er janvier 1868. Car de deux choses l'une : ou l'expédition finira, et, entre nous, ce n'est guère probable ; ou bien, après avoir passé ici deux ans et demi, je trouverai probablement un moyen honnête de m'en aller, suffisamment renseigné sur les mœurs et coutumes de ce pays qui décidément est loin de valoir la France, même aux yeux d'un homme ordinairement amoureux de l'étranger comme moi. Tout le monde cependant n'est pas de cet avis, car il nous arrive plusieurs familles. Outre le général Osmont, qui revient avec femme et enfants, le capitaine Magnan, fils du maréchal, rentré en France, il y a six ou sept mois, rentre aujourd'hui à Mexico, également avec femme et enfant. Tout cela va composer à la maréchale un petit entourage, au milieu duquel je lui souhaite, de loin, tout le plaisir possible, reconnaissant que je suis, pour ma part, et heureux de la tranquillité parfaite dans laquelle ces dames veulent bien laisser la garnison. Cependant, notre chef ne nous oublie pas et il vient de nous suggérer, par les moyens persuasifs, l'idée de fonder un cercle, où nous nous amuserons entre nous à prendre des consommations et à jouer au billard. Le local est très beau et situé dans la rue des Plateros, la plus animée de Mexico. Seulement, les balcons sont un peu trop élevés au-dessus du niveau de la rue, pour qu'on puisse s'y beaucoup amuser à regarder les passants : ce qui a toujours été un de mes faibles, quand je suis désœuvré. Grâce à la pauvreté de notre état-major général, provisoirement désorganisé en l'absence de nos deux chefs, tous deux en route, l'un pour s'en aller, l'autre pour revenir, je me suis trouvé à la dernière séance de la commission d'organisation, pour représenter, par ordre, l'état-major général. Malheureusement, il était trop tard pour faire une protestation, même tardive, contre la manière très peu courtoise dont on a traité dans les règlements les militaires non français, en faveur desquels on n'a admis aucun privilège pour l'entrée au cercle. C'est-à-dire qu'ils entreront comme tous les bourgeois de Mexico, ou qu'ils n'entreront jamais, pas plus que ceux-ci ; car l'alternative en est encore là. La cotisation des capitaines est de deux piastres (environ 10 fr.) par mois. Ledit cercle doit s'ouvrir le 1ᵉʳ décembre, mais, comme les abonnements aux journaux ne sont pas encore faits, il ne pourra présenter, pour moi, aucun agrément réel avant le mois de mars, et je continuerai tout bêtement à me promener devant la cathédrale avec mon ami Mieulet, jusqu'à ce que sommeil s'ensuive.

Pourquoi n'est-ce pas toujours comme ce mois-ci, où notre promenade favorite était égayée par l'espèce de foire dont j'ai parlé dans ma dernière lettre ? Le funèbre commerce, sur lequel je crois avoir surtout insisté, n'a pas duré plus longtemps que l'octave des Morts, et il a été remplacé par trois grandes baraques, où l'on jouit pour un réal (12 sous, prix infiniment modique pour ce pays-ci, où la dernière place à l'Opéra coûte 17 réaux) d'un spectacle des plus variés. Par une combinaison, qui n'est pas trop bête, les quatre représentations successives de la soirée sont différentes, de sorte que les paresseux, ou les gens qui s'y trouvent bien, se laissent facilement aller à rester

à une deuxième séance, total : 2 réaux. La seule idée originale
de ce genre de spectacle, c'est d'y faire chanter le *grand opéra*
par des marionnettes, *doublées* d'amateurs de la ville ; les chan-
teurs d'opéra, en chair et en os, étant souvent assez grotesques
comme gestes, et ces marionnettes étant très habilement ma-
nœuvrées, on pourrait avec de la bonne volonté se figurer
voir une scène d'opéra par le gros bout d'une lorgnette. Cependant, l'orchestre est réduit à sa plus simple expression,
mais, comme il ne s'agit que d'accompagner des solos ou au
plus des quatuors, peut-être suffit-il.

. . . .

Mexico, le 9 décembre 1865.

. . . .

Grâce à Dieu, depuis quelque temps, je suis assez chargé,
ce qui me procure l'avantage de voir passer mes journées un
peu plus vite. Mes soirées mêmes ont, comme je vous l'ai dit,
été un peu plus animées depuis la Toussaint, en raison de
l'espèce de foire de la place de la cathédrale, dont quelques
débris subsistent encore jusqu'au 12 de ce mois.

Le 12 décembre est le jour de la grande fête de Notre-Dame
de Guadalupe, dont l'église est à quelques kilomètres de
Mexico. C'est la solennité religieuse la plus populaire de l'année. L'empereur doit y aller en grande pompe avec toute sa
cour entendre la messe, et en outre on dit que des multitudes
d'Indiens y affluent des environs. Je tâcherai de voir, sinon
tout, au moins une partie de la fête et de vous en parler.

Malheureusement, si ce peuple-ci est étrange, il n'est pas
beau ni propre et les grandes foules ici ne sont guère pittoresques. Toujours des chemises et des pantalons déchirés et
des chapeaux de paille qui laissent passer les cheveux de leurs

propriétaires. En outre, tous ces gens-là, au lieu d'exécuter des danses ou autres cérémonies, se bornent à s'asseoir ou à se coucher par terre, en consommant force liquides et force rata- touilles, toutes plus infectes au goût les unes que les autres. De sorte que l'ensemble de toutes ces odeurs est quelquefois capable de troubler le cœur le plus intrépide. Et dire qu'il n'y a pas de rivières pour les débarbouiller en grand ! Il est réelle- ment bien heureux que Mexico soit situé à une pareille hau- teur, car avec la malpropreté des hommes et des choses, on ne pourrait l'habiter, si la ville était environnée d'un air moins pur et moins vif. Les soirées et les matinées continuent à être fraîches ; mais, à part les temps où le *Norte* souffle, il est facile de se garantir du froid dans la rue ; et même ce froid lui-même vous rappelle la patrie d'une façon qui n'est pas désagréable. Car le rêve de beaucoup d'entre nous dans ce pays ici est de se retrouver dans une chambre bien confortable, devant un feu de cheminée bien flambant, avec de la neige dans la rue. C'est ainsi que l'homme n'est jamais content.

. . . .

Notre chef d'état-major, le général Osmont, est enfin débar- qué avec sa femme et ses enfants, après une traversée de soixante-dix jours. Le lieutenant-colonel Bonneau du Martray, qui sera notre sous-chef, est avec lui ; mais il ne seront guère à Mexico avant une douzaine de jours. Quelques jours aupa- ravant arrivera ici un chef d'escadron d'état-major, et enfin le fils du maréchal Magnan est déjà arrivé ces jours-ci, également avec femme et enfant. Nous voilà donc très nombreux et, ce qui sera moins avantageux, très serrés dans nos bureaux, car le général prend presque toute la maison pour lui et sa famille et nous allons être sept à huit les uns sur les autres, dans une seule grande pièce qui n'est pas gaie.

. . . .

Vous aurez su par les journaux l'affaire des mille zouaves à la Martinique. C'est très malheureux, d'autant plus qu'il faudra faire probablement quelques exemples et qu'ils ont déjà eu là une quinzaine de tués. Tout ce qu'on peut alléguer comme circonstance atténuante en leur faveur, c'est que réellement la position d'un millier d'hommes de cette espèce, qu'on empile sur le pont d'un navire pendant un mois, sans qu'ils puissent bouger, pour les débarquer ensuite au milieu d'un paradis comme la Martinique, sans leur laisser autrement la liberté d'en profiter qu'en le regardant du haut des murs d'un fort, car plus de la moitié n'auraient pas pu avoir même une permission de quelques heures, est réellement une position exceptionnelle. Maintenant, vous savez qu'une fois le premier coup de fusil tiré dans les affaires de ce genre, il y a de fort braves gens qui perdent la tête. Quoi qu'il en soit, le maréchal doit et veut sévir. Il a fait désarmer ici tous ces détachements à leur arrivée et les a fait conduire entre deux haies de cavaliers à un grand édifice arrangé en prison, où ils attendent le résultat de l'enquête faite sur la révolte dont ils se sont rendus coupables. Ces désarmements ont été assez dramatiques. Le dernier s'est fait de nuit, au clair de lune, après une marche forcée. Les zouaves n'ont pas soufflé mot, on aurait entendu voler une mouche.....

. . . .

———

Mexico, 28 décembre 1865.

. . . .

Il faut réellement consulter ici son calendrier pour se persuader qu'on est au mois de décembre et que nous venons de traverser la fête de Noël. Noël avec un soleil comme cela me parait un contresens. Du reste, même à part la température, la solennité religieuse ne me semble pas être ici ce qu'elle est en France. On vend bien, huit jours auparavant, dans une multitude de petites boutiques en plein vent, toutes sortes de petites figures de bois, de carton, de cire ou de sucre, représentant des enfants Jésus, des Saintes Vierges, des mages, etc., enfin tous les acteurs de la crèche, de façon à pouvoir fabriquer dans chaque maison un petit Bethléem, dont on vend également les décors, c'est-à-dire, des grottes, des crèches grossièrement fabriquées en carton peint ; mais la grande différence c'est la grand'messe du jour de Noël, qui, à mon grand étonnement, était, à la cathédrale, des plus ordinaires, comme pompe et comme assistance. Du reste, l'archevêque ne se montre que très rarement à la cathédrale.

La cérémonie religieuse que j'avais vue le 12 décembre à Notre-Dame de Guadalupe était tout autre. Je crois vous avoir dit, dans ma dernière lettre, que la fête de Notre-Dame de Guadalupe était la solennité religieuse la plus populaire de la contrée. Ce qui la rend très curieuse, c'est en effet la foule d'Indiens, ou plutôt de familles indiennes, qui vient bivouaquer autour de l'église pendant deux ou trois jours. Je te réponds qu'on en voit là qui ne paraissent pas avoir retiré de la présence des Européens au Mexique la moindre notion de civilisation, sauf cependant le catholicisme. Encore est-ce un catholicisme d'un genre bien particulier. On n'a pas idée de ces têtes-là. C'est un peuple resté ou revenu à l'état d'enfance, lequel se complique chez lui de l'abrutissement résultant de la misère, ainsi que de l'oppression et de l'exploitation, dont il n'a pas cessé d'être l'objet. Il doit être inférieur aux tribus sauvages qui n'ont au milieu d'elles que des missionnaires, parce que celles-là au moins possèdent un vrai clergé pour les instruire et personne pour les opprimer et les réduire à la misère de l'Indien du Mexique.

L'empereur Maximilien a décrété que la fête de Guadalupe serait à l'avenir une des trois fêtes nationales du Mexique ; et, cette année, pour commencer, il s'y est rendu avec toute sa cour, sauf cependant l'impératrice, qui voyageait à cette époque dans le Yucatan.

J'y suis allé de mon côté ; et comme c'est une fête populaire, à laquelle le beau monde non officiel ne va guère, j'ai pu, grâce à mon uniforme, m'introduire dans l'église, bien qu'elle ne soit pas grande. La cérémonie religieuse n'avait rien d'extraordinaire, bien que l'archevêque officiât et que le clergé fût nombreux ; mais ce qui m'a paru excellent, c'était la musique. L'église de Guadalupe, qui a un chapitre à part, est très riche et elle entretient une chapelle permanente, qui passe en effet pour très bonne. Outre les orgues, il y a tout un orchestre de violons, dont un soliste très fort, et les morceaux, s'ils n'étaient pas tous d'un goût bien pur, m'ont paru du moins, à moi profane, très bien exécutés. Le chant des enfants de chœur t'aurait cependant plu probablement davantage. Comme effet d'orgue, il y a un chant d'oiseaux, imitant le ramage d'une foule de petits oiseaux, qui est ce que j'ai encore entendu de plus joli dans ce genre. Un usage des églises mexicaines, qui est aussi d'un effet assez heureux, c'est la substitution, à la clochette unique qui sonne l'élévation chez nous, d'une sorte de carillon composé d'une vingtaine de clochettes argentines plus ou moins grosses. Quant je dis carillon, le mot n'est pas juste, tout cela semble plutôt sonner en volée pendant l'élévation.

· ·

·

———

Mexico, 28 janvier 1866.

· ·

..... On vient de nous ouvrir encore une fois l'espoir de remuer un peu : je ne sais si cela réussira aussi peu que les précédentes. Enfin, on nous a avertis de nous tenir prêts à suivre le maréchal, et, comme on ne nous en avait jamais encore tant dit, les conjectures vont leur train, car nous ne savons pas dans quelle direction nous marcherons. On devait d'abord faire une expédition dans le Guerrero, c'est-à-dire au sud de Mexico, mais la saison paraît maintenant bien avancée pour descendre en terre chaude, parce qu'on n'aurait plus que quelques semaines de bonnes. On pense donc plutôt que le maréchal veut se rapprocher du nord et des troupes qu'il a mises en mouvement à la nouvelle du coup de main des flibustiers américains sur Bagdad. Comme il n'y a pas ici de télégraphe électrique, si ce n'est de Vera-Cruz à Mexico et à une petite distance au delà, il est assez nécessaire que le grand chef se rapproche des colonnes qu'il fait mouvoir. Nous marcherions donc dans ce cas vers le nord. Cependant il ne serait pas impossible non plus que nous appuyions à l'ouest vers le Michoacan, car dans cet aimable pays on n'a que l'embarras du choix et il y a partout des gens à battre.

Du reste, nous sommes dans un moment où toutes sortes de canards circulent. La situation n'ayant guère marché depuis un an, on s'évertue à trouver du nouveau. Hier encore, on parlait sérieusement de s'occuper enfin de l'organisation des troupes mexicaines et l'affaire me touchait naturellement de près ; aujourd'hui, comme tu le vois, c'est autre chose.

Tel que tu me connais, j'ai été peut-être sur le point de remplacer le chef du cabinet de l'empereur. Le titulaire, qui est un ancien camarade de Crimée, actuellement chef d'escadron et en congé en France, m'avait tâté pour cela ; mais, comme les appointements seuls m'auraient plu et tout le reste beaucoup déplu, j'ai décliné l'invitation ; et il est probable du reste que j'ai bien fait, car un autre, qui avait été moins difficile, a dû céder la place au fils du feu maréchal Magnan, qui vient de nous revenir avec sa femme et que le maréchal a désigné. On m'a parlé encore d'autre chose, en cas d'organisation de l'armée, mais c'est très éventuel et j'ai posé net deux conditions : rester purement officier français, sans m'affubler même temporairement d'aucun grade mexicain quel qu'il soit, et ne pas m'engager pour plus de deux ans ; car, hélas ! nous commençons maintenant à n'espérer guère rentrer avant ce terme. J'ai peut-être tort de parler de ceci, car il n'y a rien que des propositions qui m'ont été faites très gracieusement par le général Brincourt, dont l'aide de camp est mon camarade de promotion et qui serait, dit-on, chargé de commander une division. Dans ce cas, il penserait à me prendre pour chef d'état-major, ce qui me pousserait pour mon grade de chef d'escadron ; mais tout cela est maintenant tout à fait en l'air, et en tout cas il faut attendre des instructions de France.

Il n'y a donc absolument rien de fait et je n'en parlerais pas, si la chose n'était pas une espèce de politesse à mon endroit, à laquelle je dois être sensible.

Je serais bien content de voir un peu de pays, car je suis entouré de gens qui ont vu les quatre coins du Mexique, et ce n'est pas la peine de rester longtemps ici pour ne voir toujours que les mêmes paysages. Je désire donc dater ma prochaine lettre d'un autre point que de Mexico, mais je n'y compte pas beaucoup.....

. . . .

Mexico, le 9 février 1866.

. . . .

Vous avez pu voir par le début de ma lettre que j'étais toujours à Mexico, bien qu'en vous écrivant la dernière je me sois cru, comme tout le monde, à la veille de partir. Les nouvelles apportées par le courrier anglais ont motivé le contre-ordre ; peut-être celles que va apporter à son tour le courrier français nous feront-elles repartir. Il s'agit toujours de l'attitude des États-Unis, quoiqu'il soit bien probable qu'ils se borneront à nous ennuyer tant qu'ils pourront, en n'empêchant pas et même probablement en favorisant le passage des flibustiers.

Je suis donc resté Gros-Jean comme devant, dans mon service des affaires mexicaines. Je vous ai parlé aussi de projets qui étaient en l'air et de combinaisons, dans lesquelles un général m'offrait une place. Je m'applaudis fort d'avoir toujours été réservé dans tout ceci, car cela change tous les quinze jours et, avec la mobilité des circonstances et celle des caractères de nos gros bonnets, on ne sait jamais sur quoi compter. Quelle drôle de boutique ! En tout cas, je suis bien résolu, quand cela reviendra sur l'eau, à ne pas démordre de mes premières conditions : rester exclusivement officier d'état-major français et rentrer en France, au plus tard, en 1868.

Une fois cela posé, je les laisse libres de se débrouiller, en me conservant à moi-même la latitude de me décider en connaissance de cause. Comme la chose ne me tente guère, en dépit des avantages qu'on promet, j'espère être dans de bonnes conditions pour choisir de sang-froid, si toutefois j'ai réellement quelque chose à choisir.....

. . . .

———————

Mexico, le 26 février 1866.

. . . .

Le même paquebot nous a apporté un diplomate chargé pour l'empereur Maximilien d'une mission qui paraît assez délicate, puisque Sa Majesté n'a pu encore, depuis huit jours, se décider à le recevoir. Cette arrivée et le discours de l'empereur à l'ouverture des Chambres ont jeté la panique dans la population française de Mexico, et même dans une certaine portion de la société mexicaine, qui se demande, et peut-être non sans raison, ce qui va se passer, quand le corps expéditionnaire sera parti. Par là-dessus est arrivée la mort subite de M. Langlois, envoyé ici pour faire le sauvetage des finances du Mexique et qui travaillait à cette œuvre difficile depuis trois ou quatre mois. On dit son plan complètement rédigé ; mais le délicat est, comme toujours, l'application ; et de plus les financiers sont encore plus rares ici que les généraux : j'entends les bons, car pour les autres on les remue à la pelle.

Je conçois donc l'embarras de ce pauvre empereur, si le nôtre est décidément déterminé à rappeler ses troupes et, entre nous, il n'aurait pas tort, à moins, comme l'a dit très bien M. Saint-Marc Girardin, dans les *Débats,* de se charger de tout ici, questions intérieures et questions extérieures. Or, je ne suppose pas qu'après quatre années de présence ici la France soit d'humeur à *commencer* la réorganisation du Mexique à ses frais et dépens. Cet article des *Débats* et un autre plus vif de la *Revue des Deux-Mondes* ont été signalés ici comme des symptômes de la situation. Ils ne nous ont rien appris de neuf, mais nous n'avons point été fâchés, au moins en majorité, d'y retrouver l'écho de nos conversations quotidiennes et la question du Mexique attaquée vigoureusement au point de vue français, sans tomber cependant dans les absurdes déclamations républicaines et anti-militaires que nous sert tous les ans l'opposition.

Toutefois, la liquidation sera difficile, et nous ne sommes point encore tous partis ; en outre, on peut avouer que cette terminaison de l'expédition, si elle est sage, ne sera pas brillante. Ceux de nos camarades qui sont ici depuis le commencement ont du mal à se résigner à finir comme cela et conservent encore ce que nous autres, derniers arrivés, appelons des illusions. Ce qu'il y a de plus clair pour moi là-dedans,

c'est que pour arrêter, au profit de la race latine, le développement des États-Unis, il aurait fallu profiter hardiment de la
guerre, en soutenant carrément les confédérés, et cela avec
l'alliance de l'Angleterre et de l'Espagne, qui sont les deux
puissances européennes les plus intéressées à la question. Mais,
si personne ne veut nous aider dans cette grande entreprise, il
ne serait pas sage, surtout maintenant, de la prendre seuls à
notre charge ; et il faut faire ce qu'on a fait, avec beaucoup
moins·de raison, à propos de la Pologne, quand l'Angleterre
et l'Autriche ont boudé, c'est-à-dire rentrer nos cornes et
rester chez nous.

Voilà pour la question extérieure ; quant à la question intérieure, malgré les énormes dépenses de l'expédition, on a lésiné
sur les moyens en personnel, tant au point de vue militaire
qu'au point de vue administratif, car tout était à faire. Il eût
fallu ici 20 000 hommes de plus, de manière à tenir complètement le pays, en occupant toutes les grandes villes d'une *manière permanente,* sans se servir pour cela des troupes mexicaines, qu'on aurait eu alors la possibilité et le temps d'organiser derrière ce rideau de troupes européennes, tandis qu'elles
sont toujours dans le plus mauvais état, parce que, dès qu'on
peut trouver un homme à qui confier un fusil, on le fait marcher sans prendre le moindre des soins qu'on prend ailleurs
pour en faire un soldat.

. . . .

On ne nous a pas fait de place au tableau d'avancement en
France. Les aides de camp des maréchaux Canrobert et Mac-
Mahon ont bien voulu me dire que leurs patrons espéraient
que ce serait plus avantageux pour nous, qui pouvions être
nommés ici. Mais c'est une couleur qui prouve que les absents
ont toujours tort.....

. . . .

Mexico, le 9 mars 1866.

Je vous écris toujours de Mexico, bien qu'on recommence à me dire de me tenir prêt. Ces avis continuels n'ont pas laissé de m'agacer un peu, mais maintenant j'y suis habitué et prends la chose philosophiquement, sans me réjouir ni me tourmenter. Ce qui peut rendre cependant la chose plus probable, c'est l'arrivée de trois capitaines, dont un laissé à l'état-major général et qui m'est donné comme adjoint, avec recommandation de le mettre au courant le plus tôt possible. C'est déjà à peu près fait. C'est un des anciens camarades de La Veuve, en Chine, et c'est, je crois, le plus agréable des trois nouveaux débarqués ; il se nomme d'Hendécourt. Par contre il est probable que mon Autrichien va me quitter. Il s'ennuie au bureau et préfère avec raison prendre le commandement d'un escadron de son régiment de hulans. Son espoir était de voir le maréchal expéditionner, ce qui lui aurait permis de l'accompagner et peut-être d'avoir notre Légion d'honneur, qu'on n'a pas encore donnée à un seul Autrichien et dont ils seraient, à ce qu'il paraît, très friands. Mais Son Excellence ne se décidant pas et surtout n'ayant pas, puisqu'il ne s'agit plus des Américains, une occasion de marcher en personne qu'on puisse prévoir, il perd patience et va problement s'en aller.

Quant à moi, je ne prévois pas non plus du tout de quel côté on m'enverrait, et, à vrai dire, je n'ai guère de préférence. Ce que j'aurais désiré, c'est une petite expédition avec l'état-major général ; mais, quant à aller faire le métier de bureau sur un point ou un autre du Mexique, cela me touche peu, et je n'y vois que l'avantage de faire la route, ce qui est plus agréable que de griffonner perpétuellement le papier.

. . . .

J'oubliais de vous dire que le général Brincourt rentre en

France, la combinaison dans laquelle il devait jouer le rôle principal tombant dans l'eau. Je l'en félicite de tout mon cœur et j'y trouve l'avantage d'être complètement délié et de rester très disposé à rentrer en France l'année prochaine.

La décision de l'empereur, l'arrivée de M. Saillard, qu'on dit avoir apporté à Sa Majesté Maximilien une petite phrase très nette concluant au départ des troupes françaises, la mort de M. Langlois au moment où il allait prendre la direction des finances, tout cela a naturellement beaucoup agité Mexico. Un incident très malheureux est venu renchérir sur le tout.

Le nouveau roi des Belges avait fait notifier son avènement en envoyant ici un général belge suivi de deux officiers. Ces messieurs s'en retournaient en diligence, il y a quelques jours, accompagnés d'un officier d'ordonnance de l'empereur Maximilien, lorsque la diligence a été attaquée à une quinzaine de lieues de Mexico par douze à quinze hommes. Les Belges ont fait feu ; les assaillants ont fini par lâcher pied, mais non sans avoir fait feu à leur tour. Un des officiers belges a été tué raide, l'autre est blessé, le général seul n'a rien eu. Un chef de bataillon de la légion belge qui l'accompagnait également a été éraflé par cinq balles.

Vous voyez que tout cela compose une vilaine histoire, peu propre à faire bon effet en Europe, dans la patrie de l'impératrice en particulier. On fait escorter ordinairement les gros personnages, et nos escortes à nous-mêmes, lorsqu'elles ne se composent que de deux ou trois hommes placés sur la diligence, ne sont point attaquées. Mais l'entourage de l'empereur n'en avait pas demandé, et l'état-major général, qui les commande, ignorait même le départ du général belge. Nous aurons peut-être, ceci peut vous le faire pressentir, du mal à nous en aller aussi vite qu'on le voudrait en France ; mais il est cependant fort probable que pas mal de monde rentrera d'ici à un an, en commençant le mouvement après la prochaine saison des pluies. Quant à la légion étrangère, on va la réorganiser ; mais pour toutes ces questions-là on perd naturellement beaucoup de temps à correspondre entre Paris et Mexico. Le bataillon du commandant Vilmette n'est pas encore arrivé. Il est attendu à Vera-Cruz à la fin de mars ou au commencement d'avril, et sera probablement dirigé assez lestement sur San-Luis-Potosi, où aura lieu l'organisation. Le cabinet militaire de l'empereur, dans lequel je crois vous avoir dit qu'on m'avait proposé d'entrer, est dissous par économie. Donc j'ai bien fait : le capitaine Magnan, que le maréchal y avait mis, a reçu de l'empereur un billet autographe et une épée d'honneur (sic). Le grand confident actuel de Maximilien est un de nos compatriotes, le capitaine Pierron, qui est de la Meurthe. Il devient *grand-vizir* de la situation. C'est un brave garçon, très travailleur, et qui mange avec nous quand il a le temps.

Mexico, 9 avril.

. . . .

..... Actuellement, il s'agit d'autre chose, qui m'occupe pas mal aussi, car la situation change tous les jours, sans s'améliorer beaucoup.

On en est maintenant aux expédients pour tâcher de faire marcher le gouvernement impérial, tout en l'abandonnant afin de rentrer enfin chez nous.

L'un des moyens est d'augmenter la légion étrangère et d'organiser la division des troupes européennes : françaises, autrichiennes et belges, que devait commander le général Brincourt.

Celui-ci, vis-à-vis duquel je vous avais dit un mot de ma position imprévue, est parti de Mexico récemment pour aller en congé en France, lorsque le vent a tourné brusquement, et on lui a télégraphié pour lui proposer de revenir. La question était assez intéressante pour moi, car à deux occasions, avant de partir, le général m'avait demandé : « Cela tient-il toujours ? » Et, comme je n'aime pas à me dédire vis-à-vis des gens qui me plaisent, j'avais répondu : « Oui, mon général. » J'ai donc été passablement soulagé d'apprendre qu'il partait définitivement et que je reprenais ma liberté d'action et de détermination. La situation est telle que j'aimerais en effet beaucoup mieux servir sous ses ordres ailleurs qu'ici, ou au moins dans une affaire emmanchée plus raisonnablement. Quant aux avantages qui m'étaient promis, j'en fais bon marché, le vent n'étant pas à l'avancement ni aux récompenses pour le quart d'heure : il faut se contenter de marcher avec son siècle et les militaires d'à-présent doivent se borner à désirer voir l'exposition universelle et pacifique de 1867.

Mais le général Brincourt parti est remplacé par le général Neigre ; et la chose va s'organiser tout de même. Je suis depuis hier le secrétaire de la commission d'organisation ; et peut-être ma spécialité me forcera-t-elle à coopérer, dans les commencements, à cette œuvre assez délicate de la fusion sous un chef français de troupes de nationalités distinctes et qui ne s'adorent pas précisément. Dans les conditions actuelles, la chose ne me répugne pas trop, parce qu'elle ne m'engage absolument à rien et qu'elle pourra m'occuper pendant quelque temps d'une manière, en somme, assez intéressante pour quelqu'un qui a mes goûts. Mais je suis bien aise de n'avoir aucune responsabilité, parce que je me doute d'avance qu'on s'écartera souvent de mes idées personnelles. On attend un chef d'escadron d'état-major qui arrive de l'intérieur et qui sera probablement le chef d'état-major de cette division. Quant aux capitaines, je ne connais pas encore d'amateurs, et c'est ce qui me fait penser qu'on pourra bien m'y employer d'office provisoirement.....

. . . .

Je rouvre ma lettre avec bien du plaisir pour vous dire que, malgré les prévisions que je vous exprimais, je viens d'être surpris très agréablement en apprenant que j'étais nommé officier de l'ordre de Guadalupe, à l'occasion du 10 avril, anniversaire de l'acceptation du trône par l'empereur Maximilien. Je suis de service aujourd'hui, et en cette qualité je déjeune au quartier général chez le général. Il a eu la gracieuseté de m'envoyer annoncer cette bonne nouvelle par sa petite-fille, une enfant de sept ans, qui venait suivant l'usage me chercher pour déjeuner. Je n'y comptais pas du tout et je désire que cela vous fasse plaisir. Ce sont, m'a-t-il dit, les affaires mexicaines qui me valent cela.

Mexico, le 9 mai 1866.

Le dernier courrier américain nous a apporté la déclaration du *Moniteur*, portant que nous rentrerions en France en trois colonnes : la première en automne, cette année, les deux autres au printemps et à l'automne de 1867. Cette nouvelle a été reçue avec plaisir dans le corps expéditionnaire, et moins gaiement par les Français fixés au Mexique ; mais, comme je n'ai point l'avantage de les connaître et qu'ils ne m'ont jamais paru plus désireux de faire ma connaissance que moi la leur, je me sens le cœur très sec à l'endroit de leurs mécomptes.

Ils n'avaient qu'à rester chez nous ou à aller en Algérie, où au moins ils n'auraient pas travaillé pour eux tout seuls. Seulement, je serais tout disposé à leur accorder de se rembarquer avec nous, s'ils le désirent.

Chez les Mexicains, je ne vous dirai pas l'effet produit, puisque je ne les connais pas. Seulement, puisque la majorité est contente de se voir bientôt débarrassée de nous et que la minorité, qui a de l'argent et pas d'ambition, s'effraie un peu des chances de révolution que lui laisse notre départ, mais alors qu'ils se décident une bonne fois à appuyer l'empereur Maximilien et à se mettre en mesure de défendre, eux-mêmes, leur peau ou au moins leur bourse ! La France aura passé six ans ici, dépensé beaucoup, beaucoup d'argent, et un certain nombre, toujours trop grand, de soldats, pour améliorer l'état de choses au Mexique ; il me semble qu'elle aura largement payé comme cela l'idée malheureuse qu'elle a eue de se mêler d'une affaire qui la regardait si peu.

En tout cas, il ne servirait à rien de continuer sur le pied actuel, car il faudrait, pour que l'expédition pût avoir un grand et sérieux résultat, être décidé à rester ici longtemps et surtout à contrecarrer, coûte que coûte, l'influence américaine et à la vaincre. Ce serait alors une grande chose, mais on me parait en France beaucoup trop pressé de réduire l'armée et de faire de l'industrie, pour s'engager dans une pareille aventure.

En attendant, on pousse à l'organisation des troupes étrangères qui resteront ici, on va également essayer de créer quelques forces composées de soldats mexicains et d'officiers français. Je ne sais encore ce que cela donnera.

Nous recevrons par le prochain courrier les instructions du ministre au sujet de la formation de notre légion étrangère. Le commandant Vilmette, que cela doit intéresser, arrivera dans quelques jours à Mexico avec son bataillon et sera ainsi tout de suite renseigné.....

..... Ici, les orages ont commencé et il en fait en ce moment un si violent que je vois à peine clair pour vous écrire. Je viens d'être envoyé baragouiner avec le ministre de la guerre et il était temps de rentrer. Les pauvres gens sont bien dans le pétrin, ils n'ont plus d'argent. L'empereur vend une partie de ses chevaux. Quelle drôle de situation ! Je ne serai pas encore fâché plus tard d'avoir vu cela, quoique l'aventure, en

somme, ne puisse pas finir d'une façon avantageuse ni bien
flatteuse pour nous. Décidément, nous ne sommes pas assez
renseignés en France pour nous lancer dans ces grandes et
lointaines entreprises. Cela ne me parait pas être notre partie ; peut-être cela viendra-t-il plus tard !.....

. . . .

———

Mexico, le 28 mai 1866.

..... Il y a quinze jours, on reparlait encore de partir dix
jours après l'accouchement de la maréchale, qu'on attend de
jour en jour. En attendant, les bruits de départ s'éteignent peu
à peu. Nous voilà dans la saison chaude et dans la saison des
pluies. Jusqu'à présent, elles ne sont pas encore bien fréquentes,
toutefois, on continue toujours à se préoccuper des chances
d'inondations, et on commence les travaux d'une digue circu-
laire autour de Mexico. Une maison est retenue à Tambaga
pour loger l'état-major général, si la ville devient inhabitable ;
nous ne risquons donc rien. Je pense du reste qu'on en sera
quitte pour la peur, tout en pataugeant un peu plus qu'à l'ordinaire.

Ce n'est pas du reste seulement au propre qu'on patauge
ici, c'est encore plus au figuré. Depuis que le départ des troupes françaises est annoncé officiellement, on se bat naturellement les flancs pour organiser quelque chose qui puisse nous
remplacer. Comme je le pense, depuis que je suis débarqué
ici, on a attendu bien tard et on ne trouve plus d'amateurs
dans le corps expéditionnaire pour rester au Mexique. On espère qu'on trouvera plus de bonne volonté et naturellement
aussi plus d'illusions dans les troupes qui s'ennuient dans les
petites garnisons de France. Je ne sais cependant si cela pro-
duira un gros contingent.

On voudrait laisser ici de 20 000 à 25 000 hommes de troupes organisées à l'européenne, parce qu'on espère qu'en joi-
gnant à cet effectif une vingtaine de mille Mexicains, les
moins mauvais possibles, l'empereur pourrait se soutenir.
Les 20 000 à 25 000 hommes en question comprendraient
8 000 à 9 000 Austro-Belges, 6 000 à 7 000 hommes du régiment étranger, et le reste de troupes composées par parties
égales de Français et de Mexicains, sous le nom de cazadores
de Mexico.

La division auxiliaire étrangère, que devait commander le
généra' Brincourt et que commande le général Neigre (tu te
rappelles que j'étais secrétaire de la commission d'organisation)
fonctionne tant bien que mal depuis le 1er mai. On vient d'y
adjoindre, afin d'assurer leur solde, une compagnie de gendarmerie mexicaine, composée en grande partie d'anciens soldats
français et commandée par un Français, le colonel Lafon,
qui était en France lieutenant-colonel de la gendarmerie de la
Garde.....

Tous ces essais me donnent assez de travail, ce dont je ne
me plains pas. Mais cela a failli m'en donner trop. Le ministère de la guerre du Mexique, composé uniquement de Mexicains, travaille d'une manière pitoyable ; or il s'agit de réorganiser l'armée mexicaine sur un nouveau plan, et en la réduisant
de 35 000 hommes, qu'elle compte actuellement (quels hommes !) à 20 000 hommes, qui seront encore trop chers pour les
finances de l'empire.

Cette réduction est une affaire assez délicate : car non seulement il s'agissait de choisir les 20 000 meilleurs, mais encore
il serait utile d'empêcher que les 15 000 autres, ainsi mis sur
le pavé, ne passent à l'ennemi avec armes, je n'ose pas ajouter : et bagages, car ils n'en ont guère. L'empereur a donc
été tout d'un coup saisi de l'idée d'introduire « l'élément
français » dans son ministère ; seulement, il veut conserver la

direction de ce ministère au général mexicain qui l'occupe actuellement et se borner à lui adjoindre un sous-secrétaire d'État
français, chargé de le diriger, de le surveiller et de faire le gros
de la besogne. Figure-toi qu'on avait été jusqu'à songer à moi
pour cela ; c'est, à ce qu'il parait, le général Osmont qui avait
mis mon nom en avant. L'empereur Maximilien, lui, avait
jeté les yeux sur le chef d'escadron d'état-major Billot, récemment rentré de Chihuahua à l'état-major général. Seulement,
la chose s'est faite si maladroitement que, pendant que l'empereur demandait Billot verbalement au maréchal, il me demandait également pour plus de sûreté et par écrit au même
maréchal. De sorte que je n'ai eu qu'à faire le mort et je me
suis dépêtré assez facilement ; le commandant était fort irrésolu,
et finalement a refusé, mais après avoir beaucoup. bataillé, et
un peu influencé, je crois, par mon attitude. Mes explications
ne sont peut-être pas très claires, mais ce qui s'est passé, dans
cette délicate négociation, ne l'était guère plus. Ce n'est pas
un Français qu'il faudrait dans ce ministère, c'est une vingtaine
au moins : un seul aurait une grande responsabilité et serait
paralysé.

Le général Osmont, en me montrant la lettre de l'empereur, m'a dit *en riant* qu'on me donnerait une copie de ce document flatteur. On ne sait toujours pas si le général Brincourt revient ; son aide de camp, mon ami Tordeux, en a
grand peur. Pour moi, dans la position actuelle des affaires, je
me dégagerai facilement et je compte bien rentrer au printemps
prochain. Cette fin d'expédition sera assez triste, mais il faut
en prendre son parti, c'est une affaire manquée. La question
est de sauvegarder les intérêts, et aussi la peau, de nos compatriotes, qui font leurs petites affaires ici ; du moins c'est là que
la placent la plupart des officiers ici. Quant à l'empire, on s'en
préoccupe généralement assez peu. Tu vois que je te parle de
tout cela assez catégoriquement ; je ne voudrais donc pas, en

raison de ma présence à l'état-major du maréchal, que ces appréciations, quelle que soit 'eur valeur, soient ébruitées. Pour nous autres, petits bonnets, la situation est assez intéressante et à Mexico ne présente aucun danger...

. . . .

Vous me demandez de quel endroit est Pierron, qui, par parenthèse, est assez travaillé dans ce moment-ci, car tout gros bonnet a ses ennemis. Je ne sais pas au juste le nom du village où il est né, mais c'est aux environs de Château-Salins. Le pauvre garçon est abîmé de travail ; il m'a fait prier l'autre jour d'examiner avec lui le budget de la guerre, mais j'ai à peine eu le temps d'y jeter les yeux, bien que je lui eusse rendu ce service avec plaisir, dans la mesure de mes capacités et de ma connaissance de la matière. Le grand mal de cette expédition sera d'avoir voulu trop faire avec trop peu de chose : on semble avoir toujours reculé devant les nécessités de la situation. On aime à se faire illusion, parce que l'opinion publique en France marchandait tous les moyens, et cependant on a dépensé beaucoup, mais en se décidant toujours trop tard ; maintenant encore, on marchande trop pour que l'organisation réussisse.....

———

La Soledad, 22 juin 1866.

Je suis tout étonné de ne pas dater, comme à l'ordinaire, ma lettre de Mexico. C'est qu'après nous avoir bernés de l'espoir, tant de fois déçu depuis un an, de nous promener un peu, on nous a fait filer à l'improviste, lundi dernier, au moment où personne n'y croyait plus.

Nous en sommes du reste à nous demander le motif de notre excursion. Nous sommes aujourd'hui à notre cinquième jour de marche, et nous ne savons pas encore où le maréchal, qui doit venir en poste, nous rejoindra ; probablement demain ou après à San-Juan-del-Rio. L'opinion générale est qu'il veut faire une tournée du côté de San-Luis-Potosi pour juger par ses yeux de la situation de ce pays-là et peut-être causer avec le général Douay, qui doit le remplacer dans le commandement du corps expéditionnaire. Quant à des combats, il n'y faut pas songer, parce qu'il n'y a pas de bande qui ose attendre un maréchal.

Nous arriverons dans trois marches à Queretaro, où nous devons, à ce que l'on écrit, prendre deux bataillons de zouaves, qui, avec quatre ou cinq escadrons de cavalerie, constitueront notre colonne.

Pour le quart d'heure et jusqu'à demain, nous ne voyagerons qu'avec nos bagages, en nous faisant escorter au besoin par les postes français de la route, qui est du reste actuellement la plus sûre du Mexique.

Le général Osmont est resté à Mexico, et nous ne sommes ici que le sous-chef d'état-major, lieutenant-colonel du Martray, et quatre capitaines d'état-major, que voici par ordre d'ancienneté : Vanson, Vosseur, Magnan et Mieulet, ce dernier, qui est le compagnon de voyage avec lequel je suis venu de France, est chargé de la topographie. Nous avons en outre deux interprètes, dont l'un est un Français, nommé Sarrazin, ancien officier de l'armée libérale, et l'autre un M. de Becker, ex-officier russe des hussards de la Garde, qui a fait la campagne du Maroc avec les Espagnols, puis celle-ci avec le général mexicain Marquez, le premier qui se soit rallié à nous. Cet interprète vient de se marier, il y a quinze jours, avec une Mexicaine de Mexico, de sorte que l'expédition manque d'à-propos pour lui ; mais il est néanmoins gentil et cause d'une façon assez intéressante.

Nous avons jusqu'à présent été favorisés par le temps, en ce sens que nous n'avons pas reçu d'orage. La chaleur est *très*

supportable. Seulement, dès le second jour, nous avions tous
la figure cuite ; actuellement, nous changeons de peau et sommes aussi colorés que des Apaches. Le pays est assez varié,
quoique jamais très beau ; mais il est souvent fort passable. Ce
qui le dépare, c'est l'aspect de misère et de ruine qu'ont les
habitants et les habitations. Les uns et les autres sont du reste
fort clairsemés. Nous n'avons encore traversé que des villages
plus ou moins gros : ces villages se composent invariablement
d'une grande église sur une grande place. Il n'est ordinairement pas possible de voir l'intérieur, parce qu'elle n'est ouverte
que le matin. Quelquefois, il y a une mairie, où des hommes
en chemise et en chapeau de paille montent la garde avec de
mauvais fusils. Après cela, vient la partie utile à notre point de
vue. Ce sont les auberges, avec d'immenses cours entourées de
hangars servant d'écurie. C'est très commode. Les chambres
n'ont souvent que quatre murs, mais cela vaut toujours beaucoup mieux qu'une tente. Le reste se compose de huttes plus
ou moins misérables.

Nous partons au petit jour, c'est-à-dire environ une demi-
heure avant le lever du soleil ; nous faisons une grand'halte,
après avoir fait de cinq à six lieues, c'est-à-dire au moins les
deux tiers du chemin. Cette halte dure environ trois quarts
d'heure, le temps nécessaire pour se grouper, préparer le déjeuner (trois ou quatre plats et le café) et le manger : le tout en
plein air, au bord d'une onde plus ou moins pure, ou quelquefois, quand cela se trouve, sous le portique d'une petite auberge ou d'une ferme (*hacienda*). Nos cuisiniers sont deux
zouaves assez pittoresques : ils ont une vague ressemblance avec
Robert Macaire et Bertrand (Bertrand surtout), qui me donne
quelques inquiétudes à l'endroit de l'anse du panier. Heureusement que ce n'est pas moi qui suis chargé de leur direction.
Ce départ m'a forcé à abandonner brusquement les affaires
mexicaines et l'organisation de l'armée ; mais il est de principe

de n'abandonner jamais son tour à marcher, et j'étais le premier à partir. Aussi le général Osmont, que cela contrariait
d'abord, a fini par trouver que j'avais raison. Nous avons eu
l'ordre de nous préparer pour une absence de deux mois.

. . . .

San-Luis de la Paz, le 29 juin 1866.

. . . .

Nous sommes arrivés à San-Luis de la Paz hier, après avoir
marché tous les jours depuis notre départ de Mexico. Nous faisons séjour aujourd'hui et ne savons encore si nous repartirons
demain. Car maintenant que nous sommes rentrés sur la ligne
télégraphique, nous attendons des ordres de Mexico même. Le
maréchal ne s'était pas encore mis en route à la date d'hier.
On pensait qu'il quitterait Mexico après l'arrivée du courrier
anglais, mais ce n'était point sûr. Nous ne sommes donc pas
encore fixés sur ce que nous allons faire. Irons-nous tout droit
à San-Luis-Potosi, ou ferons-nous un crochet à droite dans la
montagne, partie plus pittoresque et moins connue ? Je n'en
sais rien, mais pour ce qui nous concerne plus particulièrement,
je suis pour la première hypothèse. Dans ce cas, ce serait un
détachement seulement que nous enverrions sur notre flanc
droit. Nous avons trouvé ici un bataillon de zouaves, qui roule
déjà depuis quelque temps de ce côté-ci, et tout le monde est
d'accord pour penser que nous n'arriverons pas, tant que nous
serons si nombreux, à trouver des Mexicains assez aimables
pour nous attendre. D'ailleurs, si le maréchal ne vient pas,
nous autres officiers de l'état-major général, devons nous attendre à faire demi-tour d'un jour à l'autre pour rentrer à Mexico :
nous y aurons en tout cas gagné de voir un peu de pays.

Me voilà sans savoir quand je recevrai vos lettres : elles vont courir après nous, mais ne nous rattraperont peut-être qu'à Mexico ; plus de journaux, pas plus question de l'Europe, dans tous ces endroits-ci, que si elle n'existait pas. Du reste, beau temps et assez bonne route, grande variété de gites, tantôt la tente, tantôt une chambre dans une hacienda, ou dans une maison de gros bourg, où nous nous installons à trois ou quatre. Je me porte comme le Pont-Neuf et mange quatre fois comme à Mexico.....

San-Luis-Potosi, le 16 juillet 1866.

Je t'écris de San-Luis-Potosi, ville assez jolie et assez importante, où nous sommes arrivés il y a quelques jours. On nous a prévenus aujourd'hui de nous tenir prêts à partir aussitôt après l'arrivée du maréchal, c'est-à-dire demain ou après-demain. Nous ne demandons pas mieux que de repartir, car, aussitôt le premier jour de la station passé, on recommence à s'ennuyer ni plus ni moins qu'à Mexico. Seulement, ce que tout le monde regrettera, ce sera de partir sans avoir reçu son courrier de France. Car vos lettres ne suivant celles du maréchal, qui voyage par l'extraordinaire, que d'environ quarante-huit heures, ne nous trouveront très probablement plus ici. Elles vont donc courir après nous dans la direction de Monterey, que nous semblions devoir prendre ; or, le pire de l'affaire, c'est qu'à partir de Matehuala (environ moitié chemin d'ici à Monterey), la correspondance n'est plus sûre du tout : le pays est désert et de petites guerillas d'une dizaine d'hommes réussissent souvent à enlever les ourriers.

. . . .

Le voyage m'a assez intéressé, quoique la route que nous

avons suivie ne soit ni la plus intéressante ni la plus belle du Mexique.

. . . .

En ma qualité de capitaine le plus ancien, je suis plus spécialement affecté au service des troupes qui composent la colonne. Cette mesure n'était pas, je crois, bien nécessaire ; elle me vaut le titre pompeux de chef d'état-major de la brigade mixte et l'honneur d'avoir un planton qui se morfond devant ma maison ou devant ma tente ; mais au reste elle a peu d'importance.

Que te dirai-je du pays ? Je suis tenté de trouver qu'il est à la fois varié et monotone, et puis toujours cette misère des habitants qui gâte tout ! Du reste, le maréchal marche très vite ; et, en arrivant à l'étape, on n'a pas grande envie de chercher si par hasard il y a quoi que ce soit de curieux à voir. Je dois à mon titre de cheminer assez souvent à la tête des chasseurs d'Afrique, où les gros bonnets, en vrais cavaliers qu'ils sont, pratiquent une grande philosophie à l'endroit de tout ce qui ne touche pas directement leurs chevaux, la partie ultra-sensible pour les touristes de notre espèce. Règle générale : quand les chevaux se portent bien et que le mulet qui porte le déjeuner n'arrive pas en retard ou ne casse pas sa boutique en route, tout le monde est content, au moins suffisamment. Dans le cas contraire, l'horizon politique se rembrunit beaucoup, et le plan des opérations est amèrement critiqué. C'est ici que nous avons appris le commencement des hostilités en Europe. La conséquence naturelle, c'est qu'on n'a plus chez nous qu'un œil pour le Mexique ; et encore ce n'est pas le bon. Les plus sages font semblant de croire qu'on ne peut être à deux endroits à la fois ; mais ils pestent intérieurement, comme les camarades, d'avoir choisi précisément le plus mauvais des deux. Les zouaves voyagent en blouse grise et en chapeau de paille, ce qui, avec les accessoires de leur invention et quelques perroquets par-ci par-là, constitue une tenue d'un effet d'ensemble assez original. Quant aux chasseurs d'Afrique, ils sont aussi corrects qu'à l'ordinaire. Ils portent, comme nous tous, le couvre-nuque de coton blanc recouvrant toute la coiffure et tombant sur le cou. Quelques officiers ont des sombreros mexicains à grands bords.

Nous venons enfin de recevoir tout notre courrier et nous partons demain pour Matehuala, petite ville située à cinq jours de marche vers le nord; nous redescendrons ensuite probable-ment par Mexico, par une route différente de celle que nous venons de suivre, ce qui sera plus intéressant. Le but de notre marche parait être presque uniquement de venir sonner le ral-liement de ce côté-ci, car l'opinion commence à se répandre que nous pourrions bien rentrer tous l'hiver prochain. Tout le monde le désire, car si on se décide en somme à ne pas persé-vérer encore plusieurs années dans la grosse affaire qu'on a entre-prise ici, le meilleur parti parait être de se décider tout de suite et de s'en aller.

C'est surtout dans les choses de ce genre que les demi-partis sont dangereux à tous les points de vue. Malheureusement, nous sommes si loin de France que les ordres qu'on en reçoit sont souvent bien inopportuns, ou au moins bien en retard sur la situation. Nous sommes privés de journaux juste au moment où ils deviennent le plus intéressants. Cependant, un hasard heureux m'a procuré aujourd'hui la lettre de l'empereur rela-tive aux affaires d'Allemagne. Il est permis d'y voir poindre beaucoup de choses.....

Je me réjouis d'avoir le récit des fêtes de juillet. Voilà en-core une occasion pour Sa Majesté de parler à l'Europe, et cela pas bien loin des pays rhénans.....

Matehuala, le 26 juillet 1866.

Je viens de recevoir l'ordre de me porter à quelques lieues d'ici avec toute notre colonne, sauf une compagnie de zouaves montés, pour nous établir plus à l'aise dans un grand village abandonné. Le maréchal doit nous rejoindre d'ici à quarante-huit heures ; et il est assez probable que nos exploits se borneront là et que nous nous remettrons très incessamment en marche pour Mexico, en commençant ainsi le mouvement de concentration générale qui doit précéder l'embarquement successif des troupes.

Nous comptons donc être de retour en France plus rapidement encore que nous ne le pensions, il y a deux mois ; peut-être s'exagère-t-on un peu, ici, la proximité de ce mouvement, mais il est cependant très raisonnable, si on est décidé à abandonner cette entreprise du Mexique, de presser la solution le plus possible. Lanterner serait dangereux, à tous les points de vue.

Pour nous, cette petite promenade dans ou vers le nord nous aura intéressés. On commence à remarquer ici quelque différence avec la province de Mexico. Enfin, nous avons beaucoup de chances pour rentrer par une route différente de celle que nous avons suivie, de sorte que nous aurons vu réellement assez de pays, eu égard au temps que nous aurons mis à notre tournée.

. . . .

Las Bocas, le 4 août 1866.

On nous prévient que le maréchal va faire partir un courrier extraordinaire, qui pourra peut-être arriver à temps pour le paquebot français du 15 août.

Je me dépêche de profiter de cet avis, qui n'était destiné qu'aux chefs de corps, pour glisser dans le paquet ce petit mot, afin de parer de mon mieux au cas, où, comme on le dit, le courrier parti de Matehuala, et qui emportait ma dernière lettre, aurait été enlevé par une bande.

Notre excursion touche à sa fin ; nous sommes en train de nous rabattre sur Mexico, où nous serons, je pense, dans quinze ou vingt jours.....

Nous sommes allés jusqu'à la limite de la grande zone déserte, qui commence à cinq jours de marche de Monterey ; puis, quand l'on a su que le mouvement des troupes du nord pour opérer leur concentration était commencé, nous sommes redescendus.

Nous avons appris hier en route la nouvelle étourdissante de la cession de la Vénétie à la France, mais sans aucune explication. Je n'ai donc pas besoin de te dire si nous sommes avides de nouvelles.

. . . .

———

Dolores-Hidalgo, le 19 août 1866.

. . . .

Je serais doublement fâché de le manquer (le courrier) cette fois-ci, car j'ai deux bonnes nouvelles à vous annoncer : la première, c'est que j'ai eu la chance de prendre part à une petite expédition qui a très bien réussi, ce qui, malgré le peu de gravité de l'affaire (surtout en comparaison de la bataille de Sadowa) m'a valu une citation à l'ordre ; la seconde, c'est que j'ai obtenu la croix d'officier de la Légion d'honneur.

Peut-être l'aurais-je reçue tout de même sans l'affaire, mais en tout cas la coïncidence m'a été agréable.

Voici l'abrégé de notre expédition, qui a un peu rompu la monotonie de notre promenade, en envisageant la chose au point de vue militaire.

Lors de notre retour du nord sur San-Luis-Potosi, le maréchal, apprenant que l'ennemi faisait beaucoup de bruit de forces qu'il avait organisées sur la gauche, vers le Taumalipas, se détourna sans bruit de sa route, au beau milieu d'une étape, pour gagner une grande hacienda, où il fit mine de se reposer.

Puis il fit partir à l'improviste le colonel du Preuil, qui commande la brigade dont je suis le chef d'état-major, avec deux escadrons de chasseurs d'Afrique et deux compagnies de zouaves montés sur des mulets. Nous fûmes très bien renseignés et guidés par un chef mexicain de notre parti, dont les propriétés ont été pillées par l'ennemi. Après avoir franchi vingt-six lieues en vingt-sept heures dans un pays difficile et surtout peu propre à la cavalerie, nous débouchâmes à l'improviste, vers les 10 heures du matin, le 8 août, sur une grande hacienda nommée le Custodio, où environ 400 hommes de cavalerie républicaine étaient cantonnés. Une soixantaine put s'échapper à cheval, le reste fut sabré, pris, ou s'enfuit à demi-nu à travers les broussailles.

Comme coup de main de cavalerie légère, on regarde l'affaire comme jolie, parce qu'il est difficile de combiner une surprise de si loin et de l'exécuter avec tant de précision. Si notre marche n'eût pas été aussi rapide et même si improbable pour l'ennemi, eu égard au défilé que nous avons traversé, il était prévenu, s'enfuyait ou gardait le défilé. Pour moi, cela m'a fait voir un coin de la guerre du Mexique et m'a offert une occasion inespérée d'entendre ici un coup de fusil. Du reste, j'en suis revenu parfaitement innocent, car je n'ai pas eu le cœur de taper sur ces malheureux, et les chasseurs d'Afrique se sont trop bien chargés de la besogne, sauf à soigner après ceux qui étaient mal tués. Les zouaves, qui étaient en queue de colonne, n'eurent guère le temps d'arriver.

Le résultat militaire de cette affaire est d'avoir fait replier *très lestement* tout ce qu'il y avait de forces républicaines dans les environs. Pour exécuter notre retraite, il sera bon de frapper de temps en temps de ces coups-là, pour que MM. les juaristes se tiennent tranquilles et ne se montent pas la tête outre mesure. Actuellement, nous redescendons sur Mexico, où nous serons dans huit ou dix jours, car le maréchal semble pressé.

. . . .

———

Mexico, le 9 septembre 1866.

Décidément, il n'est pas possible d'attendre le jour du courrier pour vous écrire. Le colonel m'avait promis du loisir aujourd'hui et voilà que le maréchal me campe sur les bras toute une loi de recrutement à préparer, et cela toujours à la minute. Puis arrive un camarade de passage, qui me fait perdre une heure en m'invitant à diner, une heure plus tôt que nous ne le faisons.

Je me bornerai donc à te dire que je suis rentré à Mexico très bien portant, que j'ai repris mon service à l'état-major général.....

. . . .

J'ai dévoré les journaux à mon retour ici, mais je suis loin d'être satisfait. Le succès de la Prusse est un échec pour nous et, si nous ne prenons pas la frontière du Rhin cette fois-ci, il faudra y renoncer. Je trouve que nous devenons joliment pot-au-feu et que, réellement, l'empire c'est par trop la paix. Puissé je me tromper, car cette fois-ci la question est grave.....

———

Mexico, le 27 septembre 1866.

. . . .

..... Il vient de se produire à l'instant un changement de décor tout à fait imprévu. On expédie en ce moment-ci, à côté de moi, les contre-ordres pour arrêter quatre corps qui allaient se rembarquer pour la France. L'un d'eux, le 81ᵉ, avait déjà, pour ainsi dire, un pied sur le bateau, puisque, sans un coup de *norte,* qui a fait suspendre son embarquement, il serait déjà en mer. Aussi ne voudrais-je pas recevoir la bordée d'imprécations par laquelle il va vraisemblablement répondre au contre-ordre du télégraphe. Outre que généralement on s'en va d'ici joyeusement, le plus désagréable de l'aventure, c'est que les officiers sont déjà tout désorganisés, n'ayant plus ni chevaux, ni mulets, ni cuisines. Malgré cela, avec des gens habitués à rouler comme ceux-là, cela s'arrangera vite.

Quant à la cause réelle du contre-ordre, peut-être nous arrivera-t-elle de France ? Peut-être est-elle dans quelques mouvements des dissidents qui commencent à s'enhardir en nous voyant partir ? Pour mon compte, je n'en sais rien encore et comme je ne suis pas le premier à marcher, je n'ai qu'à me tenir les pieds chauds. Une chose qui m'a un peu plus préoccupé, c'est que j'ai mis hier en route Rodet, qui m'a demandé de le faire partir un mois plus tôt qu'il n'y avait droit, pour faire route avec des camarades. Je me suis rendu à son désir, parce que je lui sais toujours gré de m'avoir accompagné ici. Maintenant il se trouve que ses camarades le laisseront en chemin ; mais enfin cela ne l'empêchera pas, je pense, de s'embarquer par le prochain courrier du 13 octobre..... Ne manque pas de l'expédier au docteur, afin de lui fournir l'occasion d'étudier les impressions de Jacques Bonhomme sur le pays de ses rêves passés. J'ai lu avec bien de l'intérêt tout ce que vous me dites des affaires d'Allemagne. Je suis très content de voir que le sentiment national semble se réveiller un peu en France et que les avocats, qui prêchent le désarmement et la paix à tout prix et le culte unique du veau d'or et du bien-être, commencent peut-être à voir, eux-mêmes, à quelles humiliations un système pareil amène un pays aussi puissant que le nôtre. Encore s'il ne s'agissait que d'humiliations, elles peuvent s'oublier ; mais les événements actuels, si nous les subissons, auront, il me semble, une portée dont nous nous ressentirons longtemps, si ce n'est toujours. Enfin, souhaitons que je voie les choses en noir.

La chose qui m'exaspère le plus, ce sont les articles rassurés de beaucoup de journaux, mais surtout l'opinion de ceux qui pensent que, ne nous battant pas maintenant à cause de l'exposition, nous nous battrons en 1867 !

Est-ce assez niais ? Peut-être le suis-je un peu moi-même de m'échauffer, car je n'y puis rien !.....

Mexico, le 9 octobre 1866.

J'ai failli me remettre encore en route, car le maréchal nous a quittés, il y a quelques jours, pour une petite tournée dans la province de Puebla. Si on avait pris un officier de plus, je marchais, attendu que notre nombre est actuellement assez réduit à l'état-major général. Je n'en aurais pas été fâché, mais je me console de ne pas l'avoir fait, parce que tout cela se ressemble.

On pense que le maréchal va bientôt rentrer, car le paquebot, qui mouillera demain ou après à Vera-Cruz, doit nous amener le général Castelnau, que nous envoie l'empereur.

On l'attend ici comme le messie, tout le monde espérant

qu'il apporte le dernier mot de cette trop longue aventure. Il est en effet urgent de prendre un parti et malheureusement personne ne peut en trouver un bien bon. Mon avis est qu'il faut prendre le moins mauvais, qui me parait être celui de s'en aller en bloc. Il serait certainement très désirable de traiter avec les Américains, d'autres vont jusqu'à dire : avec les dissidents, pour assurer la sécurité des Français qui s'obstinent à rester au Mexique. Mais si les Américains et les dissidents ne veulent pas ? Si, au contraire, on ne se décide pas à partir, il faut renvoyer du monde et de *l'argent,* et déclarer qu'on va recommencer, *dussent les États-Unis se mettre en travers.* C'est une grosse résolution qui me paraît être assez peu dans les idées actuelles du peuple français. Je pense donc que je verrai en France le printemps de 1867. Aussi bien, outre tous mes autres motifs de désirer rentrer, je serai bien aise de voir de plus près tout le gâchis qui se confectionne en Europe dans ce moment-ci, car je ne suis point du tout consolé de notre mésaventure avec les Prussiens.

En attendant nous jouissons, depuis une quinzaine, d'un temps délicieux qu'il faudrait bien trouver le secret d'acclimater en France à notre retour. On pourrait dire alors que nous n'avons pas perdu notre temps.

Vos dernières lettres m'ont *appris* la tentative de révolte de Mexico. Quels sont les journaux français qui ont pu inventer cela ? Il est vrai que, dès que nous abandonnons un point, les dissidents y rentrent, et qu'il n'y a guère de bien sûrs que ceux occupés par des troupes *françaises ;* mais la population de Mexico ne paraît pas être de celles qui se révoltent contre une force aussi sérieuse que deux ou trois bataillons français. Nous commençons à réoccuper la ligne de Mexico à Vera-Cruz, qui jusqu'ici était tenue en grande partie par les Autrichiens. C'est bon signe, car c'est signe de retour. Si, à l'exemple des camarades, je fais aussi bon marché de cette fin peu brillante, ce

n'est pas qu'elle soit agréable à avaler pour nous ; mais c'est
que la question parait décidément jugée et qu'il faut se décider
à gober la pilule, la responsabilité de ce fiasco ne revenant pas
du reste à l'armée combattante, mais à la direction politique.....

———

Mexico, le 28 octobre 1866.

. . . .

J'ai lu avec intérêt ce que vous me dites des opinions du
professeur badois qui est venu réfléchir à Nancy sur les destinées du grand-duché et de l'Allemagne en général. Je sais que
ces opinions-là sont celles des universités allemandes, et c'est
bien, malheureusement pour nous, ce qui fait la force de la
Prusse. Je suis plus étonné de voir un pays catholique comme
la Bavière se jeter aussi lestement dans les bras de ceux qui l'ont
battue, car les derniers journaux nous ont apporté la nouvelle
d'une manifestation des Chambres bavaroises dans ce sens.

Tout cela n'est pas gai et je ne partage pas les espérances
que j'entends émettre à côté de moi d'une prochaine revanche
pour nous. Il me parait incontestable que nous avons manqué
la plus magnifique et peut-être la plus inespérée des occasions;
mais c'est une chose faite et je suis convaincu que nous ne la
retrouverons pas. D'ici à ce que nous ayons 300 000 fusils
Chassepot, le sentiment plus ou moins superficiel, je ne suis pas
en mesure de l'apprécier, qui a fait chanter le coq gaulois, aura
fait place, comme à l'ordinaire, sans doute aux préoccupations
financières des gens sérieux qui ont remplacé l'ancien peuple
français, et je pense que M. Fould n'aura alors aucune peine
à persuader à tout le monde, ou à peu près, que nous sommes
assez grands, assez glorieux comme cela et qu'il ne nous manque que de l'argent pour rester le premier peuple du monde.

Si, comme conclusion, ce remarquable homme d'État demande une nouvelle réduction de l'armée (ce vampire qui suce la fortune publique) je l'appuierais bien certainement, car elle est encore un peu trop nombreuse pour n'avoir pas honte de rester l'arme au pied, en présence de certains événements.

Mais en voilà assez et trop pour un simple capitaine, appelé spécialement à noircir du papier, et je laisse à l'empereur Napoléon III de s'expliquer à ce sujet avec son oncle de glorieuse mémoire, qui n'eût certes pas raté le coche, lui, sauf à y laisser des plumes, car un peuple ne doit pas se laisser prendre sa place dans la hiérarchie des nations, sans avoir au moins essayé de la défendre.

Encore une fois, pardon de cet accès ridicule de chauvinisme, mais nous autres Mexicains nous avons été d'autant plus sensibles à cette déception que nous espérions trouver en Europe une compensation à la triste figure que fait actuellement la question mexicaine.

..... Le général Castelnau est ici, je l'ai vu et il loge à deux pas de nous chez le maréchal, mais je ne me charge pas pour cela de vous dire ce qu'il apporte. Le secret transpire si peu que beaucoup se demandent s'il a apporté quelque chose d'autre qu'une grande envie de passer général de division. Toutefois, je ne saurais être absolument de cet avis et je me contente de me rassurer en voyant que les préparatifs de départ continuent, attendant pour mon compte avec patience que les événements se déroulent, et qu'il tire successivement de son sac à malices ses instructions plus ou moins secrètes.

La nouvelle de la maladie de l'impératrice Charlotte qui est, dit-on, presque folle, a péniblement impressionné tout le monde, même ceux qui rejettent le fiasco de l'entreprise sur le dos de son auguste époux. L'empereur lui-même est malade, il a quitté de nuit Mexico ; et l'on est à se demander s'il reviendra. Quelques-uns le désirent, beaucoup d'autres pensent

que ce sera plus vite fini s'il ne revient pas, et que la situation
ne peut que gagner à être abregée. C'est assez mon avis. Les
troupes se concentrent, mais pas assez vite pour empêcher que
les détachements les plus éloignés, et spécialement ceux des
Mexicains ou des Austro-Belges, qui inspirent moins de res-
pect à l'ennemi, ne fassent des pertes plus ou moins sensibles.
Mais à Mexico il n'y parait, et vous pouvez être sûr que pour
notre compte à l'état-major général nous n'entendrons jamais
un coup de fusil. Ce ne serait du reste pas le jeu du parti répu-
blicain : il est vrai qu'il y en a plusieurs.....

————

Mexico, le 9 novembre 1866.

. . . .

Rien ne se décide encore ici, on est dans une singulière situation depuis le départ de l'empereur, parce qu'on s'attend de
jour en jour à recevoir la nouvelle de son abdication ; et cependant, outre qu'il n'est point sûr qu'il prenne cette détermination, je ne crois pas qu'on sache qui mettre à sa place.
C'est vous dire que le gâchis devient de plus en plus épais et
plus malpropre, mais heureusement qu'en même temps notre
concentration se fait et que cela ne peut point devoir nous
empêcher de rentrer tous d'ici à six mois. Quant à ce qui nous
arrivera au moment de notre départ, je ne saurais le prévoir,
mais il est probable que ce sera peu brillant.

. . . .

. . . .

Ajoutez à cela qu'il se publie ici deux journaux français :
l'*Estafette,* qu'on dit l'organe officieux du maréchal à cause des
relations de son rédacteur avec le chef de cabinet du maréchal,
et l'*Ère nouvelle,* organe presque avoué du ministre de France.

L'*Estafette* parle d'une entente franco-américaine et, avant-hier, conseillait en toutes lettres à l'empereur d'abdiquer. L'*Ère nouvelle* annonçait hier la solution de la crise, comme très probable, pour aujourd'hui ou demain. Tout cela fait que personne n'y comprend plus rien. Les libéraux juaristes ou les autres partis de la même couleur lèvent des bandes et marchent; les libéraux modérés s'y rallient plus ou moins et cherchent à donner des gages à ceux qu'ils pensent devoir réunir. Les cléricaux s'exaspèrent et vont tenter de résister. Le général Marquez, notre premier allié, qu'on avait expédié en Europe après la victoire, revient par le prochain paquebot; le général Miramon aussi, dit-on : ils vont recommencer la lutte pour leur compte ou celui de l'empereur, s'il reste.

Quant à nous, c'est presque à croire que nous songeons à prendre cette jolie attitude de la neutralité attentive, qui nous a si bien réussi en Europe; ou plutôt personne des petits bonnets ne devine encore ce que nous voulons, peut-être les gros ne sont-ils pas beaucoup plus avancés, car je crois qu'ils ne trouveront pas beaucoup d'empressement à les sortir d'embarras ni chez les Américains, ni chez les libéraux mexicains. La situation est trop mauvaise maintenant pour que nous puissions traiter avec succès. Il ne reste donc qu'à nous en aller, ce dont personne ne peut nous empêcher ; mais cette solution égoïste fait beaucoup crier contre nous les Français du Mexique et tous ceux qui disent avoir été nos amis. Le fait est que ce n'est pas brillant et que dans l'armée chacun a hâte d'avoir fini et d'oublier cette malencontreuse histoire, car, à part les succès militaires, toute cette expédition du Mexique n'aura été qu'une longue école. Il semble qu'il eût fallu ou ne pas choisir l'empereur Maximilien ou, une fois le choix fait, le soutenir mordicus sans économie d'hommes ni d'argent ; mais le grand malheur de tout cela a été que Mexico est trop loin de Paris et qu'en France on n'a jamais paru comprendre la question ni la progression de la situation, de sorte que toutes les solutio.:s arrivent toujours, ici, quand les questions ont changé de face. Et puis, il faut avouer à la décharge du gouvernement français qu'outre qu'il n'était pas très bien renseigné, il n'a pas été du tout soutenu par l'opinion publique, au contraire ! Tu peux lire dans la *Revue des Deux-Mondes,* numéro du 1er septembre, je crois, quelques pages de la revue politique d'un M. Forcade, qui paraissent reproduire assez bien le thème soutenu actuelle- ment par le gouvernement français. Le numéro du 1er octobre ou du 15 septembre contient un autre article d'un lieutenant de chasseurs d'Afrique, nommé Kératry, qui est beaucoup moins bon.

Rien de nouveau sur mon compte personnel, si ce n'est que j'ai appris que le général Osmont m'avait donné le numéro 1 à l'inspection. Mais on ignore ceux du maréchal, qui a caché ses notes. Cela signifie donc peu de chose, si ce n'est un témoi- gnage de satisfaction de mon chef direct, auquel j'ai été fort sensible.....

————

Mexico, 25 ou 28 novembre 1866.

. . . .

..... Il est à peu près admis comme une certitude que nous nous rembarquerons tous du 1er février au 15 mars. Du reste, il est probable que, quand cette lettre arrivera en France, les vaisseaux qui doivent venir nous chercher seront déjà en route ; vous serez donc fixés avant de m'avoir lu.

Nous ne le sommes point encore ici sur le régime politique qui va probablement succéder à celui que nous avions implanté ici. L'empereur est toujours à Orizaba et ne donne guère signe de vie. Cependant il a réuni là les gros personnages mexicains de son empire, et, avec eux ou en leur présence, il a dû prendre ou il va prendre, on l'espère, une décision, car il est urgent de sortir de cette incroyable situation.

Les bruits les plus contradictoires circulent en attendant, et ce matin encore un des journaux français de la capitale assurait que l'empereur revenait décidément à Mexico pour soutenir la lutte après notre départ ; tandis que l'autre déclarait que Sa Majesté devait s'embarquer le 30 novembre.

En attendant, notre évacuation marche. La garnison de Mazatlan, celle qui donnait le plus d'inquiétudes, à cause du très grand nombre de malades qu'elle compte, a rallié à l'heure qu'il est le général Castagny, qui s'est avancé au devant d'elle ; et il est probable qu'elle sera à Mexico pour le commencement de janvier. Toutes les autres troupes de l'intérieur pourront y être avant ce moment-là, si l'on veut. Notre ligne de Mexico à Vera-Cruz est maintenant assez bien gardée, et, malgré les progrès des bandes, la question militaire est à peu près hors de cause. Nous avons toujours été sûrs de pouvoir nous en aller, mais on craignait un peu pour les détahements les plus éloignés, tandis que maintenant le plus délicat sous ce rapport est fait sans encombre.

Il ne reste d'exposés que les Français qui servent dans les corps mexicains. Ceux-là sont encore isolés et ils ont déjà éprouvé des pertes qui ont fait sensation dans l'armée, à cause de la notoriété des officiers qui ont succombé. L'un d'eux, le commandant Berthelin, était de ma promotion. Il avait, il y a dix-huit mois, purgé le Taliseo des bandes de brigands qui l'infestaient, à la tête d'une compagnie franche d'infanterie. On avait espéré qu'il rendrait en conséquence de grands services en organisant la gendarmerie mexicaine dans cette contrée ; et on l'avait à cet effet nommé lieutenant-colonel de gendarmerie. Il vient de se faire tuer avec la plus grande partie de ses gendarmes. Je ne comprends pas qu'on ne rallie pas tout ce qui est français, puisqu'on est décidé à s'en aller. Dans le début et

même maintenant encore, sur beaucoup de points, les commerçants français disaient vouloir tous partir avec nous ; beaucoup se rassureront peut-être, si les républicains leur font des
promesses ; mais, en attendant, il en part déjà avec tous nos
convois, descendant sur Vera-Cruz. On paraît croire ici à un
appel au peuple après l'abdication, on ne sait que penser des
bruits d'une entente franco-américaine. Mais en somme dans
l'armée on est dégoûté de tout ce vilain mic-mac qui finit si
mal, et on ne s'occupe plus que du retour, et ensuite de la
guerre de Prusse, à laquelle pour mon compte je crois peu ou
point. On dit que la principale mission du général Castelnau
est de *nous* forcer à nous embarquer pour le 15 mars.....

On attend ici incessamment les deux commissaires américains. Quelle triste comédie !

. . . .

———

Mexico, le 9 décembre 1866.

. . . .

. . . .

Il est probable que nous ne sommes plus à Mexico même
que pour un mois ou un mois et demi. Nous irons alors nous
établir plus près du point d'embarquement. On calcule encore
que les troupes françaises qui sont encore au delà de Mexico
nous auront ralliés pour le 15 ou 16 janvier ; à cette époque,
tout le corps expéditionnaire sera échelonné entre Mexico et
Vera-Cruz, afin de s'embarquer probablement du 1er février au
15 mars.

On a télégraphié par le câble, il y a quelques jours, pour faire
partir de France tous les transports. Dispense-moi de te donner d'autres nouvelles politiques. Le gâchis est tel qu'il vaut

mieux n'en pas parler. La chose qui nous navre le plus, c'est de voir jusqu'à présent laisser en arrière, c'est-à-dire assez exposés, ceux de nos camarades qui sont entrés dans la formation des bataillons de cazadores. C'est incompréhensible. J'ai plus que jamais sujet de m'applaudir de n'être entré dans aucune de ces formations ou fonctions hétéroclites, quelque séduisantes qu'elles aient pu paraître, au début, à beaucoup de gens.

Tout cela t'expliquera que nous nous efforçons de ne penser qu'à notre retour en France qui approche tous les jours.....

———

Mexico, le 9 janvier 1867.

. . . .

. . . .

Nous ne savons toujours pas au juste quand nous quitterons Mexico ; il est assez probable qu'au lieu de partir d'avance avec le général Osmont pour aller diriger l'embarquement, je resterai ici jusqu'au dernier moment avec mon nouveau service, qui, comme je vous l'ai écrit, est celui des récompenses, avancement et décorations. C'est très minutieux, surtout l'avancement, et ce n'est intéressant que pour ceux qui en profitent ; mais enfin, cela ne durera plus que deux mois au plus et je ne serai pas fâché d'avoir vu un peu ce que c'était que cette boutique-là.

Je n'ai pas le cœur de vous parler politique ; c'est toujours aussi embrouillé et pas plus beau. L'empereur Maximilien est revenu, il y a trois ou quatre jours, à Mexico. Ses palais sont démeublés ; il est installé tout près de la ville, dans une hacienda moitié ferme, moitié maison de campagne. Il a renvoyé le poste français le lendemain, et n'est plus entouré que de Mexicains, lesquels ne lui sont guère dévoués, je le crains pour lui. Les Autrichiens et les Belges se rembarquent avant nous et à nos frais. Il n'en reste que quelques centaines. Nous avons aussi heureusement commencé à réunir les nôtres qui étaient dispersés dans les cazadores, dans la gendarmerie mexicaine, etc.....

..... J'ai enfin vu le commandant Vilmette, qui vient d'arriver à Mexico avec son bataillon et qui a eu l'amabilité de venir me relancer chez moi. Il a l'air fort aimable et n'est pas fâché, je crois, de quitter le Mexique. Du reste la presque totalité des officiers de la légion étaient décidés à ne pas rester au service mexicain, et je ne sais comment cela se serait arrangé.

Le bruit courait ici avant-hier que l'empereur Napoléon avait télégraphié par le câble à son ministre à Washington qu'il déclarait la guerre aux États-Unis, mais qu'il avait envoyé contre-ordre quelques heures après. Le fait est qu'ils sont terriblement insolents pour nous ; mais c'est à qui nous lancera des ruades ; et, si nous recevons si complaisamment celle des premiers, il n'est guère probable que nous relevions le gant des Américains qui sont si loin de nous. On prétend aussi que jusqu'au milieu de décembre la commission de réorganisation de l'armée n'avait pu aboutir à bien. Je ne me rends pas bien compte de ce qu'ils cherchent, et tout cela naturellement nous intrigue beaucoup ; mais mon opinion commence à faire des prosélytes, et beaucoup moins de gens croient maintenant ici à la guerre de 1868. Tout cela est bien étrange. Le valet de chambre de l'empereur Maximilien dit que son auguste maître n'a apporté à Mexico du linge que pour huit jours. D'un autre côté, il est positif que des effets à lui continuent de filer sur Vera-Cruz. Il ne reçoit pas, est toujours un peu souffrant et continue ses collections d'insectes. En attendant, les généraux cléricaux qu'il avait exportés en Europe, Miramon et Marquez, montrent assez de confiance et lèvent autant de troupes qu'ils peuvent. C'est assez curieux à voir, parce qu'on voit là la vraie armée mexicaine. L'opinion générale est qu'ils se serviront de l'empereur comme défense, mais que, s'ils viennent à bout des libéraux, ils le lâcheront ; et Miramon ou un autre se mettra à sa place.....

———

Puebla, le 10 février 1867.

Nous avons enfin quitté Mexico le 5 février, et nous voici de ce matin à Puebla. Notre mouvement de retour est donc bien dessiné. Nous nous attendons à apprendre tous les jours l'arrivée des premiers bâtiments, et, pour nous, nous comptons toujours nous embarquer avant le 15 mars.

Je voyage, comme je te l'ai dit, avec la deuxième colonne commandée par le maréchal. Cette colonne est assez nombreuse et nous donne pas mal de besogne, car jusqu'ici le maréchal a tenu à marcher militairement et à camper de la même manière. Or la plus grande partie de l'état-major est déjà disséminée d'ici à Vera-Cruz avec le général Osmont. Mon travail du personnel absorbant, et au delà, les instants qui me restent sous la tente, je n'ai pas un moment de répit ; ce qui m'empêche de trouver le temps long.

J'ai appris avec beaucoup de plaisir et mon inscription au tableau et le plaisir qu'elle vous a fait..... Je vais cependant essayer d'écrire un mot à l'aide de camp du maréchal Canrobert pour le prier de remercier de ma part le maréchal ; mais il est 4^{h}30^m, le courrier part à 5 heures et depuis ce matin 7^{h}30^m, sauf trois quarts d'heure du déjeuner, je n'ai pas cessé d'être à cheval et, je pourrais presque dire, de galoper, de sorte que ma main tremble de façon à me rendre plus illisible encore qu'à l'ordinaire.

. . . .

Ne vous illusionnez pas cependant sur les conséquences de

ma mise au tableau ; je puis rester encore plus de deux ans capitaine.....

————

Vera-Cruz, le 3 mars 1867.

Je vous écris de Vera-Cruz, où je suis depuis deux jours. On embarque à force, et le maréchal use de ses derniers pouvoirs pour faire des nominations. Nous sommes, par conséquent, encombrés et bousculés par la besogne. C'est le coup de feu de la fin ; il est donc le bienvenu.

Nous ne savons pas encore sur quel bateau nous embarquerons, car il est probable que nous ne serons plus ici pour le départ du paquebot du 13 mars.

Nous tâcherons de bien choisir, mais cela m'empêche de vous fixer une date quelconque pour mon arrivée en France. Ce sera du 1ᵉʳ au 30 avril, d'après la vitesse du bateau et le temps.

. . . .

Saint-Nazaire, 11 avril 1867.

Je viens de débarquer à Saint-Nazaire en parfaite santé, après une traversée de vingt-six jours des plus heureuses : je trouve en arrivant deux lettres et un journal qui m'annoncent que je suis nommé à l'état-major de la 1ʳᵉ division d'infanterie de la Garde, général Bourbaki.

Vous voyez qu'on me gâte comme position et que je pourrai attendre là assez patiemment mon grade de chef d'escadron.

Je pars ce soir pour Nantes, où je coucherai ; demain soir

je serai à Paris, où je serai malheureusement forcé de m'arrêter
quelques jours, le moins possible.....

. . . .

Nous étions sur le paquebot une douzaine d'officiers qui
avons quitté la ville de Vera-Cruz quarante-huit heures, et la
rade quatre jours après le départ du dernier soldat français.

On peut donc dire que c'est bien fini de ce côté-là.

. . . .

TABLE DES MATIÈRES

	Pages.
Notice biographique.	V
Crimée (mars 1854-juin 1856).	I
Italie (avril-août 1859).	203
Mexique (décembre 1864-avril 1867).	231

Nancy, impr. Berger-Levrault et Cie

www.ingramcontent.com/pod-product-compliance
Lightning Source LLC
Chambersburg PA
CBHW071619270326
41928CB00010B/1691